本书是华侨大学中央高校基本科研业务费资助项目《海外华商的国际化发展战略及风险规避研究》（批准号：14SKGC-QT09）的研究成果之一。

新锐

经管学术系列

大爱无疆：
华商的家国情怀

马占杰　著

厦门大学出版社　国家一级出版社
XIAMEN UNIVERSITY PRESS　全国百佳图书出版单位

图书在版编目(CIP)数据

大爱无疆:华商的家国情怀/马占杰著.—厦门:厦门大学出版社,2018.5
(新锐经管学术系列)
ISBN 978-7-5615-6960-3

Ⅰ.①大… Ⅱ.①马… Ⅲ.①华人-企业家-生平事迹-世界 Ⅳ.①K815.38

中国版本图书馆 CIP 数据核字(2018)第 088520 号

出 版 人	郑文礼
责任编辑	江珏玛
封面设计	蒋卓群
技术编辑	朱 楷

出版发行 厦门大学出版社

社 址	厦门市软件园二期望海路 39 号
邮政编码	361008
总 编 办	0592-2182177　0592-2181406(传真)
营销中心	0592-2184458　0592-2181365
网 址	http://www.xmupress.com
邮 箱	xmup@xmupress.com
印 刷	厦门市金凯龙印刷有限公司

开本	720 mm×1 000 mm　1/16
印张	13.5
插页	2
字数	226 千字
版次	2018 年 5 月第 1 版
印次	2018 年 5 月第 1 次印刷
定价	46.00 元

本书如有印装质量问题请直接寄承印厂调换

厦门大学出版社
微信二维码

厦门大学出版社
微博二维码

自　序

　　自古以来,中华儿女对养育自己的故土都怀有无法割舍的情感,在中华文明的价值体系中,"家国情怀"是重要的组成部分。数千年来,爱家人、爱家乡、爱民族、爱国家,传承不息,已经成为包括海外侨胞在内的中华儿女精神血脉中不可或缺的因子! 在家国情怀的感召下,广大华商上演了一幕又一幕感人的事迹!

　　2017 年 11 月,著名闽籍华商许荣茂先生斥资 1.33 亿元购回一幅明代的《丝路山水地图》并无偿捐赠给故宫博物院,这幅地图在海外及民间"漂泊"多年后终于"回家"。2018 年的中央电视台春节联欢晚会特别设计了"国宝回归"的环节,节目中许荣茂先生的话掷地有声:"保护和弘扬中华文化,是我多年来的愿望。去年是香港回归祖国 20 周年,我把流落海外多年的国宝《丝路山水地图》带回家,这是我的荣幸,更是责任!"

　　随着对华商的深入研究和进一步了解,我越来越被他们浓浓的家国情怀所感动,深切感恩他们对祖国和家乡的突出贡献! 华商作为新时期我国社会发展不可或缺的组成部分,长期以来为祖国和家乡建设做出了重要贡献,系统总结和弘扬他们的爱国、爱乡情结,对于加深国内民众与华商的情感联系,进一步激励华商投身我国经济建设具有重要价值。但遗憾的是,目前国内还缺乏相关的理论研究成果。作为一名身在闽南侨乡的理论工作者,我觉得自己有责任用翔实的数据和资料展示他们对祖国和家乡的爱,弘扬他们爱国爱乡的情怀,让人们了解老一辈华商对故乡和故国血浓于水的深厚情感,让他们成为国内年轻一代和海外"侨二代"学习的榜样和楷模!

　　本成果以企业社会责任和华商企业家精神为立足点,从企业家行为与社会福利改善的视角,以弘扬华商的家国情怀为主线,对华商的家国情怀主要从"历史上的侨批""民族危难之际""促进祖国和家乡建设""慈善捐赠""对外交流和华文教育"的角度进行系统阐述,生动展现了他们的家国情怀。当他们初到境外,写着几句嘱言并夹带几许银元的小小侨批,彰显了对长辈

1

的孝敬之情、对亲人的思念之情、对子女的舐犊之情、对故土的眷恋之情！当祖国危难之时，如辛亥革命、抗日战争时期，他们踊跃输财助饷！当祖国和家乡遇到重大自然灾害时，他们筹款救济！当祖国建设需要支援时，他们投身家乡经济发展！当祖国的教育事业需要资金支持时，他们慷慨解囊！其中的代表有陈嘉庚、张永福、霍英东、郭鹤年、陈永栽、吕振万、郑年锦、陈守仁……

　　本成果数据资料翔实，有较强的可读性，弥补了华商的社会责任相关研究和成果的不足。在撰写和出版过程中得到了华侨大学工商管理学院、华侨大学社会科学研究处和厦门大学出版社等单位领导的大力支持，林春培老师、李义斌、徐小飞等老师为本成果提出了宝贵的修改意见，出版社编辑老师为本书的文本规范方面有辛苦付出，在此一并表示感谢！

马占杰
2018 年春于华侨大学陈守仁经济管理大楼

目录 contents

第 1 章

"家国情怀,情系故土":凝聚全球华人民族精神的强大力量

中华文明是历经数千载而不曾中断的古老文明,它既保持了其文明的主体性,又在与其他文明的碰撞融汇中吸取了有益的文化基因。在漫长的演变过程中,它不仅展现了中华民族极其坚韧的生存能力,也展示了中华文明"周虽旧邦,其命维新"的适应力,是使国家或民族即使处于苦难困境依然傲然挺立的精神支柱,是鼓励中华儿女在忧患中坚忍不拔、昂扬向上的行动指南,它赋予了我们一种大国的自豪感和归属感。

在中华文明的价值体系中,"家国情怀"是重要的组成部分,它源于我国优秀传统文化,是中华民族传统的爱国观念,是一种凝聚人心、催人奋进的高尚情操。数千年来,爱家人、爱家乡、爱民族、爱国家,传承不息,已经成为包括海外侨胞在内的中华儿女精神血脉中不可或缺的因子,国家与民族的个性已经深深融进我们心里。众多思想家、政治家、文学家和企业家们,用自己的笔触抒发着爱国爱家、忧国忧民的情怀,他们用大量美好的诗篇表达对家国文化源流的深刻理解和对人格精神的自觉坚守,用自己的爱国行动践行着中华儿女的家国情怀。

1.1　家国情怀的内涵与构成

所谓家国情怀,是指(人)对国、对家的一种思想心境,表现为对人的关爱,并上升到对家庭利益、对国家民族,乃至对整个人类命运的认同、维护和

1

热爱,并自觉承担共同体的责任。其中责任和担当是它的精髓所在,核心是家与国相贯通,强调从爱家到爱国的纵向提升,即"知责任者,大丈夫之始也;行责任者,大丈夫之终也"。换言之,每个人及所在的家庭作为一个社会细胞,当我们在关注"小家"的时候,不要忘了还有"大家"之国,当我们在建设"大国"的时候,不要忘了还有温暖的"小国"之家。

《人民日报》曾发表评论称,"家国情怀"是一个人对自己国家和人民所表现出来的深情大爱,是对国家富强、人民幸福所展现出来的理想追求。它是对自己国家的一种高度认同感和归属感、责任感和使命感的体现,是一种深层次的文化心理密码。作为中国传统文化的基本组成之一,家国情怀蕴含着十分丰富的价值观念和理想追求,有其基本的内涵特征,主要包括家国同构、共同体意识、仁爱之情。它通过家与国的结合、人的价值与社会价值的结合,为个体树立了明确的理想追求。

1.1.1 家国同构

家国同构是中国古代社会的重要特征,在家族范围内生活是中国人传统的生活方式。所谓"家国同构"理念,是指家与国在组织结构上的共通性,就是把"家"和"国"这两个维度密切结合起来强调"家国一体",即以血缘关系为基础,以家为本,把个人、家庭、国家的利益有机结合起来。形象地讲,家国同构就是保持国家治理与家庭自律的同质化,使个人的家庭伦理和爱国情怀高度一致。

从概念上来讲,"家国"一词由"家"与"国"两个基本对象构成。关于"家",《说文解字》解释为"居也",关于"国",则谓之"邦也"。"家"是社会的基本细胞,浓缩了父母、亲人及故乡的无限情感和思绪,"仁者人也,亲亲为大",它是人类社会赖以生存的基本情感依靠,是个人的物质保证和精神寄托,同时也是个人温暖和喜悦的根基和来源。习近平同志曾经说过:"家庭是社会的基本细胞,是人生的第一所学校。"家庭也是个人事业发展的起点和基石,人们在社会上所经历的成功与失败,最终还是要与家庭成员共同分享和分担。

从政治层面来说,"国"有多重内涵,包含祖传国家、公共国家、阶级国家、官僚国家、寡头国家、朕即国家和宗教国家等等。国是家的延伸,在中国人的精神谱系里,国家与家庭、社会与个人,都是密不可分的整体。从另一个角度讲，民族精神产生的物质基础是一个民族共同的血缘、共同的生活地域、共同的或相近的生活条件和生活习惯、共同的语言等。我们所谓的"国"既不是卢梭所指的个人之间的契约式集合，也不是家庭之间的契约式集合，也不能等同于各个小家，而是养育全球中华儿女的栖息之地和精神家园。因此梁启超说："二十四史非史也，二十四姓之家谱而已。"在中国，国家因作为对抗外来侵略的一个组织而为人们所认可和接受，历史文化在共同体的凝聚中发挥了重要作用。中国把"国"叫作"国家"，国和家不可分离，家是国的基础，一个家就是国的最小单元，若干个家合起来就是国，治好家才能治好国。

从价值观来看，家国同构是处理人、社会、国家之间关系的一种理念导引和规范，它强调家庭和国家在内部构造机理上的同质性，"家庭—家族—国家"的社会政治模式是它赖以存在的社会基础。按照儒学的观点，就是要修身齐家治国平天下。换言之，家国情怀就是齐家治国的情怀，"修己以安百姓，尧舜其犹病诸""古之欲明明德于天下者，先治其国；欲治其国者，先齐其家；欲齐其家者，先修其身"等语句，就是对这种理念的经典概括。

《孟子》曰："天下之本在国，国之本在家，家之本在身。"家庭和国家的同构，是获得整体效应的通道。由国到家到身和由身到家到国，这两种形式的对应和运动可以称作"双向同构运动"。在中华传统文化的演进中，形成了"天下之本在国，国之本在家，家之本在身"的社会价值逻辑，形成了"修身、齐家、治国、平天下"的人生价值逻辑。古人"修身、齐家、治国、平天下"的个人理想，反映了"家"与"国"之间的同质联系。在现代社会中，它还表现为集体意识与公民意识、个人利益与家国利益的平衡，既不超越也不屈服。

1.1.2 共同体意识

"家是最小国，国是千万家"，家国情怀注重爱家与爱国的一体性。孟子曰："天下之本在国，国之本在家，家之本在身。"同样，"国是最大的家"，国家的稳固发达是家庭和个人发展的坚强柱石，恪尽兴国兴家之责。家国情怀所持有的对共同体的认同感是建立在仁爱之心、敬畏之心、宽容之心的基础之上的。

家庭是社会和谐稳定的基础，家庭秩序是国家秩序的前提和保障，具有家庭责任感，才能产生对天下苍生的责任感，才能以民心为心。因此，正确认识和处理好家庭关系，倡导恪守孝道、教育好子女、树立好家风，也是家国情怀的重要内容。曾国藩的《家书》提倡尊重长辈、关心平辈、爱护晚辈，又在此基础上将其上升到对国家的尽忠，至今仍有感染力。治家是治国的起点，如果家庭结构不完善，社会、国家的有序治理也很难实现。我们所熟知的"一屋不扫，何以扫天下""一室不治，何家国天下之为"的话语，表达的就是这样的含义，只有具备这样的齐家治国情怀，才能把国家认同、社会共识、家庭自律和民众追求有机结合起来，在国家、社会、家庭和个人之间形成良好互动。因此，将家庭治理好，推而广之，就为治理好国家奠定了基础。

儒家所要求的国家秩序，实质上是家庭秩序的扩大反映，爱家和爱国由此有了高度的一致性。从大的方面讲，对家庭的责任也是对国家的责任，而对国家尽责也是为了家庭的和美幸福。一方面，家庭有序，国家才能稳固；另一方面，家庭和睦，国家才能兴旺发达。如果把"家"比作小河，把"国"比作大河，小河枯竭了，大河也会成为无源之水。同样，只有大河宽阔了，小河之水才有归宿。就此而言，齐家是治国、平天下的基石，天下平国家治是齐家的基础和保障。东汉经学家马融在《忠经》中认为："夫忠兴于身，著于家，成于国，其行一也。是故一于其身，忠之始也。"其含义是指，忠的精神和行动是在个人身上形成的，它表现于家庭伦理中的孝慈，而完成于献身国家事业。

所谓"修身齐家治国平天下"，由内层到外层，始于"修身"，从汉唐儒家提倡研读"诗""书""礼""易""春秋"的《六经》到明清时要通晓浩瀚的《十三经》。《大学》中所说的"治国""齐家""修身""正心""诚意""致知"和"格物"，就是把个人修身与治国平天下联系起来，要心怀天下，所谓"君子动而世为天下道，行而世为天下法，言而世为天下则"。《孟子》有言："天下之本在国，国之本在家，家之本在身。"因此，家是国的基础，国是家的延伸，在中国人的精神谱系里，国家与家庭、社会与个人，都是密不可分的整体。

另外，家国情怀强调国家、民族利益高于个人利益。古人讲的"有国才有家""为国尽忠就是最大的尽孝""为国尽忠在家尽孝"蕴含的就是其中的道理。一般来讲，"家"和"国"在多数情况下是利益同向的，但有时"家"和"国"的利益也会发生冲突。此时，个人就要将国家、民族的利益置于最高的位置，家庭、个人利益要为之让步，为国尽忠成为尽孝观念的延伸，是个人与国家关系在"家"基础上的提升。故而，齐家治国情怀还表现为在把个人、家庭利益和国家、民族利益结合的同时，又将国家、民族的利益置于最高地位；在国家、民族的利益与家庭、个人的利益发生冲突的时候，要取国家、民族的利益而舍家庭、个人的利益①。从历史上看，千百年来众多深明大义的中国人以国家民族大义为重，他们是中华民族的脊梁。例如，近代林则徐的生死忧国，即"苟利国家生死以，岂因祸福避趋之"就是生动写照。

1.1.3 仁爱之情与责任意识

仁爱是一种思想情感，是指关心他人、帮助他人，它是儒家思想的内在核心，也是家国情怀的内在驱动力。儒家文化中以"仁""和"等为核心的思想体系，包含了对国家、社会、家庭、自然及人的基本看法和要求，它所倡导的"礼、义、廉、仁、爱、忠、孝"基本价值观一直是指导全球华人日常行为的基本意识规则，即孔子所说的"孝悌也者，其为仁之本与"。它以一种情感的形式转化给家国情怀，成为把人的这种情怀引领到正确方向上的灯塔，对中国、东亚乃至全世界都产生了深远的影响。

仁爱的核心是爱人，而爱人的起点是爱亲，即首先是对父母兄弟的孝悌之情；而爱人的终点则是爱众，即天下之"民"。因此，家国情怀首先体现了个体对家庭成员的爱，这种爱体现在积极履行自己应尽的家庭责任。很难想象，一个没有家庭责任感、连家人都不重视与爱护的人，会在国家危难之际，为了国家、民族的利益挺身而出。《墨子·兼爱》阐释了其中的道理："视人之国若视其国，视人之家若视其家，视人之身若视其身。"据此，只有爱家的人才能爱国，一个连家都不爱的人，岂能爱他的国家？只有把家庭建设好，拥有和睦的家庭、浓厚的亲情并恪守孝道，才能为国家安定提供坚实的基础。武汉大学教授钟年认为，我们的幸福感很多从家里来，家庭培育了我们最初的幸福感，从个人到天下，家是一个枢纽。

但是，家国情怀绝不是让社会成员将眼光仅仅放在"家"里，它还要求胸怀天下与济世安民。经先秦诸子、汉儒、宋儒等不同时期的发展，"泛爱众""仁者爱人""天人合一"等社会伦理道德与责任意识已成为中国精英文化

---

① 王利明.家国同构是一种治理模式[N].北京日报，2017-03-06.

的突出特征,由这些核心意识出发,中国很多社会精英已经自觉为国家分忧解难,自觉肩负起社会责任的重担,并进行着众多的社会责任实践。"靖康耻,犹未雪,臣子恨,何时灭。……待从头,收拾旧山河,朝天阙。"这是民族英雄岳飞作为国家臣子,气贯长虹的英雄气概、精忠报国的家国情怀和坚韧无畏的民族气概,彰显了爱国主义精神,以及对国家的责任与衷心!

传统文化倡导"大一统",重"和合",顾炎武把"经世致用"思想进行拓展,提出"天下兴亡,匹大有责"。例如,广东潮汕地区的慈善文化正是以"仁爱"为其行动的指南,把仁爱施于人间,主要体现在施赈救生、修桥筑路、建造医院等等。另外,潮汕历代善堂的善举还体现在组织义务消防队、防洪巡堤、修桥铺路以及海外华侨种种乐于公益事业的善举,殷切之情和赤诚之心是中国民族仁爱品德的体现。因此,中国传统文化主流文化倡导"和则两利,分则两损",即对待他人强调与人为善、讲信修睦,遇到冲突以礼为先,协和万邦而求"化干戈为玉帛",乘人之危、以邻为壑则是我们中华儿女历来都反对的。

1.2　家国情怀的外在表现[①]

1.2.1 齐家治国平天下的大同理想

据前文所述,家国情怀是以治家为基础,进而治理国家、平定天下的大同理想,家国情怀就是把"家"和"国"这两个维度密切结合起来,更好地兼顾家庭与国家,将对家的情意深凝在对他人的大爱、对国家的担当上,人生才能真正达成圆满,体现在上至国家元首、下至平民百姓,人人都要以修养品性为根本。

从治国的角度,"经邦济世"主要是士人阶层基于道德理想而与君主保持既合作又独立的关系,他们积极参与国家、社会的治理,努力施展自己的才能,追求天下太平的社会理想。用儒家的话来说,就是要修身齐家治国平

①　夏德元.家国情怀[M].复旦大学出版社,2016.

天下。因此，《礼记·礼运》中说："大道之行也，天下为公。选贤与能，讲信修睦，故人不独亲其亲，不独子其子，使老有所终，壮有所用，少有所长，鳏寡孤独废疾者，皆有所养。男有分，女有归。货恶其弃于地也，不必藏于己；力恶其不出于身也，不必为己。是故谋闭而不兴，盗窃乱贼而不作，故外户而不闭，是谓大同。"

2012年11月，习近平总书记用平实的话语指出："国家好，民族好，大家才会好。"这就意味着，每个人的前途命运都与国家和民族的前途命运紧密相连，他的勤政亲民正是国家元首家国情怀的生动体现。20世纪60年代末，年仅十几岁的习近平，从北京到中国陕西省延安市梁家河的小村庄插队当农民，住土窑、睡土炕，种地、拉煤、打坝、挑粪……带领乡亲们发展生产，在正定工作时，他跑遍了所有村；在宁德，他到任3个月就走遍了9个县。担任国家主席以来，因为工作他牺牲了许多和家人相聚的时间，安排出访也不刻意避开传统节日。抱着一颗为人民做事情的心，习近平把千千万万个家庭的美好生活作为自己的奋斗目标。这其中，七千多万贫困人口、数千万家庭能否如期脱贫并走上幸福之路，是最让他牵挂的事情。党的十八大以来，他30余次到国内各地考察，有一半以上都涉及扶贫开发问题。[①]

对于部分社会精英而言，忧国忧民的意识不同于普通人为生计而引发的烦恼，而是因对国家、民族命运关切而产生的忧虑，是一种更深层的担忧。《周易·系辞下》中说："是故君子安而不忘危，存而不忘亡，治而不忘礼，是以身安而国家可保也。"因此，家国情怀首先是一种爱国情怀，即要弘扬爱国主义精神，倡导爱国爱家和报效国家，是对国家责任、民族挚爱之心的由衷诠释。它具有强大的感召力，是推动历史发展的强大精神力量，早已扎根于每一个中华儿女的心中，正所谓"一片丹心图报国，两行清泪为忠家"。家国情怀凝聚了无数海外侨胞的情感，成为他们的理想和追求，他们以自己的亲身经历书写"爱国"二字，使得中华民族生生不息。

2017年3月22日下午，华侨大学获赠一面具有特殊意义的五星红旗——第一面由民间组织在美国首都华盛顿白宫前升起的中国国旗。这是在2009年中华人民共和国六十华诞前夕，由旅美爱国侨领陈荣华组织当地华人社团，排除万难，在白宫前椭圆形广场举行升旗仪式，以此表达对共和

① 从家出发：习近平总书记的"家国情怀"[N].(2016-12-14).人民日报客户端.

国生日的祝福。这是中国国旗第一次由民间组织在白宫前升起,约有 2000 人参加升旗仪式,中国驻美国大使周文重到场参加并致辞。当时,事件在海内外引起了很大轰动,中央电视台、新华社、中新社等海内外各大媒体纷纷关注报道。当时升旗仪式的发起者、组织者、升旗手,现任美国福建同乡联合会名誉会长陈荣华及其夫人,将这面国旗捐赠给了华侨大学。"这面国旗具有特殊的意义。它是在共和国六十华诞前夕,在美国首都白宫前,由华侨华人自发组织升起,充分表达了海外侨胞对祖国由衷的热爱。"回想起当时的场面,陈荣华依然心潮澎湃:"当这面五星红旗在白宫前冉冉升起时,现场许多老华侨相拥而泣,侨胞们自发地高喊'祖国万岁',欢呼声此起彼伏、响彻云霄,那场面才叫激动人心、震撼心灵。"

1.2.2 个人梦与国家梦紧密相连的意识

家国情怀的自我更新与现代国家观念的确立结合在一起,个体从传统的臣民转变为现代的公民。在近代社会发展中,家与国的内涵都发生了重大变化,但观念层面的家国情怀仍传承至今,并在社会发展中实现了自我更新、自我丰富和发展。

家国情怀的另一个重要外部表现就是将个人命运和国家发展紧密联系起来。事实证明,国家的快速发展为我们实现个人梦想奠定了基础,我们个人梦想的实现也正是建立在国家发展的基础之上的。2012 年 11 月 29 日,习总书记在国家博物馆参观"复兴之路"展览时指出:"实现中华民族伟大复兴就是中华民族近代以来最伟大的梦想,中国梦追根究底是人民梦、民族梦,也是每个中国人的梦。"

历史多次告诉我们,每个人的前途命运都与国家和民族的前途命运紧密相连。南京市人大代表、南京财经大学法学院教授夏清瑕指出,国家强则人民安,个人命运与国家、民族命运紧密相连,诸如南京大屠杀、纳粹大屠杀这样的历史灾难,首先因为是国家、民族之难,才导致个人的苦难,个人的苦难与国家的命运紧密地联系在一起。"面对外侮,国家强则人民安",这是一条颠扑不破的真理。例如,在第二次世界大战中,是什么使得苏联首都避免了一场屠杀?是因为莫斯科保卫战的胜利!第二次世界大战以后,是什么使得犹太人再也不用遭受被迫害、被种族屠杀的命运?是因为以色列国家的建立与发展!假如 20 世纪 30 年代的中国是一个强大的国家,南京大屠杀会发生吗？

"亦余心之所向兮，虽九死其犹未悔。"正是因为精神有了归属，生命才有意义。家国情怀是一种自觉地将个人命运与国家命运紧密相连的共同体意识，它是深层次的文化心理密码，是个人对家园和国家的一种高度认同感和归属感、责任感和使命感的体现。千百年来，在中华大地这块苦难忧思的历史文化土壤里，诞生了恋乡爱土的家国情怀，它寄托了中国人对绿水青山、小桥流水、男耕女织、四世同堂的热切眷恋，寄托了仁人志士"致君尧舜上，再使风俗淳"的旷世安民的抱负，寄托了华商他乡创业、富济家园、落叶归根的赤子之心。

例如，20世纪90年代末，丘鸿彬揣着"美国梦"远赴美国打拼创业，事业取得成功后，现在他又怀着激昂的"中国梦"，回国投资兴业，行善天南地北，从河南漯河的投资公司到贵州铜仁的多晶硅项目，从四川宜宾的公路建设再到湖南衡阳的房地产开发项目等，在他的操盘下，美国三鼎集团在中国的投资风生水起，他用深沉的爱国情怀和家乡情结感染、引领着一批赣商携手前行，共筑"中国梦"。现在，身为美国三鼎集团首席执行官的他还身兼数职，在美国华人社团联合总会常务副主席、美国中华总商会常务副主席、美国福建工商总会常务副主席、厦门市侨商联合会常务副会长、厦门市赣州商会荣誉会长等许多岗位上发挥自己的光和热，频繁往返于美国和中国，积极为中美经贸文化交流牵线搭桥，为中美经济文化交流与合作"做媒"，为祖国的发展做出了自己的贡献，成为美国华商中的杰出代表之一。

1.2.3 对故乡、故土和故国血浓于水的深厚情感

故乡是一个不老的话题。情系故土是指远在他乡或异国的人，对自己的故乡、祖国的深切思念。"水有源、树有根"，中华民族自古以来就有寻根谒祖的传统美德。数千年间无论社会变迁沧海桑田，中国人皆知"万物本乎天，人本乎祖"的规则，都遵循"敬天法祖重社稷"的古训。古往今来，诸多文人墨客为之泼墨盛赞，无论是王安石的"春风又绿江南岸，明月何时照我还"、李白的"举头望明月，低头思故乡"，还是杜甫的"露从今夜白，月是故乡明"、李清照的"故乡何处是，忘了除非醉"，无不表达了对故乡的深厚感情。

　　自古以来,中华儿女对养育自己的故土都怀有无法割舍的情感,由于种种原因,广大华侨背井离乡到异地谋生并逐渐在异乡落地生根,但是即使走到天涯海角,他们无时无刻不在怀念乡土家园,无论奋斗之路是多么坎坷、多么曲折,乡土乡情是他们一生的情结,都想回到魂牵梦萦的乡土。余光中以"……乡愁是一湾浅浅的海峡/我在这头/大陆在那头"的诗句道出了这种浓烈的思乡之情。不管身在何方,在心灵深处海外游子对家乡的山山水水、一草一木以至童年乡间生活都能记忆得巨细无遗、活灵活现。尤为突出的是,他们身居海外,寄人篱下,更加深切地感受到强盛祖国的重要性,"祖国兴则华侨兴,祖国弱则华侨衰",时时受凌辱被歧视的生活是他们最不愿意面对的。

　　"美不美,家乡水;亲不亲,故乡人",这种心理情结是回国寻根谒祖的动力。对于海外华侨而言,以亲缘和地缘为情感纽带,寻根祭祖活动显示出了他们强大的向心力和凝聚力,是中华民族独具特色"根祖文化"的魅力之所在。进一步讲,他们的寻根之旅背后所隐含的是对祖国难以割舍的家国情怀,有利于海外同胞与祖国亲属之间的情感联络。例如,厦门翔安的洪允举老人珍藏的一张老照片显示,他的嫂子在美国过世后,家人在她的墓碑上镌刻了"福建同安县和平村"(下后滨社区曾叫和平村)的地名,这个细节让前来收集资料的厦门文史专家洪卜仁十分感慨:"以前海外华侨虽身居海外,却心系家乡故土,即使百年之后无法落叶归根,还以这样的方式来表明自己的出身,足见深厚的思乡之情,很令人感动。"

　　再比如,以移居台湾的大陆民众为例,他们同样盼望回到自己眷念的家乡热土,即便是家乡已无亲人,甚至不认得任何宗亲,但是他们依然想回到祖国,只求在家乡走一走看一看,以了却多年的思乡之心。"胡马依北风,飞鸟翔故里",在这种理念的指引下,一批批台湾同胞返回祖国大陆,回到故土家园以解乡愁和圆乡梦,临走还不忘带上家乡的泥土或是家乡的物品,在思乡之时使自己的心灵得以慰藉。另外,与其他地区侨胞一样,台湾同胞大陆游的一项重要活动也是寻根谒祖,小到寻宗亲之祖,大到寻中华民族之根,他们拜祖先、修祖祠、事鬼神、祭神庙,以各种形式寻求落叶归根。在1999年清明节,前国民党副主席、前"行政院长"郝柏村携家人回江苏盐城老家扫墓,在父母墓前,郝柏村领着全家人一起到父母坟磕头、上香、行跪拜礼,然后环绕墓地一圈,将水酒洒在父母坟上、在凛冽朔风中跪在坟前的郝柏村潸然泪下,他表示:"回到家乡,是要后代记住自己的根和自己的本,中国人不能忘记自己的根本。"

1.2.4 民族主义与人类发展积极互动的主人翁精神

家国情怀是人文精神的重要内涵,同时也是人文情怀的彰显。从这个角度,家国情怀始终表现了对人的关爱,并上升到对群体利益、国家民族,乃至对整个人类命运的关切。习近平总书记对二十国集团领导人杭州峰会总结表彰工作时指出:"强调大力弘扬主人翁意识、爱国主义精神和无私奉献精神,为实现中华民族伟大复兴的中国梦提供强大精神力量。对于国家而言,什么是发展中根本的推动力?是人们渴望家乡更加美好,自己生活更加富裕的朴素愿望。"

所谓主人翁意识,就是与国家荣辱与共的意识与行动,核心在于强烈的责任感,包含了重集体、重奉献等核心价值观。它很高程度上源自中华文化浓郁的家国情怀,当个人发展融入国家命运,爱国主义、集体主义精神就会自然而然地生发出来。具有主人翁意识的人民不仅拥有管理国家的权利,同时又承担和履行服务国家的责任和义务,共同面对国家所面对的挑战,敢于接受困难的磨砺和艰苦的考验。它所强调的是以天下为己任、爱民爱同胞的"家国情怀"和"民族大义",以家国为重、个人私利为轻,常念同胞之冷暖,常思国之兴衰。

在论及家国情怀中的民族问题与民族主义、爱国主义、国际主义的关系时,熊新坤等(2005)学者指出,民族主义是民族意识的最高体现,爱国主义是国家意识的最高体现,二者都是民族成员的主体意识之一。对于民族国家来说,民族主义的最高表现就是爱国主义,心系国土、忠于祖国和振兴民族、自强不息是内在统一的。民族主义与爱国主义密切关联,典型的表现之一就是救国保种,即民族危亡时期,理性的民族主义往往催生出一种救国保种的爱国意识,民族主义在我国反侵略、反瓜分、反殖民地的斗争中,曾发挥过巨大的振奋和激励作用。

以广东省乃至全国著名的侨乡江门五邑(即原新会、台山、开平、恩平、鹤山五个县)为例,一百多年来,从辛亥革命到抗日战争、从新中国诞生到改革开放,江门五邑侨胞为争取民族独立、人民解放、国家统一,谱写了一曲曲可歌可泣的感人篇章。中华人民共和国成立后,他们心系祖国,不仅积极投身社会主义建设的伟大事业,为国家经济社会发展做出了巨大贡献,他们还情系桑梓，无私捐办公益事业、投资兴办实业，大力支持家乡建设。他们当中有支持辛亥革命、抗日救亡、支持共产党建立新中国的侨领司徒美堂，也有改革开放后支持祖国建设，三度捐资建桥的黄克兢、黄祖棠，献金又"献身"的快乐义工马观适等。

另外，家国情怀不是狭隘的民族主义，而是为了民族振兴，敞开胸怀，广泛吸收人类历史上创造的所有优秀文化成果，同时也要主动承担国际义务，努力将我们创造的优秀文化传播出去，为全人类造福。《墨子·兼爱》早就阐释了这种道理："视人之国若视其国，视人之家若视其家，视人之身若视其身。"《孟子·梁惠王上》中也说道："老吾老，以及人之老；幼吾幼，以及人之幼，天下可运于掌。"因此，让自己对社会有所担当和充满责任感，也是家国情怀的重要体现。

任何民族、任何国家之间都需要相互敬爱。我们主张"以天下为一家"和"四海之内皆兄弟"，就是超越狭隘的"家""国"意识。按照儒家的观点，全部人类都是天地所生的儿女，他（她）是同胞兄弟（民吾同胞），应该是彼此相敬相爱的。在海外，多年以来，在不少国家的本土居民眼中，华人群体总是一副"外来客""旁观者"的形象。他们对社区活动漠不关心，喜欢生活在当地华人的小圈子里，"存在感"严重不足。而今，他们在居住国或所在国积极履行社会责任，于危难之中勇于担当，这是华人主人翁意识觉醒的一大表现，当灾难来临时，华人勇于担当，与当地民众共同进退。

例如，2016 年 4 月以来，全球多地灾难频发，日本熊本地震、厄瓜多尔地震、加拿大麦克默里堡山火等，导致数千人遇难和上万人痛失家园，危难时刻，遍布海外的华侨华人挺身而出，无论是在日本还是加拿大，无论是灾后救援还是赈灾募捐，他们的身影从未缺席，他们无私的付出赢得了全世界的称赞。这种勇于担当、敢于担当的行为让当地民众真切地感受到中华民族的大爱精神，也在潜移默化中塑造了互助互爱、守望相助的民族形象，这对于中国国际形象的进一步提升起到了重要的作用。

1.3　家国情怀在国家社会发展中的作用

"情怀"是一种感情，一种心境，一种认同感和归属感。从字意上来看，家国情怀以一种超越种族和民族、宗族和地域、阶级和阶层、政党和意识形态的特有信仰魅力,是一个民族生生不息的不竭动力。千百年来,中国人民素以爱国为荣,往往以许多"大事件"为契机,迸发出了强烈的爱国情感,例如,当遇到共和国周年大庆、奥运会、地震灾害等"大事件"时,爱国情感的释放无可比拟。而更多时候,爱国情静静地蛰伏在我们的日常生活中,带给我们绵长的温暖与感动。

徐文秀在《人民日报》发表评论认为,家国情怀是一个人对自己国家和人民所表现出来的深情大爱,是对国家富强、人民幸福所展现出来的理想追求。它是对自己国家一种高度认同感和归属感、责任感和使命感的体现,是一种深层次的文化心理密码。① 因此,家国情怀是一股永不衰竭的精神涌流,它作为中国传统文化的重要组成部分,通过精神理念、生活方式、国家制度等形式对中国人产生巨大影响,融入中华民族血脉,在当今社会乃至未来社会都有表现。践行中国梦,既需要发扬优秀传统文化精神,更需要重视家国情怀,就是重视与国家血脉相连的联系。

1.3.1 家国情怀是社会主义核心价值观的学理基石

当今世界正处在大变革时期,各种思想文化的交流交锋更加频繁,随着文化软实力在综合国力竞争中的战略地位日渐凸显,核心价值体系在社会发展和国家安全中的生命线作用越来越突出。党的十八大报告强调指出:"倡导富强、民主、文明、和谐,倡导自由、平等、公正、法治,倡导爱国、敬业、诚信、友善,积极培育和践行社会主义核心价值观。"它是社会主义核心价值体系最深层的精神内核,是现阶段全国人民对社会主义核心价值观具体内容的最大公约数的表述,具有强大的感召力、凝聚力和引导力。

首先,中华民族的家国情怀为形成"富强、民主、文明、和谐"的社会价值体系奠定了基础。富强即国富民强,是社会主义现代化国家经济建设的应然状态,是中华民族梦寐以求的美好夙愿,也是国家繁荣昌盛、人民幸福安康的物质基础。家国情怀深深植根于中国人的精神生活中,"平天下"就是个体以天下太平为最终指向,将国家的主权、独立、振兴和富强看作民族复兴的基本保障,这种具有时代性,超越民族和意识形态的优秀文化传统在社会建设、国家统一、展现民族凝聚力方面发挥了重要作用,是从价值目标层

---

① 徐文秀.多一些家国情怀[N].人民日报,2012-01-20.

面对社会主义核心价值观基本理念的凝练。另外,和谐的国家秩序包容了民族和种族、疆界和国界、文化和文明,"圣无外,天亦无外者也"。家国情怀的内在超越,其终极目的并不是仅仅停留在所谓的"家"与"国"圈子里,而更是"天下"。"爱国主义"也因此由"国"的外延扩大到"天下"这一容纳多个民族和地域的国家新名词,其内涵得到了极大丰富[①]。

其次,中华民族的家国情怀促使个体形成"爱国、敬业、诚信、友善"的公民基本道德规范。爱国是基于个人对自己祖国依赖关系的深厚情感,也是调节个人与祖国关系的行为准则,它同社会主义紧密结合在一起,体现了人们以振兴中华为己任,促进民族团结、维护祖国统一的信念与行为,与民族的自强不息、个体的忧国忧民息息相关。家国情怀中蕴含的爱国精神是一个民族、一个国家不可或缺的精神财富,它哺育了众多民族英雄和不屈的灵魂,使得民族的血脉生生不息,使得国家的旗帜得以世代飘扬。在源远流长的中华民族史上,每当外族入侵使国家处于兴衰存亡的关头,都会涌现出无数令我们为之赞叹的爱国主义英雄人物。"封侯非我意,但愿海波平",这是明朝著名将领戚继光的名言,当外敌来犯时他不顾个人得失,英勇抗击侵略者,这种为国家安危与人民疾苦,一心平息倭患的行为,正是他在浓厚家国情怀熏陶下的结果。

因此,"夫忠兴于身,著于家,成于国,其行一也。是故一于其身,忠之始也"。这是从个人行为层面对社会主义核心价值观基本理念的凝练,其含义就是指,忠的精神和行动是在个人身上形成的,它表现于家庭伦理中的孝慈,而完成于献身国家事业。鲁迅先生曾经说过:"我们自古以来,就有埋头苦干的人,有拼命硬干的人,有为民请命的人,有舍身求法的人。"一言以蔽之,他们皆利国为民,牺牲自身利益甚至生命,"何惜百死报家国",这正是"中国脊梁"们的价值体系和行动指南。

例如,香港华商庄世平先生的拳拳赤子心、盈盈赤子情已永远铭刻在我们心中,永远感召和激励着我们。庄老在生时,长期为家乡建设牵线搭桥,动员组织广大华侨、港澳同胞为家乡的公益事业和经济发展建设出资出力。如今,庄老和乡亲们当年兴建的学校、医院仍然是家乡重要的民生保障,当年修建的各类基础设施仍发挥着重要的作用。2007 年庄世平先生去世后,在香港殡仪馆进行公祭及出殡仪式,曾荫权致祭,扶灵者共 10 人,包括董建

---

① 陈益.顾炎武的家国情怀[J].党建,2014(9).

华、李嘉诚等知名人士。国学大师饶宗颐亲题的挽联"万人追仰惠泽深、一老功勋邦国重"，也许是对庄老一生的最好总结。

1.3.2 家国情怀是强化国家认同，增强中华民族凝聚力的有力抓手

所谓民族凝聚力，是指以爱国主义为中心，在民族历史文化的基础上产生和发展，反过来又给予民族发展巨大的影响力量。其中，国家软实力就是国家的一种同化性力量，而民族凝聚力就是重要组成部分，它在国家发展中起着重要作用。正如毛泽东主席所说："国家力量对比不但是军事实力和经济实力的对比，而且还是人力和人心的对比。"也就意味着，对于我们中华民族而言，拥有很强的民族凝聚力是千百年来不被压垮和打散的人心根基。

中华民族凝聚力形成的基础是人民对自己祖国的历史传统、文化精神、理想信仰、国家主权等的高度认同。家国情怀以个人为主体，以家国同构为对象，用传统文化把个人、家庭、国家联系在了一起，形成了个体与国家间的同呼吸共命运。其中，对于海外侨胞而言，他们对故乡、祖国河山、历史文化、人文传统的热爱和崇敬，是与祖国紧密联系的精神纽带。因此，弘扬家国情怀的重要价值就是让人饮水思源，无论在海外还是在国内，都要做到不忘本、不忘祖，与中华民族血脉相连，通过这种赞同性认同的培养可以增强中华民族凝聚力。

家国情怀强调，任何个人都只能在这一家国共同体中生存，在自然情感的基础上个体依附于共同体，并通过为共同体服务来实现自己的价值，主要彰显的是情感原则及自我认同的集体取向。它具有鲜明的义务取向，即个体将建立在天然血缘关系上的伦理亲情上升为爱、敬天下一切人的道德情感，并产生维护国家安全、共同体利益的行为。把这种责任意识进一步升华，就成为中华文明核心价值观中的义务优先于权利、集体高于个人的内容，造就了中国文化国家认同中最具独特性的部分。当国家认同到达一定程度，表现为情感和理智上认同、维护、热爱共同体，从爱亲敬长到忠于人民、报效祖国，有力地促进了个人、家庭与社会、国家的良性互动，并且还会自觉承担共同体责任。正如邓小平同志所说，"我是人民的儿子，我深情地爱着我的祖国和人民"。当一个人心灵有归属感时，即使他所属的家国不是很强大，但他也愿意为之奉献自己的聪明才智，甚至是宝贵

的生命。

在家国情怀的感召下，海内外中华儿女上演了一幕又一幕感人的事迹，他们对祖国的历次革命运动，无不积极支持，踊跃输财助饷，乃至回国参战。当祖国和家乡遇到重大自然灾害时，他们筹款救济，这种风雨同舟、血浓于水的同胞手足之情体现了我们中华民族强大的凝聚力。在近两个世纪驱逐外侮、构建现代民族国家的过程中，它发挥了难以估量的作用。例如，爱国抗日将领吉鸿昌以自己的行动唤醒了中华儿女的自信，即使我们国家还处于十分羸弱的时期！当吉鸿昌穿着军装走在美国的大街上，有人拦住故意问他："你是日本人吧?"吉鸿昌却说："不，我是中国人!"邮局的人带着奚落的口气说："地图上已经找不到中国了!"随行的工作人员埋怨他不该说自己是中国人，而吉鸿昌听了怒不可遏，他严肃地说："侮辱我吉鸿昌本人，我并不在乎，但是我们是代表中国到美国来考察的，受侮辱的是我们整个国家，整个民族啊!"他做了一块写着"我是中国人"几个大字的牌子，并注上英文，他戴着这块牌子，昂首阔步地穿过围观的人群，显示出中华民族的骄傲。

在中华人民共和国成立初期，虽然国内一穷二白，但是钱学森、邓稼先等一大批科学家主动放弃国外优越的生活，毅然回到祖国，为新中国建设贡献自己的力量，这就是最生动的写照。在抗美援朝等战争中，面对强大的帝国主义集群，中华儿女绝不是单靠极不先进的武器装备，而是凭着英勇不屈的民族精神，将强大的对手打败。当四川汶川大地震灾难降临，我们的民族因团结所喷涌出来的力量，着实让世界震惊！

2017年5月15日下午，在北京国家会议中心，菲律宾爱国华商、亚太经济与文化交流协会会长、香港华侨华人总商会荣誉会长、施氏国际投资集团公司董事长施乃康说："海外游子，都有一颗'中国心'。当你身处其中，往往感觉不到它，只有身在海外，才会从差异中感受到文化的烙印——你是中国人，你有一颗'中国心'，出国之后更爱国，是我们这些海外侨胞的切身感受。身在异乡，别人打量你就是在打量中国，虽然我们承认我们发展中的祖国仍然存在环境污染、食品安全等诸多问题，但听到有些人对祖国指指点点，我们会感到很不舒服，因为我们这些海外游子与祖国总有一种永恒不变的亲情与紧密的情感纽带。"

1.3.3 树立良好的公民意识

公民意识是指公民个人对自己在国家中地位的自我认识,它是社会意识的一种存在形式,表现为人们对"公民"作为国家政治、经济、法律等活动主体的一种心理认同与理性自觉,又体现为保障与促进公民权利,合理配置国家权力资源的各种理论思想。具体体现在,除了视自己和他人为拥有自由权利、有尊严、有价值的人,勇于维护自己和他人的自由权利、尊严和价值的意识外,这种意识还包含公民对国家和社会的责任感。

因此,"家国情怀"作为一种精神气脉,促进了公民意识的积累,也被赋予了树立公民意识的重要价值。无论是在政治变迁、王朝更迭、民族战争的旧中国,还是在中国走向现代国家的历程里,公民身份的觉醒与成长注定是最重要的脉络之一,也注定是中国建设现代国家的必经之路。"家之本在身",修身责任感在现代社会的家国情怀理念中成长起来就是公民意识。具体来讲,如果你是人民公仆,就应该勤政亲民、实干兴国、廉洁奉公、勇于担当、乐于奉献;作为中国人,就应该以国为荣、为国争光、理性爱国、壮志凌云;作为华夏子孙,我们就应该热爱故土、维护祖国统一。概括地讲,家国情怀所倡导的公民意识要求做到"胸中有天下,心里有祖国,脚下有故乡,眼里有亲人,身边有他人"。每个社会个体应当首先注重自身修养的塑造,要讲求社会交往中的友善、诚信,要讲求社会分工中的敬业、职守,要讲求社会责任的担当及对民族、国家的热爱,然后才会有更高层面的社会价值观的凝聚和实现。

中国传统政治中没有"公民"的观念,民众也没有公民意识的理念。但是在中国走向现代国家的过程中,公民身份的觉醒与形成注定是最重要的脉络之一,是中国的新生与变革中"公民强,则中国强;公民智,则中国智"的价值所在。从个人的角度,家国情怀强调了公民个人价值观的培育,"富贵不能淫,贫贱不能移,威武不能屈",即只有坚持正义和信义,只要能够超越个人私利而关注国家社会和民生,个人就能成为推动历史前进的优秀分子和重要力量,无论你是身份显赫还是平民百姓。

"中国公民"和"应尽责任"就是公民意识的最高体现,而公民意识正是一个公民个体自觉表现出来的对国家和社会的那一份责任。只要都有一颗相同的报国心,只要尽到自己的一份责任,就是我们对祖国母亲的一片赤子情怀。我们的民族就是在每个中华儿女的付出和奉献中，不断进步，坚定地走向繁荣富强的未来。例如，2008年对于我们国家来说是多事之秋。年初那场雪灾中，在家国情怀的感召下，河北的十几个农民自愿组织起来，放弃春节与家人团聚的机会，千里驾车赴湖南灾区参与救援，成为当时救灾中最亮丽的一道风景线。在"5.12"汶川地震中，人们不畏艰险进入灾区救援、教师舍身保护学生、海内外善款捐助源源不断，无数志愿者和救援者在没有组织、没有任何人发动的情况下自觉参与了救灾行动。全球华人心心相印，从生命到心灵的守望，是一种难能可贵的推动社会文明进步的力量。有人说大难之中见真情，我们从这一次又一次国家遭受的自然灾害中看到，人们的责任自觉意识在不断增强，不断演变为难能可贵的主动救援行动，这一切都包含着崇高的利他主义，更重要的是彰显出中国人公民意识的崛起。

1.4 华商家国情怀的形成

家国情怀是个人的信念和理想，那么如何实现这种情感，从基本方面来说，对于主体至少需要做好个人修身、重视亲情、心怀天下。家国情怀在形成过程中，与儒家思想、宗族伦理、个体意识是密不可分的，是经历了战争失败、骨肉分离、国破家亡之后伤痛思维的沉淀。

1.4.1 尽忠与尽孝：家国情怀形成的文化根基

家国情怀作为一种思想观念，是在中国传统文化中慢慢积淀形成的。其中，孝忠作为儒家文化伦理中的两大基本传统道德行为准则，已经成为中国人共同遵循的社会共识，因此是促进家国情怀形成的重要文化根基。

家国情怀强调"仁爱"，仁爱本是儒家传统思想的核心，忠孝之德就是以培养仁爱之心为出发点。儒家文化中的"孝"将这种情感推崇为一种至高的道德标准，已经成为中国人的立身根本，故有"弟子入则孝，出则弟，泛爱众，而亲仁"，"孝弟于其家，而后仁爱及于物"[①]。"孝"的基础是行"仁"，《大戴礼记·盛德》中说："凡不孝，生于不仁爱也。"行孝为百善之先，是一个人外

---

① 朱熹集注.四书章句集注[M].上海古籍出版社,2006.

在道德和内在道德的集中体现。自古以来,中国就有报恩父母的良好情操,一个人具有"孝心"的标准是他爱父母和爱家庭的程度如何,一个人如果能爱父母、爱家庭,也一定会爱祖国和社会。在我国历史上的用人理念中,也有"求忠臣必于孝子之门"之说。因此,"孝"在中国民族的血液中流淌了数千年,已经成为一种自然而然的"仁爱"情感,具有统一人们思想、促进家国情怀形成的重大作用。

"国家兴难,匹夫有责"。家国情怀的另一个主要表现就是爱国主义精神的弘扬,即倡导爱国爱家,报效国家,忠诚为国。我国传统文化中的"忠"是指人对国家及他人等要至公无私、始终如一,尽心竭力地履行分内义务。所以,"忠,敬也,尽心曰忠",意味着人若做到竭诚尽责就是忠的表现。对于个人而言,我国传统文化中的忠诚,要求个人要为国家的事业奉献自己的聪明才智和毕生心血,要求个体坚守对国家的庄严承诺,在诱惑和考验面前坚守自己的信念,不怕牺牲个人私利,在党和国家最需要的关键时刻挺身而出,甚至不惜牺牲自己的生命,正所谓"一片丹心图报国,两行清泪为忠家",这无疑为个人家国情怀的形成奠定了坚实的精神基础。例如,日本政府提出旨在灭亡中国的《二十一条》秘密条款,激起了海外侨胞的极大愤慨,菲律宾各地的爱国华侨团体代表400多人,1915年3月11日晚上在善举公所集会,推选吴克仁、吴宗明起草致北京政府、闽粤政府的电文,反对《二十一条》,内云:"日无理要求,请拒绝。宁战毋让。侨誓以生命财产为后盾。"与会的华侨纷纷捐款,以实际行动支持政府拒绝日本的无理要求,充分体现了对国家兴亡的责任感和使命感。

"大丈夫文武忠孝,求士为国,不私于家。"我国传统文化中的"孝"和"忠"是紧密相连的,《为政》曰"孝慈,则忠"。对国家的忠,就是对父母的孝,"慎终追远,善事父母,是大义;家国一体,忠于职守,是大义",一位年过九旬的老母亲对儿女说:"你们爸爸在时总说,你们尽忠就是尽孝,人要有精神,有家国情怀,有点儿大义千秋的襟怀气度。"它教导个体,作为一个公民对国家、民族不忠,是不孝、不仁;做官不严肃、不认真、不尽职尽责、不全心全意为人民服务,是不孝、不仁;作战不勇敢、贪生怕死、不保卫国家民族利益,是不孝、不仁。

另外,"忠孝一体"观念是儒家伦理的逻辑起点——在家行孝、在国尽忠,移孝作忠、齐家治国,它强调以最自然、最真挚的情感来处理自己与他人,个体与社会、国家的关系。它蕴含了一个"守"字,即"守信"和"守护",那都是对一种"约定"的践诺，即对国家事业和工作岗位要忠于职守，对长辈要尽赡养守护之义，因此忠孝的外延含义即为职责，这种情感也就是"人类社会凝聚和合之托"。因此，行孝尽忠就是一种个体对主体的情感的依赖，这种"依赖"已经超脱了血缘、地缘和国家，构成了一种特殊的"爱"的情感，这种情感互通促进了家国情怀的形成。

1.4.2 家风与家训：从娃娃抓起的思想根基

家庭是精神成长的沃土，家国情怀的逻辑起点在于家风的涵养、家教的养成。"留儿良田千顷，不如良言一句。"2015年新春，习近平在春节团拜会上讲话指出："家庭是社会的基本细胞，是人生的第一所学校。不论时代发生多大变化，不论生活格局发生多大变化，我们都要重视家庭建设，注重家庭、注重家教、注重家风。"①家风虽无言，但可以奠定一个人一生尊崇并延续的做人做事的基本原则。父母没有用说教的方式教过儿女做人做事的道理和方法，而是用自己一生的所作所为，做了儿女最好的教科书。在家国情怀的塑造过程中，个体在传承优良家风中筑牢责任意识和担当精神，在正家风、齐家规中砥砺道德追求和理想抱负，在履行家庭义务中培养公而忘私的大义。

暨南大学教授、华侨华人研究院研究员黄卓才的父亲黄宝世是一个古巴华侨，1925年从家乡台山去古巴打拼谋生，直到1975年在侨居地逝世，其间只回国探亲过一次（当时黄卓才出生仅3个月）。数十年间，黄卓才都是从古巴寄回来的书信和照片中了解父亲的。"我的儿女都是在他们爷爷在世时出生的，爷爷对他们都非常挂念，孩子们对爷爷的感情也很深。"令黄卓才倍感欣慰的是，从父亲和自己这一辈留传下来的进取、勤俭、友善和注重体育锻炼的华侨家风，在下两代人中得到了延续。"现在的印度尼西亚华族，有了教育、财富、事业平台，更重要的就是继承上一辈人留下的'勤劳'。"曾任印度尼西亚工商会中国委员会总主席、受邀参加新中国成立60周年庆典的纪辉琦认为："一定要将中国传统观念教给孩子，做人要有道德、要有诚信、要有宽容，正所谓'人穷志不穷'。"他给孙辈起的名字里都带有"志"字。

再比如，青田红色华侨杨勉家族的爱国家风代代相传。"从华侨到革命家再到外交家，外公的一生深深地打动我。当祖国召唤、家乡需要时，我定

---

① 习近平在2015年春节团拜会上的讲话[N/OL].(2015-02-17).新华网.

义无反顾，这是外公教会我的道理。"杨勉的外孙女杨小爱说："爱国爱乡，成了我们家的家风和传统。青田是我永远的家，努力为家乡、为祖国建设贡献个人才智，是我最大的心愿。"爱国是中华民族的传统美德，是一种信念，也是一种责任。它具有强大的感召力，是推动历史发展的强大精神力量，早已扎根于每一个中华儿女的心中。因此《周易·系辞下》中说："是故君子安而不忘危，存而不忘亡，治而不忘乱，是以身安而国家可保也。"

家训是指家庭对子孙立身处世、持家治业的教诲，它是中国传统文化的重要组成部分，由于其主旨推崇忠孝节义、教导礼义廉耻，因此对个人的教养、原则和促成好家风的形成，都有着重要的约束作用。海外华人华侨尽管有的已改变国籍，但对民族的认同和文化的传承没有变。华侨华人的家训或口口相传，执着坚守着中华传统中报国恤民、睦亲齐家、勤劳节俭、立志勉学等德行，以爱国与教育两大主题为主线，形成世代相传的家国情怀。

其中，华侨华人家书、家谱中传达的家训第一条总与"爱国爱乡"有关。国与家的统一在华侨家族家训中最为鲜明，他们结条裤带去"过番"，赤手空拳闯天下，背井离乡去谋生，重回故土谈何容易，用文字书载传承对国家、家乡的情怀是那个时代海外华侨最佳的选择。旅居法国华侨孙端芳表示，自己的大伯父在其青年时期受共产国际思想的影响，奔赴俄罗斯以经商为业，积极从事革命活动。对于大伯父的举动，孙端芳感到自豪，对于下一代，他觉得应该牢记和传承革命精神，弘扬他们的爱国情怀。

"爱得我所，亦爱吾庐"这两句分别出自《诗经》和陶渊明诗句的家训，是五邑崇氏家族"爱庐更爱庐里人"的表白。20世纪初，广东著名侨乡开平有不少到外国打工致富的华侨回乡斥巨资建成碉楼，把追求太平、爱祖敬亲、勤俭节约等家训雕刻在楼名楹联上，训示子孙，"宗功伟大兴民族，祖德丰隆护国家"正是是开平谢氏家族的家训。

另外，立志清远、励志勉学基本在每个华侨家族的家训中都会出现。为让子孙后代不忘自己的根，不忘中华民族的传统，华侨华人始终执着于对教育的坚持。例如，"唔读书，盲猪古"，充满乡土气息的客家谚语，通俗易懂，朴素地传达着客家人耕读传家的训示，"积德何啻百年唯愿年年积德，读书不负三代还需代代读书"是梅州梅江区城北镇曾氏家族（家族有著名香港商人曾宪梓）的家训。再比如，开平滘堤洲的司徒氏是赫赫有名的华侨家族，司徒氏以"教伦堂"为堂号，便是取之于滘堤洲新唐一世祖"教以人伦"的遗训而立意，反映的是家族承祖训、崇教育、尚教化的宗旨，近代以来司徒后人遵循祖训,也多在文教领域结出硕果,除了著名侨领司徒美堂之外,还涌现出近代和现代美术史上颇具影响力的爱国艺术家,如司徒奇、司徒乔、沙飞(司徒传)等人。一些著名华侨华人家族家训如下:

(1)梅州张氏家族(家族有张弼士、张榕轩等著名侨领):"崇祀祖先、孝敬双亲、友爱兄弟、训诲子侄、和睦乡里、尊敬长者、怜恤孤贫。"

(2)开平司徒氏家族:"教以人伦、君义、臣忠、父慈、母爱、子孝、兄友、弟恭。"

(3)广州许氏家族:"沐风七百载,沧海变桑田。耕读可传家,高风宜秉承。"

(4)河源佗城刘氏家族:"敦孝弟、睦宗族、和乡邻、明礼让、务本业、端士品、隆师道、修坟墓,戒犯讳、戒争讼、戒赌博、戒淫恶、戒犯上、戒轻谱。"

1.4.3 有国才有家:"家国一体"形成的责任意识

习近平总书记在深情阐述"中国梦"时讲道:"国家好,民族好,大家才会好。"这是对"家国情怀"的通俗解读:只有民族复兴、国家富强才能带来人民的幸福,带来每一个人的幸福。当每个人都能把自己的事业与理想和民族相融,和国家的发展结合起来时,就在总体上体现了中华民族的"家国情怀"。

古代知识分子曾以忧心江山社稷、关心民生疾苦、追求人生理想为基本内涵,从诸葛亮的"鞠躬尽瘁,死而后已"、杜甫的"安得广厦千万间",到陆游的"位卑未敢忘忧国"、岳飞的"踏破贺兰山阙",再到文天祥的"山河破碎风飘絮,身世浮沉雨打萍"、顾炎武的"天下兴亡,匹夫有责",都体现了报效祖国的爱国爱乡文化,展现了时代精英"忧国民""安社稷""济苍生"的忧国忧民之情,时刻激励着历代爱国人士的孜孜追求和历史使命。忧国忧民的意识不是普通人为生计而引发的烦恼,而是因对国家、民族命运关切而产生的忧虑,是一种更深层的担忧。

近代中国革命的实践需求、忧国忧民的责任意识,决定了救亡图存的民族团结成为革命时代的最强音。以海外华侨为例,在旧民主主义革命时期,广大华侨反对封建帝制、支持革命、捐资助饷,捍卫共和并为民主革命抛头颅、洒热血。孙中山先生由衷地赞誉华侨为"革命之母"。在党领导的新民主主义革命时期,救亡图存的民族团结文化促进了中华民族的觉醒,特别是抗日战争时期,海外华侨开展各种文化活动,揭露日本侵华暴行,争取国际援华，通过创办战时侨报、宣传文化救亡等，激发侨胞团结一致、共同抗敌的爱国热情，极大地促进了民族团结。

"国"与"家"的交融给了人们一个家国情怀形成的理由，当自己的前途命运与国家民族的前途命运结合成一体时，即当每一个人都能感受到这个国家给予他的福祉，感受到自己和国家息息相关之后，"我的传奇"才可能成为这个国家的传奇，"我"才可能和这个国家共同成长，此时个体的历史责任感和使命感就油然而生。"国不知有民，民就不知有国"，"国"的强大要与民众的"获得感"紧密相关，当一位留美博士蒙冤入狱，不禁感慨："国家是唯一依靠。"根据西方政治学里的"塔西佗陷阱"定律，即"当政府不受欢迎的时候，好的政策与坏的政策都会同样的得罪人民"。历史上，"国"与"家"交融的观念从数千年前就已开始，但是真正让老百姓感同身受，在国人心中固化起来还是在新中国成立以后，人民真正翻身做主人，"小家"的宁馨祥和与"大国"的风平浪静才真正统一，这个时候爱国与爱家才真正统一起来。

因此，在阐述"中国梦"时，习近平总书记这样说道："生活在我们伟大祖国和伟大时代的中国人民，共同享有人生出彩的机会，共同享有梦想成真的机会，共同享有同祖国和时代一起成长与进步的机会。"对于海外华侨而言，"中国的强大惠及海外华侨华人，华人扬眉吐气的时代已经到来"，"中国梦"的提出更增强了海外侨胞的民族自豪感和自信心，这是家国情怀形成的原动力。

1.4.4 落叶归根：华商家国情怀的精神纽带

"凭寄还乡梦，殷勤入故园"。落叶归根是中华民族传统的思想观念，不忘故土，不忘国家，令华商有着对祖（籍）国的特殊感情，把家国情怀由内而外推上了台面。在中华文明的价值体系中，"感情与故乡相牵连"是中华儿女情系祖国的重要精神纽带。

费孝通在《乡土中国》中所说："从基层看去，中国社会是乡土性的。"所谓乡土观念，实际上是对童年回忆、下乡情怀、迁徙文化、移民文化背景下的怀旧感情，是生于斯、长于斯、死于斯的心理寄托，"天涯倦客，山中归路，望断故园心眼"。主体在长期的成长、生活、学习、交流中产生了对故土、家园、亲人、朋友的持久感情，由此而形成了对旧有文化传统的回忆与认同。因此，中华民族本身重视血缘和亲情，讲究"光宗耀祖""落叶归根"，加上对幼年的家庭教育印象深刻,乡土观念也就格外强烈。长期以来,海外华侨的寻根文化、祭祖文化、节日文化等相关的文化现象与乡土观念的兴起不无关系。因此,家国情怀不仅发源于对基层乡土或者往昔的怀旧,它还是一种理想蓝图。

"梁园虽好,非久恋之乡。"家国情怀起源于士大夫和社会精英的人文信仰和人文精神,无论是《礼记》里"修身齐家治国平天下"的人文理想,还是《岳阳楼记》中"先天下之忧而忧,后天下之乐而乐"的大任担当,抑或是陆游"家祭无忘告乃翁"的忠诚执着,家国情怀从来都不只是摄人心魄的文学书写,更是人们内心之中的精神归属,那种以百姓之心为心、以天下为己任的使命感,就来自那个叫作"家"的人生开始的地方,"对于乡愁而言,还乡是唯一的解药"。

在漫长的历史岁月中,广大华商割舍故土情感,远涉他乡创业谋生,在异国他乡坚持发扬中华传统文化中"天行健,君子以自强不息"的精神,吃苦耐劳、奋发图强,为立足异国他乡不懈奋斗,凭自己不甘落后、敢为人先的精神闯出了一片又一片新天地。他们或创办公司、企业,或开设中餐馆、服装厂,生存和发展空间不断扩大,充分显示了炎黄子孙的智慧和力量,经过一代甚至几代人的艰苦创业和拼搏努力,积累了较丰富的物质财富。

出于对祖国和家乡割舍不掉的感情,他们在积极参与侨居地开发建设的同时,心中永怀故土家园,为国家和民族的独立富强贡献着自己的力量。抗日战争时期,华侨在中华民族危亡的紧急关头,表现出强烈的爱国热情。他们积极宣传抗日,募捐支援抗战,赈济灾民,慰问前方将士,成立抗日组织,积极参加抗战。中华人民共和国成立后,华侨知识分子积极回国参与祖国建设,他们当中不少人为中国科学技术事业的发展,为"两弹一星"的研制做出了重大贡献。改革开放后,他们一如既往地为民族、为国家、为家乡捐钱捐物,支援国家建设和促进家乡发展,从运寄化肥、捐赠农机具、支持故乡农业生产做起,到热心家乡教育卫生、基础设施等社会公益事业,再到直接投资参与经济社会建设,用实实在在的行动回报祖国和家乡的"养育之恩",诠释了他们浓郁的爱国爱乡情怀。

第 2 章

达则兼善天下：华商家国情怀的经济基础

　　中国人移居海外已有千余年历史，主要来自福建、广东、浙江、江苏等沿海沿江地区。尤其是 1840 年鸦片战争后，中国封建社会趋于解体，逐步陷入半封建半殖民地的历史深渊，农村加速破产，生产日益凋敝，地权日益集中，各种繁重的租税和敲诈勒索，把广大农民剥夺得一无所有，在"地狭民稠"的粤东和闽南地区，大批失去生产资料的人民不得不漂洋过海，出国谋生。他们中的一部分人，成为活跃在世界经济舞台上的商人群体。

　　根据《世界华商发展报告》课题组的定义，华商一般指具有中国国籍或华裔血统、活跃在世界经济舞台上的商人群体，其中包括港澳商人、台湾商人以及遍布世界各地的华侨华人中从事商业活动者。他们依靠中华民族传统的勤劳、智慧与拼搏进取精神，艰苦创业，始于小本经营，逐步资本积累，通过从事各种经济活动在海外积累起大量的财富，为支持祖国和家乡发展提供了坚实的经济基础。进入 21 世纪，我国不断增强的国际影响力为广大华商赢得了良好的发展环境，借助祖国崛起带来的机遇，他们以更为谨慎务实的态度引领企业的发展，在不断发展中壮大企业的实力。

　　2014 年 6 月，在云南省昆明市举办的第十二届东盟华商会华商和华裔专业人士论坛上，外交部前部长李肇星认为，华商在"一带一路"建设中具有独特优势，有能力也有实力在"一带一路"倡议中发挥积极作用，华商特别是东南亚地区的华商在中国与东盟持续紧密的经济合作进程中已经形成了一定规模的产业和资本布局，通过"推动产业梯度转移和转型升级""参与基础设施互联互通的高铁、公路、港口建设""推动人民币更加广泛使用"等方面，特别是在实现我国 21 世纪海上丝绸之路战略中具有独特的优势,能够发挥建设性作用。

2.1　天道酬勤:华商在海外艰辛成长

"一船目汁(泪水)一船人,一条浴布去过番,火船始过七洋洲,回头不见俺家乡,是好是劫全凭命,未知何时能回还。"这一首潮汕民谣记录了当年我国漂泊海外的侨民的艰辛。华商在全球的发展就是一部从"住藩"到世界公民的奋斗史,成就与艰辛并存。他们在海外漂泊,经历了经济环境的剧烈震荡和政治上的诸多歧视,克服重重困难,在艰辛与节俭中得到第一桶金,并经过一代人甚至是几代人年复一年的努力,落叶生根,凭着自己的勤劳和智慧,在企业不断壮大的过程中创造了辉煌的成就。从 19 世纪末至今,华商走向世界 160 多个国家和地区,成为世界经济的重要组成部分。

2.1.1 早期华人海外发展的动因

"离家不忘本"。近代华侨绝大部分出身劳动人民,他们出国的主要目的是寻求生计,同时也是为了赚点钱赡养留在国内的家庭成员,"信一封,银二元,叫(老婆)刻苦勿愁烦。奴仔知教示,猪仔着知饲。田园落力做,待到赚有钱,我猛猛回家来团圆",这是 20 世纪初期流行于潮汕一带的民歌,它生动地表达了我国劳动人民出洋做工的目的。①

从移民动机来讲,早期的移民是为了寻找比家乡更好的经济机会,他们是漂洋过海去寻找"理想"的人,大部分都是独身的"新客",最初的想法大多是外出挣钱后荣归故里,给家人提供优越的经济基础和良好的生活条件。中国自 15、16 世纪进入封建社会晚期后,封建压迫日益加重,生存环境日益恶化,南方部分地区民不聊生,他们被迫背井离乡向外逃亡,目的地大多数是西方列强的殖民地东南亚地区。他们赤手空拳打天下且无依无靠,甚至以"契约劳工"的方式到南洋谋生。今天全球知名的华商,如郭鹤年、陈永栽等在当年也是迫于生计到国外谋生。

---

① 廖钺,王绵长.华侨出国原因初探[J].学术研究,1980(3).

由于移民固有的特性，他们无法通过仕途来立德、立功或立言，但他们本着"吃得苦中苦，方为人上人"的信念、吃苦耐劳的精神，以及独特的商业智慧，充分挖掘区域贸易中的潜在机会，再通过商业的海外扩张或企业并购策略扩大商业积累，逐渐形成了一批颇具影响力的华商企业集团。《郭鹤年回忆录》中提到，这些来自中国的无名英雄到东南亚不仅为了填饱肚子，他们也乐于"吃苦"，"那些迁徙和开辟丛林的华人，种植橡胶、开辟锡矿、经营小商店。这些中国移民执行了这些艰巨的任务，创造了新的经济"。

以重要侨乡福建为例，因闽地"负山环海，田不足耕"，加上封建剥削的苛重，闽人为了谋生而"轻生死"，从家乡带着丝绸、药物、糖纸、瓷器、手工艺品等特产，搭上商船，从福州或泉州出发顺着"海上丝绸之路"漂洋过海，运销世界各地。有些商人因经商需求，开始定居异国他邦。久而久之、代代相传，福建商人成为侨居国社会发展的一支重要力量。同样，"九山半水半分田"是著名侨乡青田县的真实写照，耕地少且土地贫瘠，到民国时期更是自然灾害频发，人民生活难以为继。因此，近代中华民族向海外的移民，大部分是破产的农民和难以养家糊口的手工业者，他们不得不冒险出洋以求生路。

例如，近代第一代到马来西亚经商的代表人物郑良得、张汉山等。生于1921 年的郑良得，祖籍是七区东波乡（今属潮南区沙陇镇），青少年时在家乡修完小学、中学，1938 年去泰国谋生。他用自行车从泰国载米到马来亚贩卖，又从马来西亚采购衣服、小电器等回到泰国出售，获得厚利，后来在吉隆坡创办泰南隆米行。1942 年，郑良得与吉隆坡富商张汉山的女儿张美英结婚后，资本更加雄厚，直接从泰国采购米粮行销马来亚，成为马泰米商巨子，后来又在马来西亚陆续经营橡胶园、面粉厂、饲料厂等，成为第一代成功华商的代表之一。再比如，谈起马来西亚新生代华商的代表，不得不提的是2004 年、2005 年连续两年被评为"马来西亚杰出青年"的拿督伍伟成，他的JF 国际美容连锁在马来西亚有 51 家连锁店，在美容业界广为人知，门市和教学并驾齐驱，是马来西亚首屈一指的美容连锁机构。伍伟成在社会活动中引人注目的身份还有一个——马来西亚青年创业促进会常务副会长。伍伟成不仅仅把精力投入管理好门市和学校，同时还热心投身于青年创业活动，积极组织马来西亚中青年一代合作交流，从他身上可以看到新一代华商的创业激情。

　　为什么早期华侨主要走向东南亚地区呢？这是因为，东南亚自古以来就是中国和印度两大文明古国海上交通的必经之地，在经济、政治、文化上受两国的影响很深。据记载，中国和东南亚和平交往的友好关系可以上溯到久远的古代，伴随着近代这种联系和交往的深入，"下南洋"成为华南地区中国人的谋生发展之梦，他们踏上去南洋谋求发展的道路，并在那里定居下来成为华侨。例如，他们在南洋的三佛齐、爪哇、暹罗、吕宋、渤泥等地方定居下来后，或经商，或从事农业及手工业，到后来取得了辉煌的成就，并为当地的发展做出了卓越的贡献，如表 2-1 所示。

　　例如，槟榔屿的第一位大伯公张理就是典型代表，他祖居广东大埔，在家乡是私塾的教书先生。1745 年，为了寻求发展，他和同乡丘兆进、福建永定人马福春等人结伴乘船从潮州出海，准备赴爪哇巴达维亚谋生求发展，岂料船行至槟榔屿海面时，突然遭到飓风的袭击，船只被毁而无法前行，他们一行人只得停靠海屿，张理由于识文断字被推举为"岛长"。他和其他华侨一起，用勤劳的双手和辛勤的汗水开发槟榔屿，使出洋华侨在此落户者逐渐增多，原来荒凉的小岛日益热闹繁荣起来。后来，张理在一山洞坐化，被当地华侨尊称为"大伯公"。

表 2-1　早期华商发展的成就及对当地的贡献（部分）

姓名	职务及荣誉	典型事迹
陈笃生 1798—1850 年	1846 年，被新加坡当局封为"太平局绅"，为第一个获此荣衔的华人	1844 年，他捐资在珍珠山兴建贫民医院，后改为陈笃生医院；平生行善济世，帮助穷苦人民，乐善好施，排解侨胞纠纷，为世人称颂
张弼士 1841—1916 年	• 历任清政府驻印度尼西亚槟榔屿首任领事、新加坡总领事、中国通商银行总董 • 他逝世时，英、荷殖民政府都下半旗向其灵柩致哀，港督亲自吊唁；当灵柩由广东汕头沿韩江回归故里时，两岸群众自发摆设牲仪致奠	• 1894 年，任新加坡总领事期间，组织中华总商会，多方维护华侨利益 • 1894 年，他出资 300 万银圆在山东烟台创办张裕葡萄酒公司。1915 年，带领中国代表团出席"巴拿马太平洋万国博览会"。张裕的四种葡萄酒在巴拿马万国博览会上夺得了一个金奖和三个优等奖，这是中华民族的产品在世界上获得的第一块金牌 • 大力弘扬中华文明，在新加坡等地创办了中华学校和应新学校，设置福利基金为外出学子赞助学费。在他的带动下，新加坡、马来西亚两地相继兴办了八所华文学校

续表

姓名	职务及荣誉	典型事迹
陈嘉庚 1874—1961 年	• 被毛泽东同志称誉为"华侨旗帜、民族光辉" • 南侨筹赈总会主席 • 福建会馆主席 • 道南学堂总理	• 领导筹赈：1925 年，筹助新加坡婴儿保育会，共募集到约六万元；1934 年领导成立"福建会馆河水山火灾募捐小组"，募得五万四千元，赈济七千灾民 • 资助教育事业：1907 年 4 月领导创办道南学堂，1919 年 3 月领导创办新加坡南洋华侨中学，1941 年领导创办南洋师范学校 • 创办媒体：1923 年创立《南洋商报》，旨在提升华族知识水平，传播中华传统文化
陈六使 1897—1972 年	• 新加坡树胶工会主席 • 中华总商会会长 • 福建会馆主席	捐助 30 万元支持马来亚大学；1952 年领导创办光华学校；1953 年领导创办南洋大学，推广华文教育，完善了华文教育从小学、中学到大学的完整体系
李光前 1893—1967 年	• 东南亚橡胶大王、教育家、慈善家，先后被马来西亚吉兰丹州及柔佛州的苏丹封为拿督，马来西亚最高元首赐封"丹斯里"勋衔 • 自 1958—1964 年担任新加坡福利协会主席	• 20 世纪 50 年代设立"李氏基金"，捐资助学、发放奖学金、赞助文化活动、筹建安老院、孤儿院、残障中心、寺庙、教堂等，与新马华文教育等量齐观 • 推动华文教育，1957 独资捐建华侨中学图书馆、捐资 37 万元倡议将莱佛士图书馆扩建为新加坡国家图书馆。1934 年起担任南洋中学的董事长，负责学校每年的办学经费、建筑费等，修建校舍。还兼任南益学校、道南学校、导侨学校等九所中学和十几家会馆的董事 • 倡导在新马地区实行多元文化，否定实行"强迫文化"
陆佑 1846—1917 年	• 1904 年任雪兰莪中华商会会长 • 马、新、港、粤四地纪念陆佑的建筑物有 11 栋，以陆佑命名的街道共有 4 条	• 1894 年捐建吉隆坡同善医院，1904 年捐款三万元给吉隆坡老人院、5 万元给新加坡陈笃生医院 • 通过向华人宣传提升乘车素质，推动自 1904 年起在马来亚实施"亚洲人和欧洲人火车座位分隔制"改革 • 1906 年创办吉隆坡第二间尊孔学校，1910—1912 捐款 100 万元给香港大学
胡文虎 1882—1954 年	"万金油大王""报业巨子""大慈善家""东南亚传奇人物"	• 1932 年将"每年公司盈利不超过 50%的部分用于慈善"写进公司章程 • 1935 年独资创办新加坡民众义务学校 • 在慈善公益事业投入巨大

续表

姓名	职务及荣誉	典型事迹
李延年 1906—1983 年	从 20 世纪 70—80 年代同时担任 10 个华人社团的会长或主席,被誉为"华团精神领袖",1975 年获最高元首封赐"丹斯里"勋衔,1978 年获雪兰莪州苏丹赐封"拿督"勋衔	• 革新与壮大华人社团,积极维护华人利益。例如,1978 年领导"一人一元"捐款活动挽救了雪兰莪精武体育会 • 积极弘扬中华文化。1981 年在雪兰莪中华大会堂第一届文化节开幕仪式上强调华裔文化在当地的价值 • 为公益事业慷慨解囊,投入教育、文化、医疗等,其中典型的包括拉曼学院(100 万元)、国家防癌中心(100 万元)、同善医院(70 多万元)、吉隆坡黎明小学(25 万元)、国家图书馆基金(10 万元)等
林连登 1870—1963 年	马来西亚潮州公会联合会主席,1938 年、1940 年先后获得吉打苏丹和滨州元首赐封的"太平局绅",1958 年获得最高元首颁赐的"护国勇士"有功勋衔	• 创立、维持与献身于各地个别华校。据不完全统计,对教育的投入和捐赠超过百万元 • 在槟城捐资创办韩江学校,独资兴建中华华小 • 资助马来亚大学、双溪大年新民学校、吉打中华学校、尚德中学、中华小学等数十所学校 • 南洋大学创建之时,被委任为南洋大学槟城委员会主席,并认捐 50 万元
李成枫 1908—1995 年	《南洋商报》董事主席、吉隆坡中华独立中学董事长,马来西亚橡胶公会总会长、吉隆坡及雪兰莪中华工商总会副会长、名誉会长,雪兰莪福建会馆副会长等	• 华文教育:1929 年创办吉隆坡黎明学校;1949 年创办南益华文小学;1974 年起连任中华独中董事长达 21 年,支持建设中华独中,学生数由他接任董事长之初的 172 名,增至近 5000 名 • 积极投身慈善事业和社会服务工作,其灵柩发引还山时,送殡队伍长逾 10 千米,新加坡"国宝"潘受先生曾撰挽联曰:"真正理解并号召继承陈嘉庚精神,君是健者;深切爱护且慷慨举办我华文教育,世失斯人。"

资料来源:作者根据相关资料整理。

2.1.2 华商异乡发展的"三部曲"

纵观华商的出身,第一代华商多半是生活窘迫的农民和小商人等下层劳动者,两手空空的他们为了生存,开始了他们的"三部曲":第一步,干一些体力劳动先生存下来;第二步,勒紧裤腰带存钱,开始做些简单的小本生意获得第一桶金;第三步,在事业取得一定成效后扩大经营。因此,白手起家的华商通过"足下生财"的方式表明了他们的成功是靠自己的勤劳和血汗换来的。①

创业不易,异乡创业更难。早期移居各国的大多数华人并没有携带任何资本,他们唯一的依靠是自己辛勤的双手。作为外来移民,华人要在南洋谋生并不容易,他们既不能像当地人一样拥有土地等特有权利,又要受西方殖民者的统治。他们在沟通殖民者与当地人的商业间找到了生存空间,并发展成与中国本土迥异的华人商业社会。

例如,1860 年生于福建南安的著名华商叶祖意自幼父母双亡,从小由祖母抚育至 7 岁,17 岁以"新客"身份抵达马来亚槟城,既没有亲戚朋友,也没有金钱与学识。由于他最初是当流动性的理发匠,所以外号为"剃头意"。不屈不挠的精神使他克服困难,勤奋、节俭和远见使他快速成长起来。到了 1890 年,他在槟城柏郎正路市场(Prangin Road Market)做起了小生意,由于当时威士利省(Wellesley)主要的农产品——来自大园丘的红糖,多数为欧人公司经营。他便以积累的资金做起红糖生意,最后每月成交量达 3000 吨。到了 20 世纪以后,白糖取代了红糖,叶祖意又投资白糖并获得巨额利润,扩大经营后成为爪哇华人糖王黄仲涵的推销代理人,时间长达 40 年之久。

1895 年,祖籍广东惠来的林连登只身到达马来亚,他先后当过洗碗工、脚夫、车夫、屠夫,小有积蓄后便经营小杂货生意,通过与人合伙开发锡矿获得了第一桶金。50 多岁时,他购买了双溪大年附近的泰莹园橡胶场,面积达 3000 英亩,雇工种植橡胶,因经营得法而获利丰厚。接着,他又购买近 10000 英亩的土地,建立泰城、泰益、泰丰和荣园共 4 个园区,在这些园区内创办橡胶园、椰园、硕莪园和橡胶厂等。55 岁前后,他又创办联共和、联泰、联益和等酿酒厂。进入 20 世纪 20 年代,他又向马来亚的重要港口槟城发展,并在槟城创办连兴和酿酒厂。到了 1937 年,林连登又在槟城创建新世界游乐场,并先后在这个港口城市购置商铺 100 多家。林连登就以这样"滚雪球"的方式,形成了以槟城为中心,实业遍布槟城、双溪大年、吉打、大山脚、美农、居林、宋脚等地的经营网,资财达到 3 亿叻币以上,终于成为富甲一方的著名华商。

再比如,1955 年出生于福建长乐的陈清泉,1977 年刚到美国,在餐馆里

---

① 　苏东水.东方管理学[M].复旦大学出版社,2005:114.

当服务生时,由于不会英语碰到了种种沟通障碍,晚上回去甚至大哭。后来他一边打工一边学习,等一年后稍有积蓄,便和朋友合股开了快餐店。经过不断扩大经营,渐渐形成了几十家中餐连锁店,成为美国闽商名流。另一位著名华商——新加坡包装大王陈德薰,1950年只身到香港谋生时,除了聪明才智和强健的体魄外,几乎一无所有,他白天打工,晚上读书,艰苦创业,最后成为富甲一方的企业家。美国金融界巨富华商蔡志勇常年坚持每天工作达15小时,也正是靠了"勤奋"两字,他的事业才获得了成功。

何氏企业由何氏家族在巴西的第一代奠基人、爱国华侨何德光创建,目前由其家族的第二代和第三代掌管经营。该企业以生产汽车音响等电子产品为主,年销售额近10亿美元。20世纪50年代末,何德光只身从邵武前往香港,后经人介绍远赴巴西。他是第一位打开巴西市场从中国进口商品的华人。经过艰苦创业,巴西何氏企业逐渐发展成为大型电子集团。而何氏企业在几十年的发展中,始终与祖国保持着紧密联系,与祖国风雨同舟、共同发展。

在位于马六甲的广东会馆、福建会馆,华商用各种乡音谈起他们自己和父辈的经历,让人感慨的是,他们并没有多说复杂的政治经济环境,只是把过去的苦难当作一段段传奇故事,娓娓道来。他们的父辈大多在20世纪30年代左右来到马六甲,靠着艰苦奋斗、勤劳节俭的美德和同舟共济的群体观念互相扶持。马六甲东方贸易公司的董事长陈展鹏(他同时身兼马来西亚中国经济贸易总商会副总会长、马六甲中华总商会副会长)说:"华人的勤劳、刻苦、节俭、宽容、重信用、对家庭和国家的责任感以及重视教育等中华传统文化对我们的经商影响特别大。"

因此,翻阅一代代华商的创业经历,可以看到广大华商通过自己的勤劳、节俭,积攒创业资本,再依靠敏锐的商业眼光实现企业的跨越发展。从19世纪早期第一代华商的四把刀(菜刀、木工刀、剪刀、理发刀)等规模小、技术低的行业起家,到完成原始积累后至第二次世界大战期间,出现了以印度尼西亚黄仲涵总公司、美国李国钦华昌贸易公司、澳大利亚郭乐两兄弟创办的永安百货、缅甸永安堂、虎豹兄弟"万金油"和"报业"为代表的跨国公司。接着,从第二次世界大战结束到20世纪70年代,伴随着战后重建和亚洲"四小龙"经济的腾飞,部分华商紧紧抓住战略机遇,成长为世界知名跨国集团,以马来西亚郭氏兄弟集团、新加坡丰隆集团、泰国CP(正大)集团、菲律宾的亚世集团和印度尼西亚三林集团等为杰出代表。到20世纪80年代至 1997 年,华人跨国公司进入蓬勃发展期,开始进军房地产、酒店、银行、金融业、电子业等。

马来西亚首富郭鹤年认为:"他们刚开始非常饥饿,渴望成为移民,他们经常赤脚,只穿单衫和裤子。他们会做任何工作,因为有收入意味着有食物和住所。华人企业家是有效率和成本意识的,当他们寻找专业知识时,他们知道如何谈判。他们比任何人都努力工作,愿意吃苦,华人简直就是地球上最惊人的经济蚂蚁。"也有学者指出,华人企业家获得成功主要基于两个原因:第一,移民特有的"对成功的强烈欲望";第二,外出赚钱的华侨所特有的"早日赚了钱回中国过安逸生活"的信念。因此,王效平归纳出了华商成功的三个条件为:"强烈的成功欲望""强烈的独立愿望""坚强的忍耐力"。

2.1.3 华商异乡发展遵循的基本理念

(1)弘扬中华民族的"和"与"合",积极融入当地社会

"小心翼翼做事,踏踏实实做人"是华商遵循的重要理念。早期华人移民大多数处于社会底层,是属于"小传统文化"场域中的一员,对当地的政治、经济、文化几乎一无所知。为了迅速融进当地社会,海外华人在异国经商谋生时总是小心翼翼,努力做到"睦邻亲善",通过拉近与当地居民的距离来为自身创造良好的发展环境,并根据孔子的箴言,即"言忠信,行笃敬,虽蛮貊之邦行矣"来约束自己的行为。秉持这种理念,早期许多优秀华商在与当地居民进行生意往来时努力做到"各得其便",通过长久相处增进互相了解,很少发生龃龉闹事。

华人初到海外,为了生存必须要"安分守己",并且还要忍耐各种不公平的待遇,只有面对无礼的政策和压迫才会做出反抗,华人以奉公守法、维持秩序和避免"乱"来确保生存,并积极追求经济成果。他们极具智慧,为了获得当地政府的认可,华商逐渐明白只有保持自我发展与所在国家和民众的发展一致时,即把自己作为国家一分子时,才能减少来自官方的阻力。因此,他们不但重视自身素质的提升,同时也非常注重整个社会的教育,愿意为当地社会兴办教育慷慨解囊(陈嘉庚、李光前、陈六使等),他们经营的生意也从来不会欺压弱势群体,其所办企业也为所在国家的经济成长做出积极的贡献。多年来的事实也充分说明,东南亚的华商企业正是伴随着这些

国家的经济成长而获得发展的。

关于融入当地社会的程度，著名华商郭鹤年说："我是百分之百承认自己是中国血统，但我还是爱马来西亚，那个地方也是个好国家、好社会……我的心可以说是分成两半，一半是爱我生长的国家，另一半是爱我父母亲的老家乡。"菲律宾华商杨应琳通过与当地企业家、劳动者的长期互动，以及在政府各种部门任职的经历与阅历，逐渐形成了"菲人能够竭尽全力的同外国人竞争以求生存"的理念，已经把自己完全视为居住国的一分子了。

(2)关注环境的变化，保持顽强的生存能力

"时刻关注环境的变化，不断调整发展方向"是华商的另一基本理念。他们一旦抓住了商机，所奉行的经营理念是"要做就做到最好"。历经前期朝代的更替、近代两次世界大战、战后经济腾飞、1997年亚洲金融危机、2008年次贷危机等各种社会动荡和世界政治经济的变迁，华商在世界的每一个角落顽强地生存发展。

在发展过程中，广大华商经历了重重困难，在一次次经济动荡中承受着企业经营的起起伏伏，接受一次又一次的考验与历练。与此同时，广大华商正是在经历过一次次挫折后实现了自我成长，积极探索复杂国际环境中的生存发展之道，逐渐学会了适应、融入与自我保护，积累了宝贵的经验。

在1997年的亚洲"金融风暴"中，广大华商尤其是投资扩张型、出口导向型与金融贸易型的华商企业损失惨重，林绍良、黄奕聪、郭鹤年、谢国民这些曾经的东南亚华商巨头的资产迅速"缩水"，16位华裔世界富豪在经历了7个月的金融危机后，资产由603.4亿美元减至302.98亿美元，缩减了49.8%，蔡道行(盐仓集团)的资产额缩减了72%，林天宝(叁布纳集团)的资产额甚至缩减了93%，而印度尼西亚华人企业象记集团出现了17.5亿美元的债务后则直接破产。在2008年金融危机的冲击下，与2007年相比，华商的资产总额缩水近1/3，很多中小型华商企业倒闭[①]。以欧洲华商为例，金融危机重创了欧洲经济，也给中餐业、贸易批发、零售业、服装加工等华商经营的传统领域带来了前所未有的冲击。

除了承担经济原因造成的风险外，恶劣的政治环境也使广大华商的海外发展面临严峻的挑战。在东南亚、欧美一些国家有反华、排华的势力存在，华人被歧视侮辱、华商遭排挤打压的事件时有发生，给广大华商发展造

---

① 引自《2009年世界华商发展报告》，中国新闻社课题组，2010年5月。

成了困难和损失。例如，在印度尼西亚，以 1740 年荷兰殖民当局制造的"红溪惨案"为开端，直到 1998 年 5 月 13 日至 15 日在雅加达等地爆发的大规模排华事件，由于政治因素排华活动在印度尼西亚几乎没有间断过，大规模的排华骚乱时有发生。在菲律宾，尽管约有 20％的菲律宾人有华人血统，但长期以来，由于华人企业家在本地贸易和菲律宾全国性企业中的支配地位，动辄引起当地人的嫉妒与憎恨。

因此，广大华商在向外拓殖、艰苦创业中，面对重大社会历史事件的变故、严酷险恶的自然环境和经营条件的发展变化，总是不断以变求生，以适应东南亚民族国家意识不断高涨的形势。以潮州海外商帮发展的历史为例，他们在保持中华优秀传统的同时，主动融入侨居国社会，实现本土化，争取和谐发展的有利条件；或适应经济全球化的需要，及时实现企业的多元化和国际化，并促使家族文化的嬗变，逐步实现传统的家族企业向现代企业的转变……正是这种不断以变求生、冒险拼搏、善于吸收、敢于创新的潮商文化，引领潮商度过一个个艰难困苦，与时俱进，继续创造辉煌！

（3）保持勤俭的生活，磨炼坚韧的性格

"克勤克俭、百折不挠"是广大华商在海外发展的第三条基本理念。他们总是在忙忙碌碌，寻觅和捕捉所有可能的商业机会，不知疲倦，而且永远都精力充沛，如同动物界里精力最旺盛的百兽之王，他们的直觉、远见、开拓精神以及坚忍不拔的意志是值得世人仿效和学习的。[1]　例如，郭芳枫先生 1911 年出生在福建省同安县莲花镇一个普通的庄户人家。由于家境贫寒，14 岁那年，他只身抱着一卷草席下南洋，到新加坡谋生，先在一位亲戚开的五金店当学徒，白天劳作繁杂辛苦，晚上坚持去夜校补习功课，这种勤劳一直贯穿于其整个创业过程。

中国有句老话，"莫欺少年穷"。回想起自己借贷起家的艰苦创业史，著名华商黄双安感慨万千，他出身贫寒，又因移居他乡，谋生不易，更珍惜点滴所得，在日常生活中严格奉行勤俭的原则，这种勤俭的生活习惯，也被他们带到企业管理中，使他们在企业生产和管理的每一个环节上都做到精打细算。

被称为印度尼西亚红顶首富的著名华商林绍良就磨炼出了极强的坚韧

---

[1]　严嵩涛.新加坡发展的经验与教训[M].汤姆森学习出版集团（新加坡），2007：127-144.

性格,曾经凭借与苏哈托政权的紧密关系,他到 20 世纪 90 年代中期进入事业巅峰,建立了一个包括银行、建筑、地产、纺织、水泥、面粉、钢铁、航空运输、贸易服务等 30 多个行业的企业帝国。然而随着 1998 年苏哈托政权的倒塌,林绍良的企业帝国受到了巨大的冲击,甚至连个人安全都受到威胁。但是,林绍良咬紧牙关,硬是挺过了他人生中最艰难的时期,后来有媒体这样总结道:"有时候人无法抗拒自然灾害的袭击,也无法扭转大势,但是在危机面前,坚强的意志力和忍耐力却能够让他转危为安,林绍良坚信自己能够度过难关,因为他有着虔诚的信仰,那就是诸善奉行必得上苍厚爱,一生行善无数的他重新开始集合众人之力重整河山。古人云,得道者多助,林绍良平稳跨过了这个人生大坎。"

2.2　华商取得的辉煌成就

2.2.1 不同时期华商的发展成就

华商历史悠久、人数众多、财力雄厚,第二次世界大战前已经是东南亚民族经济的重要组成部分(如表 2-2 所示),第二次世界大战后虽历经挫折,但总体实力仍不断增强,除了东南亚外,在欧美等其他地区也诞生了一大批华商企业集团。从开埠功臣叶亚来、开辟"新福州"的黄乃裳,到被誉为"华侨旗帜、民族光辉"的陈嘉庚,再到新时期东南亚地区经济翘楚的郭鹤年、陈永栽等,是世界商团中一支不可忽视的劲旅。历经数代人的努力,现在他们正依靠雄厚的资本实力楔入世界,在海外尤其在东南亚国家有着举足轻重的地位和作用,华商经济圈也被称为"世界第三大经济体"。

表 2-2　东南亚不同时期华人资本额估算表

年　　代	东南亚华人资本估算额
第二次世界大战前 (20 世纪 30 年代末以前)	6.44 亿美元(据 H.G.Gallis 估计)
	9.43 亿美元(据福田省三估计)
20 世纪 50—60 年代	29.67 亿美元(据内田直作估计)
	29.30 亿美元(据游仲勋估计)

续表

年　　代	东南亚华人资本估算额
20 世纪 70 年代	166 亿美元（据吴元黎估计）
20 世纪 80 年代前半期	600 亿美元（据游仲勋估计）
20 世纪 80 年代后半期	1000 亿美元（据郭梁估计）
20 世纪 90 年代	3000 亿美元（据《亚洲周刊》估计）

　　资料来源：庄国土，等.华侨华人经济资源研究：以华商资产评估为重点[M].北京：国务院侨务办公室政策法规司，2011(10).

　　早在民国时期，在海外就已经形成了一批横贯海内外具有雄厚实力的华商企业集团，如南洋兄弟烟草公司，永安、先施、大新、新新等百货公司，大华铅笔厂、玛强树胶厂、中华电池厂、协同和机器厂、天厨味精厂、淘化大同罐头公司等工厂，新亚、大东、亚洲大酒店，四邑、新南海、西江轮船航运公司等，它们具有突出的特色，经营管理也达到了较高的水平。其中比较突出的代表除了被誉为"华侨旗帜、民族光辉"的陈嘉庚外，还有"锡矿大王"胡国廉、"木材大王"李清泉、"糖业大王"黄仲涵、"砂捞越王"黄庆昌、"万金油大王"和"报业巨子"胡文虎、"汽车大王"谢建隆、"地皮大王"黄廷芳、"橡胶与黄梨大王"李光前等。例如，菲律宾华商李昭进于 1927 年出生于福建晋江金井石圳村，他和胞兄李昭扳出洋谋生，白天当学徒，晚上进夜校念书，边工边学，度过艰辛的少年时期。抗日战争刚胜利，菲律宾百业待兴，木材紧缺，李先生抓住机遇并勇于开拓，于 1947 年筹资开办时代木厂，继而创办菲律宾木材制造有限公司，引进机械大量生产，批零兼营，成为菲岛木材巨商，并任菲木商公会理事长。随后，李昭进把经营与建筑相结合，成为房地产开发商，财源滚滚如泉涌。到 20 世纪 60 年代中期，李先生进军美国，在美国发展房地产业。至今，他在菲美两国拥有庞大的房地产业和其他股份公司，被侨界誉为"菲律宾工商巨子"。

　　20 世纪 60—70 年代，在东南亚地区初步形成了大型的华商大企业集团，例如在马来西亚，郭氏兄弟集团、李莱生集团、郭令灿丰隆集团、林梧桐集团、骆文秀集团等的经济实力得到了新发展。20 世纪 70 年代新出现的华商大企业有邱继炳的马联工业集团、刘蝶家族企业集团、刘玉波的磨石集团、钟廷森的金狮集团。其中，刘玉波是沙巴木材大王，拥有木材采伐地逾 10 万公顷，用于开发、运载木材的各类车辆 1700 多辆，还经营商业、建筑与地产业、加工制造业和种植业。钟廷森在继承前辈经营五金业的基础上,于1971—1975 年间在印度尼西亚、新加坡、马来西亚投资开设钢铁厂,初期主要生产钢铁,后来经营范围涉及汽车、摩托车装配,批零贸易、种植业等。在菲律宾,华商陈本显在 1973 年创立了北方化工公司,专门从事化工原料贸易,一年后该公司便跻身于全菲 1000 家大公司之列,现在则发展为菲律宾最大的化工原材料进出口商之一。

20 世纪 80—90 年代,据英国《经济学人》杂志和美国俄亥俄大学海外华人问题中心等估计,当时中国境外海外华人的资产在 1.2 万亿~2 万亿美元。1985 年,由亚洲管理学院校友会和马来西亚银行公会联合举办的"马来西亚 1985 年十大企业家"的选举结果,华人占了七位,他们是:郭鹤年、张国林、李莱生、邱继炳、林梧桐、骆文秀和雷贤雄。1995 年 8 月中旬,澳大利亚外交与贸易部发表了一份长达 350 页的海外华人经济网络研究报告,称逾七成的东南亚上市公司由华商资本控制。相同时期,日本东京的富士通研究所调查了亚洲 5 个主要国家的上市公司,发现其资产额中的绝大部分为华人所有。这个时期比较有代表性的有:"食用油大王"和"纸业大王"黄奕聪,集"面粉大王""丁香大王""金融大王"称号于一身的林绍良,集"银行大王""烟草大王""啤酒大王""航空大王"称号于一身的陈永栽,云顶集团的林梧桐,香港有"地产大王""塑胶花大王"之称的李嘉诚(祖籍潮州),"香港海沙大王""宅楼宇大王"霍英东(祖籍番禺)等。

《2009 年世界华商发展态势》统计表明,世界华商企业的总资产约达到3.9 万亿美元,较 2008 年的 2.5 万亿美元增长了 56%,较之 2007 年的 3.7万亿美元微涨 5%。这其中,东南亚华商经济总量估计为 1.1 万亿~1.2 万亿美元。另外,从这些华商企业的产业结构来看,除了中小型华人家族企业的产业分布相对复杂外,大型华商的产业主要集中在房地产业、金融业、贸易业、制造业及农产品加工行业,正呈现出多元化、科技化和资本密集型等发展趋势,对当地的经济社会发展举足轻重。例如,仅亚洲前 1000 家上市华商企业中,境外华商企业总资产就超过 20 万亿元人民币,在港、澳、台、新、马、泰、印度尼西亚、菲律宾等地,华商是当地经济的支柱。在东南亚股票市场上,华人上市公司约占 70%。

2.2.2 华商中的行业精英

另外，如果按行业来看，长期以来随着华商队伍的不断发展壮大，他们已经涉及各行各业，产生了众多代表人物，如表 2-3 所示。

表 2-3　部分华商的行业分布

行业	姓名与国别	行业	姓名与国别
制糖业与食品加工	黄忠涵（印度尼西亚）、黄奕聪（印度尼西亚）、林绍良（印度尼西亚）、郭鹤年（马来西亚）、杨景连（新加坡）、魏成辉（新加坡）、施恭旗（菲律宾）、吴亦辉（菲律宾）	香烟制造	蔡云辉（印度尼西亚）、黄惠祥和黄惠忠（印度尼西亚）
餐饮业	陈觉中（菲律宾）、陈清泉（美国）、李华（美国）	银行	李光前（新加坡）、黄祖耀（新加坡）、叶祖意（马来西亚）、邱德拔（马来西亚）、郑少坚（菲律宾）、杨应琳（菲律宾）、李文正（印度尼西亚）
传媒	胡文虎（新加坡）、张晓卿（马来西亚）、何家金（英国）、刘文建（匈牙利）	零售业	施至诚（菲律宾）、林玉庆（菲律宾）、李华（美国）、陈大明（阿根廷）、洪启光（阿根廷）
木材加工	邱德星（马来西亚）、张晓卿（马来西亚）、李清泉（菲律宾）、黄双安（印度尼西亚）、李尚大（印度尼西亚）、陈祖粤（澳大利亚）	造纸业	陈江和（印度尼西亚）、张清泉（印度尼西亚）、庄金耀（菲律宾）
酒店旅游	林梧桐（马来西亚）、郭鹤年（马来西亚）、郭令明（新加坡）、杨忠礼（马来西亚）	电信业	李嘉诚（香港）

资料来源：作者根据相关资料整理。

（1）在金融业，有祖籍东莞的加拿大首富李秦，祖籍潮州的柬埔寨华人首富陈丰明，祖籍普宁的老挝华人首富张贵龙，祖籍潮阳的拥有东南亚最大的私人商业银行、泰国的金融支柱和泰国四大华人金融财团之一的陈有汉，祖籍潮阳的"泰国证券业大王"李光隆，祖籍中山的夏威夷最大的财主檀香山金融巨子、有着东方的"洛克菲勒之称"、美国产业大王的何清，祖籍珠海的夏威夷华人首富邝友良，祖籍顺德的香港金融贸易界巨子梁銶琚等。

（2）在博彩娱乐业，除了澳门的何鸿燊外，还有赌王兼新晋娱乐大亨林英乐，现时的娱乐事业版图，遍及中国内地及港澳地区、菲律宾、韩国，是亚洲新一代赌王、新一代的娱乐大亨。另外，还有缅甸赌王王勇、娱乐业大王沈根源、香港娱乐大亨向华强等。

（3）在电信业，有祖籍潮安的亚洲电信巨头李嘉诚、国内最大的移动通信运营商兼柬埔寨华人首富陈丰明、"香港爱迪生""发明大王"黄金富、泰国的"电信大王"他信等。

（4）在百货业，有拥有香港屈臣氏集团（全球首屈一指的个人护理用品、美容、护肤商业业态的巨擘）的李嘉诚，墨西哥"超市大王"、墨西哥的华人首富李华文，英国华人首富叶焕荣，新加坡"百货零售大王"唐仲庚（祖籍汕头，有着有名的最大的独字号商场——唐氏商场），马来西亚的"零售大王"钟廷森等。

（5）在资源业，有香港石油大王许智明（拥有6块非洲油田面积达7.2万平方千米）、全世界华侨华人富翁总资产约排在第10位的彭云鹏、有色金属大王宁一海、香港酒店大王及石矿大王吕志和、泰国油业大王丁家骏、马来西亚锡业大王陈强汉、中国香精大王林国文、"东南亚钢铁大王"何侨生、印度尼西亚有"世界玻璃大王"林如光、亚洲"塑胶大王"潘万鑫等。

（6）在交通物流业，有香港造船大王王华生，泰国运输业"大王"黄云快，世界木业大亨、新加坡"船王"罗新权，柬埔寨运输行业巨头郑源来，文莱船王关英才，"仓储大王"李学海（其拥有全美最大的仓储配送物流公司之一美国威特集团，在美国有15座现代化物流中心），澳门物流大王陈维枳等。

（7）在食品行业，柬埔寨有"酒大王"潘洪江等，越南有"越南食品大王"陈金成和陈荣源兄弟等，泰国有"糖王"关信勋、"白糖大王"秦楚松等，新西兰有"薯片大王"黄玮璋等，北美有"美国仓储大王"李学海、"美国蔬菜大王"刘郁南等，英国有"餐饮大王"丘德威等。

2.3　华商的财富布局

早期的大型华商企业集中于东南亚地区，新加坡、泰国、马来西亚、印度尼西亚和菲律宾是大型华商企业的集中地。第二次世界大战之后，由于所在国民族政策的一时调整和其他政治原因，有一部分在东南亚国家的华商向美、欧、澳等地区迁移，尤其是近 20 年来，华商在美国、加拿大、日本、欧洲等地区有了快速的发展。

2.3.1 东南亚华商

东南亚是华侨最早的创业基地，已有 200 多年悠久的历史，也是海外华人漂洋过海创造财富最集中的地方，经过长时间的打拼和积累，涌现出了一大批引领当地潮流的商界精英（如表 2-4 所示），成为经济界的翘楚和社会名流，个人财富和企业财团的实力令世人刮目相看。

表 2-4　东南亚华商精英（部分）

序号	姓名	公司名称	产业	国籍
1	黄惠忠	中亚银行	银行、烟草	印度尼西亚
2	黄惠祥	针织集团	烟草、银行	印度尼西亚
3	李文正	力宝集团	多元化经营	印度尼西亚
4	林益建	春金集团	制造业	印度尼西亚
5	徐清华	徐氏集团	房地产	印度尼西亚
6	陈江和	金鹰集团	多元化经营	印度尼西亚
7	翁俊民	国信集团	多元化经营	印度尼西亚
8	吴笙福	丰益集团	棕榈油	印度尼西亚
9	陈明立	Global Mediacom、MNC	媒体	印度尼西亚
10	谢重生（谢建隆）	阿达罗能源公司	煤炭、投资	印度尼西亚
11	刘德光	巴彦资源公司	煤炭	印度尼西亚
12	林绍良（林逢生）	三林集团	多元化经营	印度尼西亚
13	林文镜	融侨集团	多元化经营	印度尼西亚
14	俞培俤	明城企业集团	多元化经营	印度尼西亚
15	蔡道平	盐仓集团	烟草	印度尼西亚
16	林联兴	哈利达	矿业	印度尼西亚
17	黄世伟	实嘉集团	食品	印度尼西亚
18	陈大江	友光集团	多元化	印度尼西亚

续表

序号	姓名	公司名称	产业	国籍
19	郑年锦	马龙佳集团	多元化	印度尼西亚
20	郭鹤年	嘉里集团 郭氏兄弟	多元化经营	马来西亚 新加坡
21	郭令灿	丰隆集团	银行、地产	马来西亚、新加坡
22	李深静	工业氧气 IOI	棕榈油、房地产	马来西亚
23	杨忠礼	YTL	建筑、房地产	马来西亚
24	陈志成	丽阳机构	房地产	马来西亚
25	陈志远	成功集团	多元化经营	马来西亚
26	林国泰	云顶集团	多元化	马来西亚
27	张仕国	CCK	农产品	马来西亚
28	陈正财	陈大金属	制造	马来西亚
29	张晓卿	常青集团	多元化	马来西亚
30	陈江和	金鹰国际	多元化经营	新加坡
31	黄志祥与黄志达	远东机构	房地产	新加坡
32	黄廷芳	远东机构、 信合集团	房地产	新加坡
33	黄祖耀	大华银行 虎豹企业 华业集团	多元化	新加坡
34	郭令明	丰隆集团	房地产	新加坡
35	张允中	太平船务	航运	新加坡
36	郭孔丰	丰益国际	棕榈油	新加坡
37	魏成辉	第一食品集团	冷冻食品	新加坡
38	林恩强	兴隆贸易、 海洋油轮	石油交易	新加坡
39	沈财福	傲胜国际	零售（保健器械）	新加坡
40	蔡天宝	和美投资、 通商中国	房地产	新加坡
41	黄鸿年	中策集团	多元化	新加坡
42	林荣福	股票投资公司	投资	新加坡
43	姚志胜	东海开发	投资	新加坡

续表

序号	姓名	公司名称	产业	国籍
44	邱德拔	马来亚银行	银行	新加坡
45	陈立新	益通铝业	建筑	新加坡
46	李成伟、李成智、李成义三兄弟（李光前之子）	华侨永亨银行	银行	新加坡
47	何瑶煌	贤銮福利基金会	投资	新加坡
48	林腾蛟	阳光城集团	房地产	新加坡
49	施至成	SM 集团	多元化经营	菲律宾
50	吴奕辉	JG Summit 集团	多元化经营	菲律宾
51	吴聪满	安德集团	多元化经营	菲律宾
52	陈永栽	菲航	多元化经营	菲律宾
53	郑少坚	首都银行	银行	菲律宾
54	陈觉中	快乐蜂食品	快餐	菲律宾
55	许炳记夫妇	Cosco 集团	零售	菲律宾
56	施恭旗	上好佳	食品	菲律宾
57	黄如论	世纪金源	房地产	菲律宾
58	郑周敏	郑氏集团	房地产	菲律宾
59	陈祖昌	龙威集团	多元化	菲律宾
60	王荣忠	福建总商会	多元化	菲律宾
61	陈德启	德盛集团	多元化投资	泰国
62	陈雄财	德钜集团	多元化	泰国
63	许保安	福州会馆理事长	多元化	泰国
64	张建禄	福建会馆理事长	多元化	泰国
65	林嘉南	荣泰国际集团	鞋类箱包	泰国

资料来源：作者根据相关资料整理。

通过多年的经营与积累，华商在经济领域取得了较大的成功，他们在当地拥有较高的社会地位和影响（如表 2-5 所示）。华商长期"占据"东南亚首富地位，祖籍泉州的陈永栽、施至成把持最近 20 年来菲律宾首富的地位，祖籍福州的郭鹤年是马来西亚最近 10 多年的首富,邱德拔、黄廷芳、郭令明家族,把持了最近 20 年来新加坡首富的地位,祖籍福建的林绍良、黄奕聪、陈江河、黄惠祥黄惠忠兄弟、蔡道行蔡道平兄弟几乎把持了最近 30 年来印度尼西亚国家首富的地位。在菲律宾,根据 2017 年福布斯排行榜,施至诚、吴亦辉、陈永栽、郑少坚占据了富豪榜的前四名。不仅经济上成功,他们在当地乃至全球也取得广泛的赞誉和较高的社会地位。例如,2015 年 9 月 3 日,闽籍菲律宾华侨陈永栽受邀天安门城楼观礼,1779 名海外侨胞中仅 5 人获此殊荣。

表 2-5   2006—2013 年福布斯富豪榜东南亚华人上榜人数及比例

国家	项目	2006 年	2007 年	2008 年	2009 年	2010 年	2011 年	2012 年	2013 年
印度尼西亚	华人(全部)	2(2)	2(2)	4(5)	4(5)	5(7)	8(15)	10(17)	13(25)
	华人占比	100%	100%	80%	80%	71.43%	53.33%	58.82%	52%
新加坡	华人(全部)	4(4)	4(4)	5(5)	2(2)	4(4)	4(4)	5(5)	9(10)
	华人占比	100%	100%	100%	100%	100%	100%	100%	90%
泰国	华人(全部)	3(3)	3(3)	3(3)	3(3)	3(3)	3(3)	4(5)	4(10)
	华人占比	100%	100%	100%	100%	100%	100%	80%	40%
菲律宾	华人(全部)	2(3)	2(3)	2(2)	2(2)	2(2)	3(4)	4(6)	7(11)
	华人占比	66.67%	66.67%	100%	100%	100%	75%	66.67%	63.64%
马来西亚	华人(全部)	7(8)	7(9)	6(8)	5(6)	7(9)	7(9)	7(9)	8(10)
	华人占比	87.50%	77.78%	75%	83.33%	77.78%	77.78%	77.78%	80%
越南	华人(全部)	0(0)	0(0)	0(0)	0(0)	0(0)	0(0)	0(0)	1(1)
	华人占比	—	—	—	—	—	—	—	100%
小计	华人(全部)	18(20)	18(21)	20(23)	16(18)	21(25)	25(35)	30(42)	42(67)
华人东南亚占比		90.00%	85.71%	86.96%	88.89%	84.00%	71.43%	71.43%	62.69%
全球人数		793	946	1125	793	1011	1210	1226	1426
华人全球占比		2.27%	1.90%	1.78%	2.02%	2.08%	2.07%	2.45%	2.95%

备注:华人表示的是华人上榜人数,(全部)代表该国家当年的全部上榜人数。

资料来源:根据 2006—2013 年福布斯全球亿万富豪榜、福布斯华人富豪榜整理得出。

(1)新加坡华商

新加坡是中国之外唯一的华族人口占多数的国家,2010 年新加坡共有将近 280 万华人，占新加坡居民人口的 74.1%，主要来自广东、福建、海南等中国东南沿海省份。新加坡统计局将"华人"（Chinese）定义为一个种族或族群，是指拥有中国血统或者祖先源自于中国的人士，出生或者移民到新加坡并持有新加坡公民权或居留权的华族人士，也称"新加坡华裔"或"华裔新加坡人"。

新加坡华商是整个东南亚地区的佼佼者，无论在教育和国际化程度、个人资产和对外投资方面，都是其他国家华商无法比肩的。在世界华人华侨中，新加坡华人是发展程度最高的群体。同时，新加坡华商的企业集团举世闻名，行业分布以金融、房地产和旅游业为主，在中国以外的国际华商中占有最重要的地位，同时小企业的华人的表现也极为出色。

从 2012 年福布斯公布的东南亚各国富豪榜来看，新加坡华商无论从上榜人数（34 人，占比 85%），还是从财富（508.65 亿美元，占比 85.57%）来看，都处于十分明显的优势地位。香港《亚洲周刊》发布的数据显示，东南亚排名前 40 的华人上市公司中，有 12 家是新加坡的华人企业。以市值衡量，来自新加坡的华侨银行、大华银行和丰益国际占据东南亚华人上市公司前三位。另据 2015 年福布斯新加坡富豪榜，前十名中仅闽籍华商就有六位，包括黄志祥、黄志达兄弟，邱氏家族，郭令明，黄祖耀，郭氏兄弟，郭孔丰等。

（2）马来西亚华商

在马来西亚，华人也是仅次于马来人的第二大族群，统计显示，华人公民约占马来西亚公民总数的 25%，人数达 650 万人，主要是明朝、清朝到民国时期数百年来从中国福建、广东、广西、海南等一带迁移过去的。

马来西亚华商遍布农产品加工业、建筑、房地产、制造业、百货零售和酒店服务业等领域，在农业、批发零售和矿业的优势尤其明显，所占比重分别为 53%、50% 和 39%，经济基础非常稳固。马来西亚虽然从 1970 年起实行马来人优先发展的经济政策，但华人企业在该国的经济中仍然占有非常重要的地位。2009 年 4 月 23 日，马来西亚总理马哈蒂尔出席一会议时指出，东南亚的华族虽占少数，但却控制了东南亚的经济命脉，即华人在马来西亚的人口比重约为 20%，却控制着全国近 40% 的经济。

曾任马华经济局主席的刘集汉 1975 年发表的《有关华人经济在马来西亚的贡献程度的调查报告》显示，1970 年西马 3192 家制造企业中，华商拥有 2478 家，占企业总数的 77.6%，从制造企业的固定资产和附加值看，华商企业分别占 32.5% 和 34.5%。资本额超过 10 亿元的华人上市公司，1985

年只有 8 家,1990 年年底增至 29 家。其中,属于华商控制的大企业有林氏父子通过甘文丁机构控制的马化控股集团、陈志远的成功集团、林玉静的富产机构集团、张晓青的常青集团、雷贤雄的马婆集团、郑鸿标的大众银行、杨忠礼企业有限公司等。1990 年,吉隆坡股票交易所出版的《投资者文摘》,列出十大管理良好、财务稳健的公司,华资公司也占了七家,它们分别是:林梧桐的云顶集团有限公司、邱继炳的马联工业有限公司、钟廷森的金狮私人有限公司、郭鹤年的玻璃市种植有限公司、郭令灿的丰隆(马)实业有限公司、林天杰的马化控股有限公司和陈志远的英特太平洋工业集团。

在 2013 年马来西亚 40 大富豪榜上,富豪的总财产达到 1948 亿令吉,相对 2012 年的 1932 亿令吉,微增 0.86%。郭鹤年依然是马来西亚的首富,以 461 亿令吉的财富居马来西亚富豪榜榜首。在马来西亚,郭鹤年的名字在印度尼西亚不仅家喻户晓,而且已成为财富和成功的代名词,可能是除了该国政治领袖外,最广为国际社会认识的马来西亚人,2012 年 12 月 12 日,他还获得 2012 年度中国经济年度人物终身成就奖。

另据《福布斯》2016 年出炉的亚洲版富豪榜,除"糖王"郭鹤年连续 11 年稳坐马国首富宝座,身家达 100 亿美元(约 140 亿新元),排名前十位的闽侨还有丰隆集团执行主席郭令灿(约 74 亿美元)、IOI 集团主席李深静(约 65 亿新元)、云顶集团执行主席林国泰(约 63 亿新元)、杨忠礼集团创办人杨忠礼(约 32 亿新元)等四人。

(3)泰国华商

泰国是东南亚第二大经济体,也是东盟的重要成员国之一。泰国的华人华侨数量之多仅次于印度尼西亚,1983 年泰国政府公布泰国华侨华人约为 630 万人,占泰国总人口的 13%。据统计,目前泰国华人约占泰国公民总数的 12%,人数达 700 万人左右,集中在大曼谷地区、清迈、合艾等地。

华商早在清代就下南洋来泰国谋生,经过长时间的拼搏,华商在泰国遍布各行各业,是泰国重要的经济支柱,并掌握了泰国的经济命脉。杨联民等在中国新闻网上《华人资本驰骋全球》一文中提及:在泰国,华人企业在所有经济部门中都起着非常大的作用。比如华人在制造业的总资本中大约占 90%,纺织业占 60%,钢铁业占 70%,制糖业占 60%,运输业占 70%,商业占 80%左右。

泰国华商主要分布于制造业、金融业、农业、房地产、建筑业、百货零售、媒体及其他各类服务业,总经济量约占泰国国民经济总量的 60%,是泰国的重要经济支柱。据泰国《星暹日报》在 1996 年 7 月刊登的文章称,全世界 376 名华人大富豪中,泰国约有 30 人名列前一百名内,其中大多数是潮州人。泰国的潮汕人受到中国传统文化的影响比较大,他们从商的氛围浓郁,日积月累形成了丰富的潮商资源,加上他们喜欢"抱团",使得潮商群体发展很快,几乎掌控了泰国的各大经济领域;在最新的泰国《福布斯》富豪榜上,前五席都被他们"占领";每天早上他们开会商定全泰国的金价;每周一次他们制定泰国的出口米价……

例如,陈有汉家族的盘古银行,是泰国最大的商业银行,总资产超过 510 亿美元;正大集团则是泰国最大的多元化跨国企业集团,全球雇员超过 25 万人。① 德盛集团的陈德启是福建泰国商会会长,业务范围涉及房地产、贸易、食品、葡萄种植、葡萄酒业等,在宁夏开发了十万亩葡萄有机生态园。泰国福建商会执行会长、泰国晋江同乡会会长、泰国德钜集团董事长、泰国闽商集团董事长陈雄财在房地产、贸易、汽车零部件等领域取得了长足发展,并荣获"2015 年模范父亲奖",表明新移民已经获得泰国政府的肯定并融入当地主流社会中。祖籍石狮的林嘉南是泰国中华总商会常务会董、泰国福建会馆副理事长、泰国工商总会副主席、泰国华人青年商会常务副会长、荣泰国际集团有限公司总裁,公司主要经营鞋类箱包,被称为"泰国鞋业大亨"。

(4)印度尼西亚华商

在印度尼西亚一些涉及衣食住行的经济行业中,华侨华人经济占据了明显的优势,如纺织蜡染、面粉面条加工、成衣、木材、水泥制品大多是华侨华人企业生产的。据印度尼西亚官方公布的一份调查材料,在印度尼西亚最大的 200 家企业中,有 155 家是华人企业,其中有 26 家华人企业集团资产达一万亿盾(约合 5 亿美元)以上,有 31 家华人企业集团年营业额超过一万亿盾,如"针记集团"创办人黄惠忠和黄惠祥兄弟、金光集团负责人黄奕聪等,还有 5000 多位为中型以上企业的老板,还有近 30 万位为经营商贸的小企业主。

1983 年,美国《公共机构投资者》杂志评选出全世界最富有的 12 位银行家,印度尼西亚的林绍良被列为第六名,成了扬名天下的"金融大王"。到 1995 年,林绍良已在印度尼西亚及几十个国家和地区拥有 600 多家公司,

---

① 袁璐."南洋"经济的领跑者[N].人民日报(海外版),2016-05-12.

业务涉及 70 多种行业,总资产超过 180 亿美元,年营收近 200 亿美元。他也因此被誉为"亚洲洛克菲勒"和"华人首富"。

根据 2015 年 10 月,《福布斯》杂志 2015 年的亚洲 50 富豪榜,其中 6 人是印度尼西亚商家,这 6 人除了印多拉马集团业主普拉卡什外,其他 5 人分别是印度尼西亚富豪黄惠忠和黄惠祥兄弟、金光集团老板黄奕聪、盐仓香烟厂业主蔡道平、印多福公司和三林集团首席执行官林逢生等。他们在经济领域的成就与贡献获得了当地政府和民众的认可。例如,印度尼西亚政府为表彰实嘉集团为弘扬印度尼西亚食品文化做出的卓越贡献,特决定在黄世伟的家乡泗水(Surabaya)的徐图利祖镇(Sidoarjo),亦是印度尼西亚虾片的发源地,建造永久的大型 FINNA 虾片纪念塔。

(5)菲律宾华商

据厦门大学南洋研究院庄国土教授的统计,至 2007 年菲律宾华侨华人总数约为 150 万人,占菲律宾总人口的 1.6%。虽然菲律宾华侨华人数量以及在总人口占比远远低于东南亚其他国家,但是菲律宾华侨华人却在该国经济中有着非常出色的表现,华商资本保持了迅速增长的势头,成为该国资本的重要组成部分。

在华人企业中,既有早期就打下坚固基础的名门家族,也有近期迅速崛起的新兴财团。前者以经营种植园起家,并进入金融、保险、海运等行业,后者则是近年来迅速发展、扩张起来的,主要经营不动产和宾馆业。据 2001 年《华人经济年鉴》的统计数据,华商拥有菲律宾 1000 家最大公司和所有中型公司的一半数量。根据庄国土课题组的统计,2009 年年底菲律宾共有 248 家上市公司,华商上市公司共有 73 家,占菲律宾上市公司总数的 30%,将上述 73 家华商企业的市值进行累计,华商上市公司市值占菲律宾所有上市公司的 32%。

近年来,每年均有菲律宾华商登上《福布斯》亿万富豪榜,2006—2010年连续五年均有两名华商上榜,而近三年来上榜人数年年递增,到 2013 年上榜华商达到七名。2011 年,三名上榜的菲律宾华商富豪财富对该国 GDP 的贡献高达 4.58%。根据 2015 年《福布斯》菲律宾 50 富豪榜上的富豪排名,在前十名中,仅福建泉州人就占据半壁江山,施至成、吴奕辉、吴聪满、陈永栽成为菲律宾最富有的四个人,郑少坚和陈觉中分列第六、第十。

2.3.2 港澳地区华商

在香港,除了广东和福建华商以外,还有很多长居新加坡以及台湾地区数代的人口迁入香港,主要分布于香港东区以及邻近数区,涌现出了许荣茂、赖庆辉、洪祖航等知名爱国实业家,如表 2-6 所示。例如,香港商人及体育界名人、金保利亚洲董事和总经理洪祖航是联泰集团创始人,人称"塞班王",以经营制衣业为支柱,涉及建筑、五金、货运、渔业、保险、金融、橡胶、飞机维修、机场客货运服务、房地产、珠宝、旅游、酒店等行业,并于 1986 年成立陈守仁基金会,致力于在国内兴办文教、社会福利事业。

在澳门,据统计,截至 2014 年 3 月,澳门总人口 61.45 万人,其中福建人超过 10 万,约占总人口的 1/5,其中大部分是 20 世纪七八十年代移居澳门的,经过奋斗,取得了杰出的成就,如陈明金、黄友狮、张宗真、何鸿燊、阮建昆、刘雄鸣等著名华商。出身于福建晋江的陈明金现任全国政协委员、中国澳门残疾人奥委会会长、澳门城市大学校董会主席、黎明职业大学董事长等职务,2008 年 12 月 30 日,陈明金获澳门特区政府颁授仁爱功绩勋章。许健康先生先后被授予"中国百名行业创新杰出人物金像奖""中国最具影响力企业家""第二届中国企业改革十大风云人物""和谐中国·新农村建设十大领军人物""中国房地产品牌贡献人物""中国商业地产年度领袖人物""海峡西岸经济区建设突出贡献奖""中国公益事业特别贡献奖""中国城市商业价值特殊贡献人物""中国改革开放 30 年感动中国经济 30 人"等多项殊荣。

表 2-6　港澳地区商界华人精英(部分)

姓名	企业名称	行业	地区
李嘉诚	长江和记实业	多元化	香港
霍英东	立信置业等	多元化	香港
包玉刚	环球航运集团	航运	香港
邵逸夫	邵氏兄弟电影公司	影视娱乐	香港
郑裕彤	香港新世界发展	多元化	香港
许荣茂	世茂集团	房地产	香港

续表

姓名	企业名称	行业	地区
卢文端	荣利集团	多元化	香港
王明阳	王氏仁森机构	多元化	香港
陈聪聪	香港绿洲行公司	多元化	香港
林文侨	香港远太集团	茶叶	香港
林树哲	香港南益实业（集团）	多元化	香港
吕振万	香港安全货仓、香港建南财务、香港蟠龙实业	多元化	香港
周安达源	香港中海船舶重工集团	制造	香港
洪祖杭	香港金保利	多元化	香港
颜纯炯	香港环球制帽	制造	香港
韩国龙	香港冠城集团	房地产	香港
杨孙西	香港香江集团	房地产	香港
施子清	香港恒通证券	房地产	香港
陈守仁	香港联泰集团	多元化	香港
李贤义	香港信义玻璃	制造	香港
吴良好	金威集团	服装	香港
林广兆	中银国际	银行	香港
黄毅龙	中国闽商投资集团		
黄克立	永固纸业	投资、制造	香港
臧建和	湾仔码头	食品	香港
薛行远	祥兴集团	制造	澳门
许健康	宝龙集团	贸易、房地产	澳门
陈明金	金龙集团	多元化	澳门
张宗真	永同昌	多元化	澳门
吕联选	汇力兴业集团	零售物流	澳门
何富强	汇富集团	多元化经营	澳门
萧婉仪	彩虹集团	服装	澳门

资料来源：作者根据相关资料整理。

广大华商在打拼的同时，也非常注重"抱团取暖"，例如福建华商成立了香港福建社团、澳门福建同乡会、澳门福建同乡总会、澳门福建体育联合会、澳门福建总商会、澳门福建工商联合会、澳门福建青年商会等社团组织，为闽侨在当地发展提供服务和支持。

2.3.3 欧美地区华商

新移民的迅猛增长，使大量的新华商在北美、欧洲、澳大利亚等地不断涌现。与东南亚聚集着大量的老华商不同，在欧美等地出现了大批以新移民为主的运营中小企业的新华商，其中也涌现出了一些具有较大影响力的华商，如表 2-7 所示。他们突破了老华商以"三刀"（菜刀、剪刀、剃刀）为主的传统产业，大多从事现代服务业，部分还投资科技型企业，实现了由传统的小额销售业向现代科技产业的转化。

表 2-7　欧美地区的部分华商精英（部分）

姓名	企业集团	产业	所在国
邓龙	龙胜行集团	多元化	美国
陈清泉	美孚国际集团	餐饮、房地产	美国
林慈飞	飞达贸易集团	贸易和餐饮	美国
张胜旺	美国新禧集团	餐饮	美国
李华	美国佳美集团	多元化	美国
郑斌	大都会国际贸易集团	贸易、房地产	美国
林鸿博	Aleson 投资公司	投资	加拿大
邓晓京	CIK 电讯	通讯	加拿大
郭加迪	郭氏集团、三迪集团	多元化	匈牙利
林建欣	圣盈信（北京）管理咨询	管理咨询	德国
陈克威、陈克光	陈氏兄弟公司	多元化	法国
王雷蒙	澳信诺传媒	信息产业	澳大利亚
魏基成	ABC 纸业公司	纸业	澳大利亚
何安	巴西闽台投资有限公司	投资	巴西

续表

姓名	企业集团	产业	所在国
林训明	巴西植物油公司	食品	巴西
何德光	H-BUSTER 公司	制造业	巴西
何家金	满利通国际	多元化	英国
叶焕荣	荣业行	超市	英国

资料来源：作者根据相关资料整理

根据《世界华商发展报告(2017)》,美国华商所从事的信息技术(IT)产业发展显著。2012 年,在美国有华商企业 52.87 万家,占美国企业总数的 1.9%。在欧洲,华商群体规模较大,呈现全覆盖、大集中、小分散的特点,分布最多的是英国、法国、意大利、西班牙、德国、荷兰,其次是瑞典、爱尔兰、瑞士、比利时、奥地利、葡萄牙、丹麦、匈牙利、芬兰、希腊等。

(1)美洲华商

华人华侨到美洲拓展已有 200 年历史了,但是大批的中国人移居美洲还是近几十年的事。据中国社会科学院《2007 年全球政治与安全报告》披露,美洲是中国移民增长最多的地区,在 20 世纪最后 10 年中,美洲中国移民大约平均增长 4.6%,超过了 500 万人,占中国海外华人移民总数的 14%。

在美国,根据美国华人全国委员会与马里兰大学美籍亚裔中心联合发布的"2011 年美国华裔人口动态研究报告"显示,截至 2009 年,美国华裔人口达到 363.9 万,占美国总人口的 1.2%,其中有 57.2% 的华裔美国人在管理领域、专业领域和其他相关领域就业。[①] 经过多年的努力,涌现出了一大批著名华商,形成了具有较大实力的企业集团,逐渐在美国社会产生了较大影响。例如,祖籍福建省福州市连江县的李华,于 20 世纪 80 年代初到美国发展,从一个牙医干起,通过自己的打拼创办了佳美集团,在美国曼哈顿、布鲁克林等地区拥有大型卖场、工厂,并经营家具、建材等零售批发业务,同时投资房地产项目,坐拥多处不动产,在美国新泽西、奥尔良、弗吉尼亚、纽约、长岛等地投资了 10 余家大型中餐馆,现任美国福建公所主席、美国佳美集

---

① 美国华裔人口达 364 万收入高于全美平均水平[N/OL].(2011-02-11).中国新闻网.

团总裁。

据统计，由美国华人创立的银行、证券公司等金融机构将近 2000 家，控制着数百亿美元的资本。在硅谷，华裔自行创业公司不下 1000 家，至少 20 家公司已经上市，其中入选 2009 年度硅谷 150 强排行榜（Silicon Valley 150）的 15 家华人上市公司，2008 年的销售额达 262 亿美元，市值近 325 亿美元。而由世界杰出华商协会所评出的 2009 年全球华商富豪 500 强中的 5 位美国华商企业家，其主营企业也都属高新技术产业。[①] 其中，华商黄仁勋于 1993 年创办的 NVIDIA，如今已发展成为全球最大显卡芯片厂，孙大卫和杜纪川 1988 年在南加州芳泉谷创立的金士顿公司，已发展成为全球最大的内存模块制造企业。

在墨西哥，华商的实力同样不俗。例如，祖籍广东中山市的李华文，是墨国华人首富、中南美洲大型超级市场协会主席、李氏家族在墨西哥的历史较长，其先人在 20 世纪初就抵达库利阿坎，目前李氏家族人口庞大，经过百年岁月，其家庭成员已达 150 多人。其家族企业是经营超级市场、农场种植、肉类加工、水产品进出口等多行业的跨国集团，家族中最大的企业——连锁超级市场，位列墨西哥超级市场业第三位。

在加拿大，华商经过多年打拼，在金融业、制造业、房地产等领域占据了优势，知名华商有林鸿博、黄明亮、陈传明、许锦松、汪伟光等。2014 年 6 月 12 日，加拿大知名商业出版刊物 *Canadian Business* 发布了第 26 届全加拿大 PROFIT 500 排行榜，其中，总部位于多伦多，由加拿大华人邓晓京（Jordan Deng）创办的最大的通信企业 CIK 电讯第二度荣登 PROFIT 500 排行榜，位列第 25 位，是 2014 年 PROFIT 500 排行榜前 25 名中唯一由华人创立的企业，堪称华人在加拿大创业成功的典范。

在巴西，截至 2014 年 8 月，已经生活着超过 30 万的华人华侨，其中很大一部分在当地从事着与中国有关的贸易和商业活动。在巴西第二大城市里约热内卢，今天的华商大多已经走过了创业初期，日子过得安稳舒适。他们的成功是中华民族勤劳和智慧的果实。[②] 在当地 10 多万名华侨华人中，华商的经济实力也不容小觑。例如，20 世纪 50 年代初移居巴西的林训明身无分文，靠白手起家，到 20 世纪 70 年代便成为蜚声全巴西的"黄豆大

---

① 林联华.美国华商现况探析[J].亚太经济,2010(5):112-113.
② 海外中国华商的生意经[N/OL].(2014-08-28).中国经营网.

王"，公司下设 11 个子公司，其黄豆及豆油出口量居巴西首位。20 世纪 80 年代，又因经营石化企业，一举成为巴西的"石化巨子"，所辖公司成为巴西石化业举足轻重的支柱公司，其资产达数亿美元，在短短三年内使 Petropar 成为巴西主要的石化工业集团，被报界称之为"南美华人的骄子"。

（2）欧洲华商

在欧洲，20 世纪 40 年代末，欧洲华商社会人口仅有一两万人，到 21 世纪初已净增了近百倍。意大利罗马华侨华人贸易总会常务副会长戴小璋说，欧洲华人多达 200 万人，华商企业约有 20 万家。华商虽起步较晚，但发展迅速，成绩惊人。在酒店餐饮、皮革、服装加工、食品行业、进出口贸易等行业占据重要地位，形成了具备庞大经济规模的群体。经过近多年的奋斗，他们建立了自己的社团组织，成功实现了抱团发展，在欧洲经济和社会中起着越来越重要的作用。

例如，在英国，仅福建籍华人至少有 10 万人，华人超市"王中王"叶焕荣、戴秀丽和何家金等是杰出代表。其中，叶焕荣是第一个进入英国富豪排行榜的华人，也是英国华人中的传奇人物。2010 年，叶焕荣因为在东方食品业方面的贡献进入英国一年一度的新年荣誉册，荣获英女王颁发的 OBE 大英帝国勋章。戴秀丽是人和商业控股公司（Renhe Commercial Holdings）的董事和大股东，被称为"中国职业足坛首位美女老板"。2011 年 5 月，英国媒体公布 2011 年全英富豪排行榜，来自中国的华裔女性戴秀丽位居女性富豪榜第 7 名，这是华裔女性的名字首次出现在该报的年度女性富豪榜上。何家金依靠从祖母那儿获得的资助，1986 年开始经营小规模的食品零售商店，创办了英国满利通国际（Moneytt Asia Limited），并任福建省海外交流协会副会长、英国福清同乡会会长、英国侨报社社长、英国中文促进会荣誉会长等众多社团职务，并在 2015 年 9 月 3 日应邀出席在北京举行的纪念抗日战争暨世界反法西斯战争胜利 70 周年盛大阅兵典礼。

在法国，陈克威、陈克光兄弟是法国华人首富。1975 年，陈克威到法国寻求发展，与在巴黎攻读电机工程专业的弟弟陈克光联手建立了"陈氏兄弟公司"。陈氏兄弟以敏锐的商业眼光，抓住瞬息万变的市场行情，不失时机地开拓业务，先后开了多家百货公司和餐馆。他们还和在泰国的另外两个兄弟联手在中国香港、法国和泰国建起一个进出口集团公司，从中国内地、中国香港、新加坡、泰国、日本、韩国等地进口上万种商品，成为目前世界上最大的华人企业之一。

在匈牙利,截至 2012 年,已有近 5000 家华人公司。20 世纪 90 年代,在匈牙利的中国人一度多达五万人,中国人在布达佩斯的市场声名远播,匈牙利也由此成为中东欧地区中国商品的集散中心。从身背肩扛各色商品露天"练摊"到布达佩斯第 8 区的"四虎市场"摆摊,中国商人凭借一身闯劲,得以在匈牙利成功立足。如今,在匈华商活跃在银河大院、欧洲广场、唐人街和东盛广场等批发中心和购物中心。在奥地利,苏海文是 BW 集团(BW Group)董事长,该公司拥有 140 艘油船和天然气运输船,是世界上最大的海事公司之一。

随着欧洲华商规模的日益扩大,旨在凝聚华商力量的商会组织纷纷成立。拥有会员企业(华社)200 多家的欧洲华商理事会于 2014 年 5 月 29 日在法国巴黎宣告成立,成员包括来自法国、意大利、英国、葡萄牙等国的华商。该组织的宗旨在于:凝聚华商智慧,分享成功经验,共谋事业发展。

2.3.4 其他地区的华商

在其他地区,华商的发展同样强劲,尤其是改革开放以后,许多新华侨华人像他们的先辈一样,走出国门创业。以福建人为例,据估算,遍布世界各地的福建籍新华侨华人接近 100 万人,约占中国大陆新华侨华人的 1/4。据知明溪县有 10 万人到欧洲的匈牙利和捷克,许多长乐人移民到纽约,福清人到日本居多。

20 世纪 90 年代以后,华人大量进入非洲。南非既是非洲经济的领头羊和非洲大陆的桥头堡,又是非洲华侨华人最集中、数量最多的国家,截至 2014 年,南非华人总数约 30 万人,来自福建、广东、台湾的华人分别占 35％、20％、20％。[①] 在南非,"南非综合商贸城以中国命名的,在全世界是最多的,这些商贸城覆盖面非常广"。南非中华福建同乡会会长李新铸说:"南非现有闽籍华侨华人 10 万左右,以福清人为主,这些闽籍华侨华人在南非的经营模式相似,起初多以在乡村开百货店为主,后逐渐迁移到乡镇、城镇、城市。闽籍华侨华人在南非打工的只有 5％左右,其他的多从事商业贸易,以服装、鞋帽、食品等产业乃至制造业、房地产等为主,给当地带来了更多的就业机会,并逐渐建立了福建籍的各种侨团。"

---

① 非洲华人:中国脸是在非洲最好的通行证[N/OL].(2014-04-30).海外网.

例如,博茨瓦纳中华福建同乡会成立于 2008 年。2016 年 4 月,乌干达福建同乡会和乌干达福建总商会同时成立。乌干达福建同乡会成立时,新任会长、石狮乡贤蔡汉源说:"目前在乌干达的福建人及台湾同胞约一千多人,经商行业涉及金融、石材等,逐渐在乌各个领域崭露头角。"

在大洋洲,有澳大利亚、新西兰等国家,从 19 世纪 40 年代末澳洲"淘金热"起,华人以契约劳工的身份流向大洋洲各地并定居下来。目前,华侨华人在大洋洲的主要居住地和移民目的地为澳大利亚和新西兰,其他国家虽有华侨华人散居,但规模较小、人数较少。据《人民日报》(海外版)报道,大洋洲的华侨华人总数为 80 多万人,其中以澳大利亚为最多,大约近 70 万人,新华侨华人在这片土地上开公司、办企业,至 21 世纪初已达上千家。1995 年,华人在澳大利亚的房地产投资已超过 16 亿美元,这些华人财团多来自新加坡、马来西亚、印度尼西亚、中国台湾和中国香港等地。①

---

① 《华商大会相关背景:海外新一代华商创业潮》[N/OL],中国新闻网,2001 年 9 月 14 日。

第 3 章

侨批:历史上华商的家国情怀

　　小小侨批一封,几句嘱言,夹带辛苦钱银圆几许,万里迢迢、漂洋过海,经远洋水手之手辗转到了侨属亲人手中,为家乡亲人送上异国游子的深深思念和拳拳关爱。泛黄的信纸,工整的手写字体,不仅承载了某段历史文化的特殊记忆,也是海内外同胞情感交流的中介。在侨批中,既有救国于危亡的慷慨激昂之语,亦有思念故土亲人的恳切之情,它蕴含着早期海外侨胞对祖国、故乡和亲人的一片深情,昭示着他们对家乡、骨肉的责任感。

　　历经数百年,这一记录华侨移民、创业史的侨批,记载了千百万普通民众主动进行中外文化交流、融合的史实,记录了中国近代海外移民的历史,反映了近代中国国家命运的变迁,是近代以来华侨爱乡爱国的见证。一封封侨批浸透着海外侨胞的血泪和汗水,承载了华侨华人的家国情怀,一字一句彰显了对长辈的孝敬之情、对亲人的思念之情、对子女的舐犊之情、对故土的眷恋之情。

3.1　侨批与侨批传递者

　　情系故里的海外侨胞刚踏入异乡时举目无亲,甚至连自己的温饱都成问题,初抵异地的他们就迅速全力投入各种营生。通过一段时期的辛勤劳作,一旦生计有所着落,手头有点盈余,他们首先想到的是把款物托带给家乡的双亲和妻儿,尝试委托回国的亲友和同乡捎带银信,以尽赡养长辈妻儿的义务,尽孝尽责。由于谋职艰难,当时部分"下南洋"的人甚至自身只能勉

57

强生存，但他们为了及时寄钱回家，宁愿自身挨苦，也要先向身边认识的人借钱寄回家。他们在寄钱的同时通过侨批将自己在海外的生存状况、奋斗历程、海外局势等告知家人。

3.1.1 侨批的内涵：来源与功能

"批"是广东潮汕和福建闽南方言对"信"的称呼。侨批，又称"番批"，就是华侨的信，是华侨华人通过民间渠道及后来的金融邮政机构寄给家乡眷属的书信和汇款合称，是一种集赡养、接济亲人以及报平安于一体的"汇款家书连襟"。侨批字里行间既有见字如面的问候，也包含了旅居国的时局变化、近期家人活动事宜等诸多信息，而侨批里的家长里短往往最能反映出海外华侨生活的时局变化。

其中银、信合体是侨批最大的特色，"有批就有钱""批一封，银二元"，早年流传民间的俗语和歌谣，就唱出了侨批的这种独特性。因此，闯南洋的海外华人所寄侨批的核心内容主要有两个：一来报平安，二来表示牢记自己肩负的责任、不忘接济家属殷切的初衷。

关于侨批的诞生，是自明清以来，伴随着西方国家对东南亚的殖民开发，广东、福建等东南沿海向东南亚的移民规模逐渐扩大，在东南亚的马尼拉、吧达维亚（今雅加达）、新加坡、槟城等地渐渐形成了华人社区，这些移居东南亚的华人迫切需要通过书信与家乡亲人保持情感联系，并汇寄血汗钱维系家人生活，于是汇款和通信就成为维系这一联系的基本途径和手段。正因为如此，侨批主要来自东南亚、美国、加拿大以及澳大利亚等国家和地区，与华侨华人在世界各地的分布状态基本一致。

于是，随着移居海外的人数增多，侨批成为维系海外侨胞与国内侨眷的情感纽带，一封封侨批就是一封封深情厚重的家书。早期华侨先辈刻苦耐劳、奋斗拼搏、朴实守信、克勤克俭，并将来之不易的血汗钱托寄回家乡，力尽赡养父母妻儿及家（族）人的义务，有的还捐资家乡各种公益事业，扶贫济困，更是充满了浓浓的家乡情感。当侨批抵达时，家人不仅得到海外亲人的经济援助，了解到海外的资讯，更聆听到游子的肺腑心声。例如，因饥荒等原因"过番"的潮汕人，大多早年辛苦，勤俭发家，在艰苦拼搏的过程中，留在潮汕的家人亲族一直是他们心中的牵挂，经济上稍有盈余便寄钱回家，一般接到寄来的钱后，潮汕人会盛上一盘米，把钱放在米上，摆上供桌先祭拜"五谷母",以示感恩并祈祷亲人平安。因此,侨批是华侨旅居海外的时代产物,源于民间个体的跨国金融与通信活动。

从时间跨度上,侨批盛行于 19 世纪中期,终止于 1979 年侨批信局归并于银行,它作为交流情感之渠道则由发达的电讯及邮政所替代,前后绵延了 150 余年。这一百多年记录了中国自近代到现代的历史更迭,更见证了新中国从无到有、由弱到强的步伐。侨批内容涵盖之广、记录之细、情意之真,构成了重新审视这段历史的"草根"视角。国学大师饶宗颐认为,侨批文书"与徽州的契据、契约价值相当",誉其为"海邦剩馥",具有很高的学术价值。就历史价值而言,侨批不仅仅是先人留下的珍贵文物和遗产,更是社会历史真实的见证。2013 年,侨批档案申遗成功,入选了联合国教科文组织"世界记忆遗产名录"。

就文化价值而言,侨批是一种"以金融流变为内核,以人文传播为外相,以心心交感为纽带,以商业贸易为载体的综合性、流动型文化形态",记录了海外华人先辈们漂洋过海,身处异域而艰苦创业的苦难历程,反映了"热爱祖国、情系故里、吃苦耐劳、坚忍不拔、勇于开拓,笃诚守信"的拼搏精神。尤为重要的是,侨批作为传统文化的载体,以家族宗亲理念为根基,形成了以血缘、地缘为中轴的乡土观念,它以"银信合封"的独特方式架设起了华侨与侨眷之间的双向情感交流,在近代中国跌宕起伏的历史中汇聚成一个群体的文化行为,滋养出了浓厚的故乡情感,成为中华文化在海外延续和传承的支撑力。泰国华侨陈何桐的侨批中有诗句:"一日离家一日深,万里迢迢难尽陈。外方虽然风景好,人人思乡一片心。"因此,侨批除记录了客家华侨在外的生存状况和对家人的爱,还见证了华侨爱乡爱国的壮举。

侨批的文化信息不仅在信的内容中,也不经意地留在一些特制的信笺上。例如,一些当年由南洋寄往同安的侨批中,用的是当时陈嘉庚新加坡公司的专用信笺,信笺把陈嘉庚开设的公司和分公司的所在地一一罗列在信笺边沿上,透过信笺可以直观陈嘉庚公司分布状况的变化,其中 1929 年和 1930 年的信笺上,陈嘉庚公司的分行分别有 60 家和 70 家,这为相关研究提供了别样的实物依据。另外,孙中山先生逝世后的几年中,一些侨批的外封上印有孙中山 1923 年在国民党恳亲大会题词"革命尚未成功,同志仍须努力",并附有孙中山的肖像,可见当时华侨对革命先行者的崇敬和怀念。因此,侨批体现了多重文化内涵。

目前,广东和福建两省文博机构收藏的侨批文书达 17 万件,仅广东梅州市现收集保存的侨批档案共 22748 件(不含散存在民间的部分),内容主要包括梅州华侨从清代到 20 世纪 80 年代在各国使用的实物,国内外政府签发的护照、通行证,水客及华侨带回家乡的侨批封及各类华侨文物遗存等。在这些侨批中,档案史上最短家书,跨洋越海送到侨眷手中的仅有"外平安"三个字,侨批档案史上最长家书,篇幅长达 10 页,共 2.2 米长。有关侨批的最早记载,是福建省石狮市大仑《蔡氏族谱》关于明朝嘉靖年间(1522—1566 年)菲律宾华侨汇款回家的情况,其中写道:"思叔弟也……娶妇后,遂往吕宋求资,迭寄润于兄弟,二兄景超全家赖之,修理旧宇,俾有宁居。"

除了信件问候外,随侨批寄送的其他生活用品也十分丰富。在那个物资交流相对缺乏的年代,水客除了跟侨批局一样带来生活费用外,还给侨眷带来了家乡购买不到的日常用品和艺术品,令他们的生活充满了异域情趣。例如,在马尼拉经营恒美布庄的黄开物,托付水客的侨批除寄款外,还附寄了椰油、金玳瑁梳、番饼、童子毛纱袜、鳖鱼油、芽柄刀、正白铜汤匙、洋吹琴、日本花布、放足皮鞋、燕窝、雪茄烟等舶来物,丁未年(1907 年)正月十八,托一位叫"正润"的水客带送"龙银 4 元、什布 1 大包(白水钘 4.2 丈、色水钘1.2丈、白吧力条、零布 3 件)、玻璃瓶 2 个、童子鞋拖 1 对、金铜鸟仔 1 匣、日本扇 1 支"。[①] 于是,在每个信封的右上角都写有"××大元"或某物品名称,即便信封上未标明,信件内也一定写明钱数或物件数,这是说清楚让人托带了多少钱物回来,而家人收到钱物后,会写一封"回批",写明收到多少钱物,由来人带回,两相对照,也就一清二楚了。

3.1.2 侨批传递与侨批业的发展

侨批的传递本身就是一种信任与责任。一封封侨批不仅传递着海外侨胞与国内亲人彼此的思念,更是承载着国内亲人对汇款的期待。在那个特殊时代,它是一家人赖以生存的救命钱。男人出洋打拼,须给父母妻儿寄钱回家和传递音信,由此形成了一个连接着东南亚华人移民聚居地和中国移出地,为华人移民解送信、款的跨国市场。

而当时的银行、邮政局等尚未设立或极不完善,这让一些人看到了商

---

① 从侨批看福建海外华侨在外漂泊的文化[N].福建日报,2017-07-17.

机,从而出现了一批以帮人带信带钱带物为职业的人,俗称"水客",代送侨批信款先由"水客"或"客头"办理,进而由"批郊"代理,从而开启了侨批业的源头,经过不断发展壮大,形成了专门从事侨汇业务的"侨批"业(如图 3-1所示)。

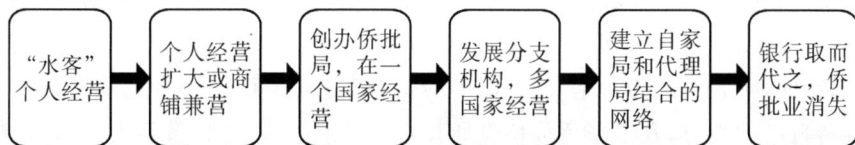

```
┌────────┐   ┌────────┐   ┌────────┐   ┌────────┐   ┌────────┐   ┌────────┐
│"水客"   │→ │个人经营 │→ │创办侨批 │→ │发展分支 │→ │建立自家 │→ │银行取而 │
│个人经营 │   │扩大或商 │   │局,在一  │   │机构,多  │   │局和代理 │   │代之,侨  │
│        │   │铺兼营   │   │个国家经 │   │国家经营 │   │局结合的 │   │批业消失 │
│        │   │        │   │营       │   │        │   │网络     │   │        │
└────────┘   └────────┘   └────────┘   └────────┘   └────────┘   └────────┘
```

图 3-1　侨批业的发展历程

无论早期的"水客"还是晚期的"批局",递送"番批"都是靠往返南洋、潮汕的"红头船"带送。据老辈人回忆:"往年农历九月,台风少,红头船从南洋返来,澄海樟林港就拍锣拍鼓迎接,比过年过节还热闹。"故民间有俗语云:"九月尾,铜锣澎澎叫。"对于侨批传递者而言,他们是联系侨胞与侨属的纽带与桥梁。由于侨批是早期华人对家国牵挂的重要载体,因此侨批的传递本身就是一种责任,深受传统道德文化的影响,建立在"人格诚信"基础上严密的管理制度,形成了我国近代侨批业独有的商业网络运作模式。"利以义制"的侨批经营理念,体现出了"人无信不立"这一共同的文化根源,彰显了孝悌、信义等中国传统文化内核,同时也见证了中华文明与世界文明之间持续不断的交流与融合。

1."水客":早期侨批的传递者

在帆船时代,经营侨批的水客又称"走水",一般为老洋客,多是在中国与东南亚之间浮海贩易的"商人",整个侨批、回批运作流程由水客一人完成,谓之"走单帮"。其银信经营多为"一条龙"服务,既可携带物品、书信、货币(大银、鹰银),也可传口讯,且能深入穷乡僻壤收揽银信,登门派送侨批,很受乡人欢迎。

水客利用托带的钱款就地采办海外特产,回乡后以物易款再分发侨批,从中获利,随着带钱带物的数量与次数增多,生意做大,自然就成了一门职业。水客有行规,大小帮严格区分,不能混走。"大帮"每年走三次,即"端午节帮""中秋帮""年帮"。其中,"端午节帮"是二月出国四月回国,带回钱物帮助亲人度过三四月的荒月;"中秋帮"是八月出国八月回国,赶上家人过中秋节;"年帮"是九月出国十二月回乡,所带钱物为家乡亲人过年所需。这些都是赶在家乡人非常看重的三大节之前送到，对于家人意义重大，故称为"大帮"。

　　要成为一名出色的水客，最基本的要求是讲信誉、责任心强。早期许多华侨不识字，闽南民间流传"阿全写信"的故事，讲述福建石狮蚶江人阿全出洋谋生，托林来带 100 元和"口讯"给发妻阿珍，他在纸上画了八只狗和七座寺。林来返乡后仅给阿珍 50 元，阿珍马上指着画说："不对！八九（狗）七十二，加四（寺）七二十八，是一百元啊！"林来只好补足百元。因此，水客为了维持自己的声誉，凡是华侨或侨眷所托之信件或财物，不论数额大小和报酬高低，也无论路途偏远，都必须按允诺送到，如果所托之钱物不慎遗失，要负责赔偿。事实上，只有凭着良好的个人信用和人脉关系，水客这种个体经营侨批方式才得以从 17 世纪延续到以信局经营为主的时代。而且，由于水客穿行于故乡与南洋之间，要具有丰富的跨国经验，对出入海关的各种手续了然于胸，为应对各种情况，须会讲多种方言，熟悉当地的风俗习惯。

　　2. 侨批信局：侨批传递的规范化运营

　　随着"闯南洋""溜乌水"的人多了，行业性的侨批信局应运而生，如较早期的有新加坡潮商黄继英创立的"致成批馆"和澄海黄松亭设在汕头的"余庄批局"等。为了便于管理数量日渐增多的侨批，水客首先设立了帮号和戳记。这些盖上水客名字的戳记和手写帮号，再到后来便形成了侨批信局。

　　侨批业能够生存、发展，其收汇之所以能取得侨胞侨眷的信赖，是因为向侨汇庄汇款的人，大都和该侨汇庄有同乡之谊，或朋友或事业关系。长期以来，华商以严格的产品质量信誉和一言九鼎的人格信誉，形成了华商诚实守信的商号文化，同样它也是侨批诚信发展的立业之本，建立在人格诚信基础上严密的批局商业管理制度，形成了侨批业独有的商业网络运作模式。

　　侨批局和民信局的信用戳印"信用卓著，递送快捷"，都体现出"人无信不立"的共同文化根源。在闽南地区，创办于 1898 年的泉州王顺兴信局，其曾经启用的四种批银戳记，就充分体现出该企业诚信经营之理念："顺兴号王为针为目泉城新门外居住王宫乡带信""客头王为针收交厦门廿四崎脚会文堂代收代发""王顺兴信局住岷捞示描乳迎门牌 319 号批箱第 74 号兼办正泉苑号水仙种发售住在泉州新门外王宫乡邮政代办所代理处设在厦门廿四崎脚会文书庄""泉州新门外王宫乡为针偕弟为奇/在泉州办理邮政并收岷信逐帮缴/回所有分送信项概无收酒资/寓岷新街尾新路异文斋门牌第 79 号"。相同的堂号，不一样的时间背景，戳文长短不一却明白易懂，这类竖式戳记,印证着王顺兴信局与服务群体辅车相依、童叟无欺的诚信风范,体现着批局坚持"信用高于一切"的价值取向。例如,其中一款为"泉城新门外王宫乡王为针偕弟为奇/在泉办理邮政分局并收垊信逐帮缴/回所有分送信项概用大银无收酒资/寓垊新街尾新路异文斋门牌第 79 号","垊"指菲律宾马尼拉,"无收酒资"就是不收小费,折射出童叟无欺的价值取向。

据统计,厦门各时期登记营业的民信局数目如下:1891 年,厦门本地有批郊 8 家,其业务是发送和接收来自海峡殖民地、泰国、西贡(今越南胡志明市)、菲律宾和其他外国口岸的侨批信件。1892—1901 年有 30 家,1902—1911 年有 20 家,1912—1921 年有 64 家,1922—1931 年有 64 家。1936 年,厦门登记营业的头二盘民信局达 84 家,占全省 110 家的 76.36%。① 在广东,1914 年仅梅县就有 5 家侨批局,到 1920 年发展到 40 余家。其中,"天一信局"是闽南侨批业中的典型代表,主要经营吕宋(今菲律宾)与闽南侨乡之间的华侨银信汇寄业务。它由郭有品创办于光绪六年(1880 年),从做水客走单帮的原始形式,发展到创办信局,进而专业化分工的商业运作和跨国网络化经营。在民国初年鼎盛时期,它在海外 7 个国家设 24 家收批机构,在国内有 10 多家派送机构,雇佣职员 550 多人,国内的网络则涵盖了闽南地区的主要侨乡,是中国历史上规模最大、分布最广、经营时间最长的早期民间侨批局,在福建乃至全国邮政史、金融史上都占有一定的地位,由于信誉卓著,时称"天一批郊"②。

自成立以来,天一信局以"信誉为首,便民为上"为经营宗旨,以内部规制严密和管理严格著称,为海外侨胞提供热情周到的服务,经常按国内习俗于每年春节、端午、中秋、冬至等节日前登门收汇并提供代写书信服务,对居无定所的海外侨胞则施行"店前收寄、回信到达、挂牌招领"的方式。另外,为了维护在海外侨胞中的良好声誉,天一信局在开办之初,每批银信均由郭有品亲自押运。有一次郭有品押运侨汇回国,途中遇台风,船只沉没,他获救归来后,毅然变卖家中田物,对海外侨胞的汇款分文不欠,从此天一信局的信誉不胫而走,赢得各埠华侨的信赖。天一信局的每个分局的侨汇总额月均达数万元大银之多,鼎盛时,天一信局的年侨汇额达千万元大银,占闽南地区侨汇总额的将近 2/3。《厦门海关十年(1892—1901)报告》中记载,

---

① 侨批:厦门是闽南侨批的中转中心[N].福建侨报,2017-04-28.

② 黄青海.闽帮侨批业网络发展初探[J].华侨大学学报,2012(4).

1889—1901 年,进入厦门的外轮有 1686 艘,帆船有 181 艘,厦门海关共收邮件 108570 件,汇票 93442 美元,近一半的邮件是寄往天一信局投递的。

3.2　侨批的核心内容:对"家"与"国"的浓浓情意

侨批的令人动容之处,是血浓于水的家国情怀,它见证了华商初出国门在外打拼时不忘家人家乡、关心祖国的历程,反映了海外侨胞"热爱祖国、情系故里、吃苦耐劳、勇于开拓、笃诚守信"的精神,是中华民族传统文化的继承和拓展。20 世纪 20 年代初,一位菲律宾华侨这样描述侨批的意义:"凡远走他邦求食,来往之函最为要也,见信即见面无异。"

3.2.1 对家与家人的牵挂

"亲缘文化"是中华民族立足于世界的根基。华人不论持有何种国籍,或是居住在世界哪个地方,在语言、文化、教育、风俗习惯、乡土观念、价值取向等方面都有一个文化共同体,其核心内容就是对家和家人的牵挂。

知名侨批收藏者张美生先生认为:"每一件侨批,都淋漓尽致地体现了出洋谋生者对故里亲人的关照、责任和担当,这在批信中得到充分的诠释。"他们想家、爱家、养家,有着高度的家庭责任感。因此,侨批家书写的是最真实的内容,一方面反映华侨在南洋谋生的不易,另一方面显示出对家人的爱。例如,一封早期侨批的内容大意是:"我每次托人带回的钱虽然不多,但却是我辛辛苦苦在外打拼、省吃省用攒下来的,是血汗钱。我在外生活不易,你们要省着点用,把钱用在当用的地方……"寥寥几句,道出了在外的不易和对家人的爱。

再比如,1898 年新加坡寄永春大路头的侨批,内信写道:"此际暂为新客,百凡生疏,未得微利,先借英银贰元,寄邱铜官带回。"这显示了其对家人的爱,哪怕是初到异国还没有赚到钱的"新客",也要借钱先寄回家,勇于承担家庭的重担,充分显示了对家庭责任的高度担当。

1.对家庭成员的真心牵挂

对家庭拥有高度责任感是中华民族的优秀传统。对于华商而言,侨批就是他们对家庭牵挂的媒介与载体。在一封封侨批中,有父亲为刚出生却不曾谋面的孩子取名的，有儿子问候年迈双亲的，有父亲要求赎回被卖女儿的，有父母鼓励儿子发愤读书的（来批），也有国内侨眷盼儿早日回归，或是惦念着海外的亲人，终日以泪洗面、望眼欲穿的（回批）。

例如，1969 年 1 月 27 日，新加坡侨胞林城弟在寄给潮阳北门外茶亭社他侄子林家荣的批信中写道："祖国的亲戚朋友，我非常挂念，我时时刻刻都想回家看看故乡之新面貌。有办法我一定回去探望你们。"字里行间表达了对家乡和家人的挂念。旅泰侨胞杨捷在赚到第一笔血汗钱后，首先想到的是因生活所迫而被卖掉的苦命女儿，他给妻子寄去 5 万元国币并在侨批中叮嘱："至切赎回吾女回家。"广东揭阳市侨批研究者刘榕平的父亲所写侨批中饱含了对祖母的思念，"恨遥隔万水千山，未能榻前尽孝，更觉彷徨不已！"至真至切的关心跃然纸上。还有一位叫"德名"的在 1938 年和 1939 年寄给儿子的批信中，两次均要求儿子必须节俭："汝今在港做工，须要从俭为上。凡出街闲游，不可浪费无用之钱财。如今世界非常冷淡，觅食甚难，不言可之。"

1941 年 4 月，一位署名"进璞"的美国华侨给家乡的妻子寄了"港银三百大元"，信内嘱咐妻子接济几位亲友，他在信封背面特意用钢笔写了一句，"交大洋卅元邝氏二婆收为生日买些茶点之用"，对长辈的孝心跃然纸上。潮汕籍侨胞曾哲坤身在海外仍心系家庭，1950 年正月初九日寄给母亲的批信中说，"奉上金券圆伍仟元，至时捡收家用？大人该款收后，速即购买米谷至要。因现在金圆日见缩小，不可久延，是所至盼"，"今后儿寄上之款，无论多少，收后即买米谷为要"。

关心家庭生产和家乡生活也是侨批常见的内容之一。新加坡侨胞庄美深在写给潮安江东独树中乡母亲的批信中说："林尾内园开年讨这木仔，何年种的，如若两畔无种，至切斩丢，以免园质有损亏。种三植但四方两畔皆种，不得已而留之。"泰国侨胞陈木香在寄给饶平居美乡后陈社胞兄陈木生的批信中，除了深切询问："吾兄在塘耕种，谅亦必定丰收否？不知每年米粟巧能到食？"还十分关心家乡的治安，询问："近闻战事发生，乡中巧会分乱？"1939 年 11 月 29 日，泰国侨胞陈维耀之妻在寄给澄海银砂乡家人的批信中也写道："闻得潮汕战事日甚紧张，未卜俺附近岂受猖獗，至家人岂受惊否？因交通不便，消息少通，以至儿媳在外实深深怀念，日慕佳音以慰我怀耳。"

"家和万事兴"，海外华侨深知这一浅显道理，侨批中也不乏关注家庭成员间和睦者。马来西亚侨胞陈克绍寄给澄海华富乡父母的批信中写道："近闻家中两人甚好各口，未知此事岂有实否？凡人之家庭，须要和睦而后家道成矣。若不和睦,一家庭不幸。如有此事,当欲忍乃(耐)为要。"1967年3月,泰国华侨陈贤应寄批教育儿媳应正确处理好家庭关系与处世立身:"然儿收知:寄来邮信二封均收妥,内述各情明白,分居之事理必然也,至切不可闹意见,有无不可计较,叔婶居为长辈,应该尊敬,互相帮忙,诸弟妹应该互相友爱,和气相处为要。既往之事,言之无益,徒增恶惑,何苦为之,但人生处世立身,应以宽大为怀……"

2.对子女成长的深切关心

"子不教,父之过",这句古训说明子女成长离不开父母教诲的基本道理,关心子女并教育其成才是中华民族的优良传统。在外打拼的华侨们,时刻惦记着家里的子女,关心他们的成长,这在批信中也得到了充分的体现。虽已漂洋过海,但海外华侨们每每寄信,总不忘在其中对子女进行家庭教育,传承中华传统美德。

旅居在外的华侨受国外重视教育所影响,亦十分关注子女在家乡的教育问题:"料各物更起价,你二人现下返学校读书否,亦望告知……你读书务要专心向学,不可闲游散荡,亦不可与人相打争气……"远在国外他乡的父亲程业得知台山被日寇攻占,立即写信回家询问家中安危,并要求两个儿子用心读书。

1934年2月18日,马来亚华侨冯云根在寄给妻子的批信中写道:"远元男须勤功读书,切不可学恶习赌博一切,至嘱至嘱。"叠连两个"至嘱",可见他望子成龙心切。在这封批信中,他还提及"福元俣就何业艺?本三兄顺元景况如何?"对兄弟的儿子他也十分关照,他虽然"现外面时势无甚喜色,店中生意比旧年还略差","手中十分拮据",但仍寄来银圆10元供家用和子女读书。[1]

在关心子女教育的侨批中,由汕头市潮汕历史文化研究中心收藏的陈遗恩家族的侨批较为典型。祖籍粤东澄海县上华镇山边村的陈遗恩1913年随同乡到马来亚柔佛州的麻坡市谋生,1927年陈遗恩将其儿子陈应传带到马来亚读书。从20世纪初至40年代,陈遗恩父子寄回家乡的近100封侨批中,有17封侨批谈及教育问题。例如:

(1)1922年陈应传7岁时,陈遗恩便在侨批中向祖婶大人了解儿子的读书情况:"兹寄上一信外付上大银二十元正,祈查收入家中之用耳。应传

① 陈友义.侨批:潮人优秀传统家风的历史见证[J].南方职业教育学刊,2014(9).

读书如何,祈示知。"(1922 年 10 月 2 日)

(2)1924 年寄给祖婶大人的侨批中就嘱托祖婶大人切勿溺爱应传,以免"腐败后来":"中云买参一事,未卜要用于何否,倘如应传欲食,至切不可,祈知。嘱彼各物切勿乱食,更之为佳。想大人过爱,各无拘彼,定必腐败后来也。兹便寄上片函外付大银二十五元,至祈查收家中之用,余无别禀,并候大安。"(1924 年 4 月 18 日)

自从陈应传的儿子陈润鑫出生后,陈应传便从不疏忽对他的教育,几乎在每封家批中都问及儿子的学习情况,并请家人严加督教。例如:

(1)陈应传在寄给母亲的侨批中便谈道:"鑫儿进入三年级,传心甚慰,但不知有何成绩,祈寄一些前来。此后回批祈大人命润鑫写名于信尾,以便分认。"(1947 年 11 月 11 日)

(2)陈应传在侨批中还责备道:"润鑫学业程度低劣,须要严加督责,切勿溺爱,以免将来变成无可取之人为要……另者,祈夹润鑫最近所写之纸库一章来看。"(1947 年 11 月 11 日)

(3)陈应传在致母亲的信中写道:"润鑫新年若乡中无适当学校,看老姑处可能寄宿否,著其至横陇读高小勿误其前程,我当出力应付,请母亲注意为要。"(1949 年 1 月 10 日)

从陈遗恩和陈应传的例子,可以看到他们非常重视子女的教育,当孩子留在家乡时,他们不断督促孩子好好读书,并且叮嘱家人不要溺爱,当孩子稍长且自己的经济能力许可时,便把孩子接到南洋继续接受教育。陈遗恩凭其在南洋的见识与经济能力大力支持陈应传的教育,陈应传则通过其在家乡与南洋所受的教育而在南洋取得立足之地,带着家乡经验与认同的他加入南洋华人社会,无意中补充了跨国华人社会的血液。通过自己在南洋的实地生活,陈应传又把所习得的经验教训传授给家乡的子弟,并且通过各种努力来不断支持与鞭策他们前进,从而又开始跨国华人新一轮的社会传承。[①]

3.2.2 对国家命运的关注

侨批是海外华侨华人移民史及创业史的生动写照,更是动荡年代维系

---

① 陈丽园.从侨批看跨国华人的教育与社会传承(1911—1949)[J].东南亚研究,2011(4).

和巩固爱国情感的见证及媒介。在近代中国命运多舛的时期,海外华人一封封弥足珍贵的家信不仅记录着家庭琐事、敬老扶亲、慈善公益等内容,还时刻关注着祖国、民族的命运,特别是在国家危难的时期。这跨越千山万水的一寄一回,彰显了广大华侨的拳拳赤子之心,朴实的叮嘱流露出华侨对家人的关切,表达同仇敌忾的爱国情怀,也反映了近代中国国家命运的变迁,小小信笺,寥寥数语,却蕴含着海外华人心系国家的深厚情感。

烽火连三月,家书抵万金。早在辛亥革命前期,海外华侨中无数孙中山的追随者在认同了民族革命主义后积极参加革命运动。通过侨批及回批书信,加强了海内外时局动态的沟通与联系,使得身处海外的华侨热烈参与到革命中来,采取资助革命党人组织起义等方式支持辛亥革命。其中,侨批书信记录了海外华侨参与辛亥革命的具体过程,更证明了他们对祖国政治革命事业的热忱。

在抗日战争期间,面对日寇的疯狂入侵,海外华人在批信中,表达了众志成城,抗击日本侵略者的坚强决心。2015 年 7 月,在福建省泉州市文庙举办的"海上丝绸之路"福建省集邮展览会上,侨批收藏家、研究者黄清海展出了数百件抗日侨批。按照侨批上所记录的图像和文字内容,以抗日战争的逻辑和时间发展顺序为脉络,主要包括五个部分:国耻家恨、同胞速起、抗日救国、抗日志士、应对战乱和迎来胜利。从侨批上所记录的时政信息,可以看出当时爱国华侨虽然身在异乡,却时时刻刻关心祖国战事。

1. 侨批主题一:抵制日货

中日战争既是双方军事力量的较量,也是经济力量的较量。在日本发动侵华战争之后,海内外华人一致对外,同心同德共同抗日,通过种种渠道,关注国内战事的进展。抵制日货运动就在南洋各地陆续展开,直到日本发动全面侵华战争之后,抵制日货运动达到高潮。当时,华侨商场流行一句话:"贩卖日货不但耻辱,而且罪恶。"在 20 世纪 30 年代出现的系列抗战戳印,当中 3 号字竖排戳印"矢志救国,彻底抵制日货。卧薪尝胆,誓雪此仇方休。团结起来,共同为国捐躯。勿贪小利,勿作亡国奸商",共 40 字,是目前侨批封上所见最长的戳印之一。

1928 年 5 月 12 日菲律宾怡朗的侨批封上即现抗日歌戳印:"奉劝诸君要记得,东洋货色习不得。如果买了东洋货,便是洋奴卖国贼。"笺头印有"勿忘国耻"。1931 年九一八事变后,用戳印来表现爱国热忱更达高潮,如

"你买日货,日人赚你的钱,便造子弹来杀你和你的同胞,你该当何罪"。在1928年10月从菲律宾马尼拉寄往晋江南门外溜宅乡的侨批的背面右下角处,写着一行清晰的蓝色字:"奉劝诸君要记得,东洋货色买不得,如果买了东洋货,便是洋奴卖国贼。"

"勿买日本货"这一内容,在其他华侨的侨批中亦可找到。例如,1936年2月,华侨邝修录在寄给女儿月英的批信中写道:"乡间现下使中央政府法币,极可出入携带便利,务要振兴土货,勿贪平买某国之劣货,买某国之货犹如币钱与子弹予某国来枪杀我中国人,某国之货虽送之亦勿要,我中国人要坚心团结起来,勿使他压迫我中国人太甚也。"虽远在海外,但这位父亲一字一言的爱国教育犹在耳边。

2.侨批主题二:对国家的担忧与对侵略者的愤恨

反映华侨在祖国沦陷时期前后对家乡和亲人安危的担忧也是侨批的主题之一。1939年6月,日本帝国主义侵占汕头,新加坡侨胞洪家成在1939年7月1日寄给潮安江东父母的批信中就写道:"迩来潮汕战事发,未卜俺乡情况若何否?祈列明示晓。"有一件侨批这样写道:"内助爱鉴:启者自接回函,开眼观看,僚然明达。在此国家千钧一发,得到胜利。铁蹄之下,中国更一跃而上天矣。"

1915年3月15日,黄开物从马尼拉给妻子林氏寄来侨批。在这封泛黄的侨批上,依稀还能够看到这样的话语:"但今日本欲吞吾福建,闻现日舰时游闽海,外地华侨人心惶惶,倘外交决裂,则吾闽受莫大之损失,尔虽妇人应亦等此通知耶。客体平安,未稔贵体迩日如何?亦当详慰。"这是他得知日本帝国主义向中国递交"二十一条",提出无理要求的国际大背景下所写的。

九一八事变激起了华侨的强烈愤慨,他们纷纷募捐回国,并要求抗战。1932年,一位身在美国的五邑华侨在寄给兄长的一封侨批中写道:"眼下海外同胞不顾一切艰难,唯有救国之行,难免弃家捐款,无不为是。除先捐之外,仍要继续行为。有工做者,按月日入息捐去为响。还有决语'国家兴亡,匹夫有责'、'万心一德,誓杀日奴'、'教子及孙,永不用日货,不食劣货',都此壮语,其爱国之心足胜于国内人多矣,而还能减衣节食,务要积款救国为先,其对妻子必无余力理也。"流露出其对日本侵略者的切齿仇恨。

1938年2月26日,一位名曰"德名"的华侨寄回家书,他说:"中国乃系汉奸之所害,受日贼愚弄,私通敌人来毁我繁华之城市,占我群岛,炸我铁路,种种之罪恶乃汉奸之累。中国政府必要严密探查铲除汉奸,方无亡国之危。暴日其凶蛮残暴，无所不用其极，为我全国军民共下乾坤一掷之决心，抵抗到底。现闻香港有奸商贪图利禄，卖粮食供日军之用，无异供给炮码杀自己同胞。此等凉血奸商，亦要铲除。"一字一句之沉重、严厉，足见其对汉奸之深恶痛绝。

3.侨批主题三：支持号召国内抗战

日寇的暴行，激起了全民抗日救亡的民族精神，各式各样的宣传入脑入心。侨批信笺上宣传"抗日救国""争取最后胜利"等内容随处可见，信笺版首正中往往印有"敌忾同仇""全民抗战""还我河山""复兴民族""最后胜利"等内容，图文并茂，激励华夏儿女以实际行动投身于抗日救国之中，表现出极高的爱国热情。

1932年上海晨好友社印制了"抗日笺"，信纸上带有"同胞速起，抗日救国"以及"家破国亡，命贱如纸"等字样及红色图案。据相关资料考证，"抗日笺"所宣扬的共同御敌、救国存亡的爱国主义思想，符合当时的时代背景和群众心理，深受人们的喜爱，且销售和使用的地域相当广泛。与此同时，也表现出了当时在国难当头、国家存亡的关键时刻，海内外全体中国人万众一心，共同抵御日本侵略者，救国于危难之中，一股全民抗日的普遍氛围和思想热潮在当时社会已经形成。1937年7月30日，身在澳洲的台山华侨邝修录在寄给邝振勳的信中讲述了澳洲华侨得知华北抗战捷报频频后，放鞭炮庆贺一事，可见当时消息之大快人心，华侨之激动。

除了宣传抗日外，有的侨批关注如何为抗日战争尽自己的绵薄之力，海外华侨则以捐款、广泛宣传等实际行动，支持并号召国内抗战。一封劝告兄长的侨批中写道："愿我同胞自此维新，奋而作活，各担其责，策无上之。"1940年，菲律宾怡朗傅梦痕在致母亲的侨批上也提到了"还我河山"的字样。所有例子都表现出在当时的背景下，国内外同胞齐心协力、共同抵御日军侵略的强烈愿望。

有一封批信是1932年潮汕沦陷前从泰国寄到澄海的，当寄批人获悉家乡即将沦陷，而此时又身在异国，不能为国家分忧，觉得愧为男子汉，左思右想，想出一个补救的办法，写批信叫他的妻子到乡办学校学习一技，"上则看护妇女救亡工作，学成之后，替国家尽匹妇之责，下则职业技术，自求生活，亦无不可"，读了令人感动不已。1931年12月18日，美国华侨关崇初在给弟弟的信中，谈及为何送自己的儿子赴美学航空和机械："但望佢专心学习，将来得以成功回国，最大用之事业也……如欲与日贼决一死战救国，除飞机不能成功也。"

1938 年 8 月，正值抗日战争全面爆发之际，一名小姑娘从千里之外的缅甸，给自己在永春老家的外祖母寄来了侨批："我们中国和日本抗战已一年多了，自战事发生的时候，父亲就买了一份报纸，要知道我们国家的情形，我每天放学回家也拿来读读，不晓的地方，请父亲指教，所以对国事也知道一点，日本为什么敢来欺侮我国呢，大概因为我国太弱，所以敢来欺侮。凡事只恨自己不要怨恨别人，我国实太不长进了吧。"她虽年纪轻轻，而且身在异乡，却也时刻关心着抗日局势，并且抒发了强烈的爱国主义情感以及对国家富强、民族振兴的美好愿望。由此可见，当时海外华人对国内抗日局势的关注。

3.3　侨批对家人和家乡发展的影响

早期的华商虽远离家乡，但他们以侨批为中介和桥梁，通过水客和侨批局的传递，对家乡的经济、文化、风俗等社会事务倾注了极大的热情与关注，并积极参与其中，表现了对家乡的拳拳之心和对亲人的眷眷之意。侨批不仅承载着华商对家乡亲人的赡养之责，更承载着斩不断的故乡情结，对家乡社会的发展产生了重大的影响，既活跃了侨居地的金融市场，也使祖居地侨眷侨属的生活得到改善，促进了家乡金融市场的活跃。

长期以来，旅居海外的华商对中国的孝道很熟悉，因此他们充分发挥侨批的汇款作用，将孝这一中国伦理道德的重要内容融入侨汇中，每份侨批都带来语言上的关心和经济上的支持，对华商的家人来说是也重要的生活来源，对国家来讲则很大限度上缩小了中国的对外贸易逆差。因此，侨批的汇款不仅帮助海外侨胞实现赡养留在故乡的父母、妻儿的义务，成了国内侨眷的生命线，还推动了金银兑换业和私人银行的产生和发展，促进了国有银行业的诞生。更为重要的是，在兵荒马乱的年代，侨批又起到了稳定人心的作用，在国家陷于困境时，它起到了"强心剂"的作用。

3.3.1 家人生活的重要经济来源

如前文所述，走出去谋生的海外华人把接济国内亲属生活视为第一要务。他们通过水客和侨批局将信件和钱款汇回家乡。其实早在鸦片战争前，就有华侨将钱款汇回或携返家乡。据印度尼西亚史专家范列尔（Van Leur）的研究，1637年居住在苏门答腊胡椒港占卑的15名华人人均寄回家乡40西班牙银圆。在婆罗洲矿区，据拉弗尔斯（Thomas Stamford Raffles）的计算，19世纪初华侨每年携返或汇到中国的钱款约200万西班牙银圆。在槟榔屿，1838年该地大约有3000名华侨，平均每年将约1万西班牙银圆汇回家乡。另据新加坡华人富商佘有进估计，1846—1847年海峡殖民地华人每年汇回中国的钱款在3万～7万海峡元之间，而当时该地华人人数估计为3.4万人，他们每人年均汇款约为0.9～2.1西班牙银圆。

从19世纪末到20世纪中叶，闽粤等省大部分侨眷在经济上对海外亲属有着严重的依赖或半依赖关系。大量侨资通过侨批带回家乡，家中妻儿老小才得以度日。侨资对于侨眷生活有着至关重要的作用，它使生活资源短缺的家乡得到资助，不少贫困家庭的经济状况得以改善。

以福建为例，侨批携带的汇款与侨眷的生活可谓息息相关。在20世纪50年代，全省200万侨眷中有70％～80％是主要或次要依靠国外的侨汇维持生活的，侨汇对于当地社会稳定和刺激当地市场繁荣起到了重要作用。其中，侨汇较正常，生活较富裕的侨眷约占12％；侨汇不正常，但是生活勉强可以维持的约占63％，是主体部分；没有或很少侨汇，生活困难的约占25％。

在梅州，从19世纪上半叶到20世纪下半叶，有40％左右的人口依赖侨批为生。按照美元统计，从1862年到1949年，侨汇总数多于35亿美元。由于海外侨汇源源不断地汇入侨乡的各家各户，所以广大侨眷的生活比较稳定。在潮汕地区，侨批携带的汇款维持和改善了近代潮汕地区侨乡人民的生活条件。其中依赖侨汇维持生活者占总人口的40％～50％，有些乡村甚至占总人口的70％～80％，潮州一带曾经流传的"番畔钱、唐山福""七成食番畔、三成靠本地"等民谚就可以证明，"番畔"指的就是华侨汇款。潮安区金石镇古楼村林家钟父亲于1951年寄回来的侨批上写道："潮安古楼乡田墘内交双亲大人玉启，港币五十元。"林家钟介绍，他父亲三兄弟，加上已经成年的堂哥，每月四封侨批，成为故乡十名女眷和年幼的他的主要经济来源。

以粤东客家山区大埔县的著名侨乡百侯村为例，虽然山区自然条件恶劣，人多地少，但在民国时期经济活跃，文化也较为发达，主要原因之一就是海外华侨侨批的资助。该村到南洋谋生者,主要来自中下等家庭。很多家庭四五兄弟只留一人看护家园,其他都到南洋去了,村人俗称此为"一子顶江山"。他们的家属,尤其是年老的父母,多在家乡,下南洋者所赚血汗钱,多由水客带回赡养家小。数十名活跃于家乡与南洋之间的水客,每年带回侨批数千封,每封寄钱少则三五元,多则上百元,每年资金多达十多万元,成为当地人生产、生活得以维系和发展的重要经济基础。

3.3.2　家乡经济的支持者[①]

在侨乡,赡养性汇款除用作养家活口外,也在一定程度上刺激了农村经济的发展,对侨乡农村社会经济产生了一些影响。而且,水客频繁往来于家乡与南洋之间,家乡过剩劳动力得以转移,新式教育得以顺利开展,基础薄弱的乡村经济得以延续和发展。

华商在海外发展后,经常会利用侨批的渠道资助家乡,用侨汇大兴义举赈灾救灾,支持社会公益,使得教育和公益事业都有了飞速的发展。例如,1894 年以来,嘉应州接连遇灾,米价腾飞,南洋华商伍佐南与其父立即从暹罗、安南、缅甸购买和运回大米,平价出售,遏制了米价的上涨。1895 年,马来亚的李步南捐款数千银圆给家乡松口赈济灾荒。1900 年,黄河决口成灾,张弼士深为祖国人民遭此大难而担忧,回南洋以后募捐了百万银款,急着把钱用到建设祖国的事情上。1948 年,泰国客属总会购买暹罗米运回梅县赈济灾民。

以广东梅州为例,从清光绪年间起,梅州市的许多较大型的项目或公共福利事业,都是由华商捐助的,他们在家乡兴建医院,为家乡人民防病治病。中华人民共和国成立前,梅县的梅江桥、锦江桥、梅东桥、松口中山公园,区内的中、小学校,农村的桥梁道路、农田水利设施等比较大型的公共福利事业也主要是华侨捐资兴建,如梅州最先创办的电力企业光耀电灯公司,就是由华侨集资兴办的。其中,重点侨乡县 80％以上的中、小学校均是梅州华商捐资创办的。1893 年,印度尼西亚华商丘燮亭投资兴建私塾学堂"时习轩";1901 年,华商梁建勋在程江独资兴办"建勋学校";1902 年,潘姓华商集

① 肖文评.粤东客家山村的水客、侨批与侨乡社会——以民国时期大埔县百侯村为个案[J].汕头大学学报,2008(4).

资创办了安仁小学;1905年,丘燮亭捐大洋1.3万元兴建丙村三堡学堂(现在丙村中学的前身),同年他又与叶子彬等合资在梅州城创办私立东山中学。包括1924年创立的嘉应大学,以及20世纪40年代创办的南华学院,都是在华商熊幼霖、丘元荣、杨溢舜、李其硅、龚子宏、林师万、陈南康、潘敬亭、罗运延、李秀英等乡贤的赞助下兴办起来的。据1936年统计,由于华商的帮助,梅州小学增至2621所,中学增至34所。

再比如,改革开放后很长一段时间内,在外潮籍华侨兴学建校、修桥铺路、抚孤恤寡,是家乡和家人发展与生存的重要支柱。较为富裕的华商受中国传统思想"衣锦还乡""落叶归根"等思想的影响,还会利用侨汇建筑房屋或购买田地。正如饶宗颐《潮州志》所记载:"内地乡村所有新祠夏屋,有十之八九系出侨资盖建。"在澄海县前美村,泰国华侨陈慈黉家族拥有出租地近3000亩和7座大院落,其中四座是在1910年至二次世界大战期间建成的,占地共25000多平方米,计有大小厅房506间。在普宁县流沙镇,华侨于1930年至1935年间出资建造了100多座楼房,仅泰国华侨陈辅庭就出资建造了24座,有效拉动了当地经济的发展。同样,潮安区金石镇古楼村是当地著名侨乡,近代以来,当地先民结伴漂洋过海外出打拼,在海外站稳脚跟后通过侨批银信支援家乡眷属。坐落于村内整齐划一、气势恢宏的潮汕传统建筑,大多都是华侨支援家乡建设的见证。

除此以外,华商支援家乡建设的事例还比比皆是。例如,广州的经济建设同样也得益于侨汇,1937年1月,南洋华商自严从汕头经香港到广州浏览时写道:"过海珠桥到河南,这是一个工业区,幼稚的民族工业实在不能抵御外货,所以本省的繁荣,还是靠华侨在南洋一带所得的每年数千万元的汇款所支持。"在十三行国际贸易的支撑下,加上省城得天独厚的经济地位,广州的国际贸易与应运而生的金融业相得益彰,使广州始终处在侨批业这个海上金融丝绸之路的中心。1881年,新西兰箭城华工刘福委托当地华人老板徐肇开,通过当地的昌善堂侨批局给粤省番禺禺北地区(今日广州市白云区)的村民带回30盎司(933克)黄金并附上一封信函,上面详细列明各村民可以分到的黄金数量,而徐肇开因[①]经常出资帮助乡亲,在当地华工中享有很高的声望,其事迹被收入新西兰国家档案馆收藏。

---

① 蒙启宙.侨批业:一条由亲情串起来的海上金融丝绸之路[J].广州城市职业学院学报,2015(4).

根据泰国国家档案馆收藏的一份当地官员的调查报告资料,1931 年抗日战争爆发,中国经济受到破坏而衰退,家乡经济更不堪设想,因此仅在 1932 年这一年,暹罗批局华侨汇往家乡批银约达 50000000 元(暹币37000000 铢)以上。和平后仅仅 3 年,泰国的批局数目倍增。据统计,在《中原报》刊出广告的批局,1945 年 30 家,1947 年 3 月至 9 月 6 家,其中四家是新开张的批局,有源丰利、广顺发汇兑银信局、同成兴汇兑银信局、新亚旅店银信局四家,在这一时期,华侨汇回家乡的批银,平均每月约2500 万～3000 万铢,这个数字在当时是个十分巨大的数目。泰国银信局历经百年以上的艰辛历史,在整个侨批史和金融史上为泰华社会、为华侨华人谱写了一页悲壮史话,为泰国的华侨史留下了一页珍贵史料。我们可以从整个侨批史了解到昔年华侨与家乡那种无法分割的密切关系与骨肉之情,也可以从中窥见先辈华侨的拼搏精神以及他们爱家乡的无私奉献精神。[1]

3.3.3 国家外汇平衡的维持者

侨批业既是一条国际金融的通道,更是沿线国家和地区经济联系、文化交流、实现共同繁荣之路。侨汇是中国外汇收入的主要来源之一,是近代早期华商对其家乡的基本资助形式,数量的多少不仅直接关系到国内千万侨眷的日常生活,而且还影响到国家的经济建设。

侨汇是晚清时期海外华侨对中国经济的最主要贡献。长期以来,由于中国经济落后或处在发展阶段,对外贸易是进口多于出口,贸易长期处于入超态势,而贸易入超部分主要都是靠侨汇来弥补,侨汇成为平衡国际收入或平衡对外贸易入超的主要来源。据 1868—1936 年的海关关册统计,中国的对外贸易入超总数累计 74 亿海关两,折算美元为 50 亿元。而同一时期侨汇总数为 24.4 亿美元,相当于外贸入超数的 50%。由此可见侨汇弥补外汇入超的重要作用。所以有人说"侨汇是中国的无形输出",即海外华侨的汇款就好像中国输出工业品、农产品以及其他商品换取外汇一样。

例如,19 世纪 80 年代美国侨汇数额年均约合 700 万～800 万两银子,

---

① 洪林.泰国侨批史略[J].汕头大学学报(人文社会科学版),2007(4).

至 20 世纪初期,美国侨汇数额年均约合 1000 万~1200 万两银子。[①] 据 1890 年薛福成的估计,新加坡"设立领事已十三年……而商佣十四五万人,其前后携寄回华者,当亦不下一二千万两"。据此可估算,1877—1890 年,新加坡华人每年寄回或携返中国的钱款约合 76.9 万~153.8 万两银子。1902 年,荷兰东印度的葛罗巴(即今印度尼西亚雅加达市)华商提到了南洋的侨汇规模:"所有经商及佣工之人(指南洋华人——引者注)寄资回籍养家立业者,约有洋六千万元之谱。"即南洋华侨汇至中国的侨汇约为 6000 万墨西哥银圆,约值 4302 万两银子。1906 年驻德国大使杨晟估计南洋之侨汇数额时说:"(南洋)留驻者有四百余万人,来往者每岁十余万人……怀归故国,系念宗亲,寄俯仰之资,以赡家族者,一岁中统计之,且溢千万以外。"他认为,南洋的年均侨汇超出 1000 万两银子。20 世纪初,台湾银行总务部调查课估计,当时东南亚华侨每年汇至中国的侨汇约为 5700 万美元,约值 8466 万两银子。

的确,近代中国像一个患贫血症的病人,而且病情已经相当严重,那时侨汇就好像是救济旧中国的补血针,减少国库白银黄金的外流或向外国借债的数量,有效支持了国家经济的发展。在 20 世纪 30 年代,尤其是抗日战争前期,侨汇抵补战时对外贸易入超所起的作用更为突出,华侨汇款的数量逐年增加,侨汇弥补贸易入超的比重越来越大。尤其是 1931 年抗日战争爆发后,由于侨汇大幅度上升,到 1941 年侨汇达到高潮,该年侨汇达到 18 亿元,不仅足以完全弥补对外贸易入超数领,而且还大有盈余,其对中国经济和抗战胜利做出了重要贡献。

新中国成立初期中国人民银行行长南汉宸曾经说:"侨汇工作,无论过去和现在都是很重要的。"新中国成立后第一任海南区委第一书记冯白驹也指出:"侨汇是我国最大量、最经常和最可靠的外汇来源之一,它是建设社会主义工业化的一种资金积累。"

3.3.4 传统道德和风俗的维护者

批信的往来,促进了两地对各自社会、经济生活的相互了解,增强了凝聚力。侨批成为连接华侨与祖居地两地亲情的一条重要纽带。侨批之所以

---

① 王付兵.清代侨汇之数额估计及社会影响[J].世界民族,2008(3).

能成为连接华侨与祖居地两地亲情的一条重要纽带,在于中华文化是一种极其重视亲缘、血缘关系的文化,华侨与故乡亲人之间有着割不断的亲缘、血缘,他们寄钱给家人并非出于经济利益上的关系,而是烙在他们骨子里、融入血液中的亲人文化。

清代侨汇的产生还与中国人重视孝悌的传统观念有关。孝悌观念使得中国人形成了敬老、养亲的传统美德,因而多数华侨到侨居地后都尽其所能汇款接济家眷,发达者则兼济亲友甚而捐助公益事业。正如 D.K.库尔普在其名著《华南的乡村生活》(*Country Life in South China*)中提到的:"在中国的每一阶层中,'孝'是深入人心的传统观念。海外华人严格地遵守孝道的最明显证明,莫过于每年大量地汇款回国,以孝敬父母。"

出门在外的华侨,对于家乡的感情认同相当深刻,对长辈非常关心和尊敬,是尊老爱幼传统道德维护者的典型。只要寄钱回家,都会特别叮嘱要关心长辈,分给老人"割肉之需"。如民国二十一年(1932 年)十一月初三,侯南杨姓人的女婿蓝爱程从新加坡和美酒庄寄给外甥杨金河的批信中说,"兹值鸿宾水客之便,顺寄光洋五元,收后照交曾祖母肉资一元,余四元则交祖母收用可也","现下水客返唐,顺寄大洋三十二元,内交伯姆肉银三角"。

侨居南洋的海外华人,对于西方的科学知识应有相当程度的了解,对家乡的一些费钱费物的传统习俗应有相当清醒的认识,从批信所见,他们是这些习俗的维护者和资助者。祝寿一向为尊老的表现,旅居在外的百侯人即使无法回来参与,也会尽最大可能予以经济上的资助,尽量把场面做得体面一些。如肖娘才有母罗氏年届九旬,在祝寿前两年他就从南洋买回了布料,做好了祝寿的衣服。但在 1937 年要回家为母祝寿时,"本欲今夏返家一行,仰望慈颜。唯因在外储蓄低微,近又工作减少,一家数口,不得已难持善后,免致堪虞。其二,中国战争行将开始,诚恐有其他影响,以致不能成行。"只好在水客肖保甲返回家乡时,"付回中央币柒拾元",并交代:"以十元作为大人零用,六十元祈交弟妇。作为大人九旬佳寿设筵请余族亲戚到家欢宴。一则为大人纪念,二可尽子之责。此时可请吾岳母到家参商一切,约做五六张席为定。如仍有余数,可留日后大人之使用。男居留海外,不能侍奉左右,望大人饮食调摄,保重。"

第4章

有国才有家：民族危难之际的华商

中国是一个有着悠久历史的东方大国,曾经创造过灿烂的古代文明,长期走在世界各国前列。近代以来,由于清王朝的腐败和奉行闭关锁国的政策,中国在近代工业化的进程中逐渐落后,先行工业化国家的坚船利炮屡屡冲击中国的海岸和国土,中国一步步沦为半殖民地半封建社会,"中华民族到了最危险的时候"。为了反抗外国侵略,挽救国家和民族危亡,中国人民进行了顽强不屈的斗争,广大革命党人前赴后继,先后进行了辛亥革命、抗日战争和解放战争,最终实现了民族独立,建立了新中国。一百多年前的辛亥革命,彰显了华侨的爱国主义精神。抗日战争时期,海外华侨继续发扬爱国传统,掀起波澜壮阔的抗日救国运动,为祖国抗战的最后胜利做出了十分宝贵的贡献。中华人民共和国成立后,华侨热情帮助新中国发展对外友好关系,打破帝国主义对中国的封锁,搭起了中外交流的桥梁。

"知责任者,大丈夫之始也;行责任者,大丈夫之终也。"责任和担当,乃是家国情怀的精髓所在。中华文明是极具凝聚力的文明,世界各地华商无法忍受自己的祖国遭受侵害、家乡的亲人陷入水火。在中华民族复兴之路的种种历史关键时刻,华商扮演着举足轻重的角色。在中国人民开展革命斗争的过程中,有新加坡侨胞郑潮炯舍子救国的感人事迹,有"没有国,哪有家""国亡了,家也散了"的浓浓情怀,有印度尼西亚教育界名人司徒赞"乾坤正气横胸臆,别妇抛雏入狱来"的"正气歌",有美国华侨华人支持中国抗日的"一碗饭运动",有爱国艺人关德兴涓滴归公的事迹。此外,我们还看到了秘鲁华侨华人在万里之外,为支持抗战有钱出钱、有力出力的诸多事迹等,堪称侨胞之模范。

4.1　华商与辛亥革命

由孙中山先生领导的辛亥革命结束了中国几千年的封建专制制度，揭开了近代中华民族复兴的序幕。在这场史无前例的民族民主运动中，孙中山先生赞誉"华侨为革命之母"，高度概括了海外华侨在辛亥革命中的历史地位和历史功勋。以华商为代表的华侨始终是孙中山革命事业的坚定支持者，始终是辛亥革命的重要推动力量。无论是对革命事业的经济支援还是革命舆论的传播，他们都发挥了极为重要的作用，铸就了华侨革命史的灿烂辉煌。

4.1.1　捐钱献物：革命经费来源的主要组织者

辛亥革命期间，以孙中山和黄兴等为代表的革命党人，在组建兴中会、同盟会等革命团体，奔走世界各地宣传革命思想以及组织武装起义的过程中，都需要大量的活动经费和巨额军饷，而这些经费基本都来源于海外华侨的捐赠，在广大华商和侨领的组织下，华侨社团组织动员和积极参与捐款助饷，为革命事业提供了数额巨大、源源不断的经费资助。

华商刻苦创业，或做工或经商，或从事农业，世代相传，对所在地区的经济繁荣起了巨大的促进作用，成为其社会的一部分。但在当时的时代背景下，因中国当时是弱国，华侨也备受欺凌，主客观的因素使他们格外渴望祖国复兴。海外华侨更是普遍认为革命是"还我河山，恢复祖宗衣冠"的大事，因此他们对革命提供近乎无私的全力支持。例如，祖籍潮安的新加坡华商林受之先生一生致力于救国强国，变卖家产支持革命，无分文留给子女，他过世后儿女都沦为佣工求生。而且，即使他们支持革命的活动受到了清王朝的威胁，甚至其国内亲属还有被株连灭族的危险，但他们仍然为了革命而义无反顾，"解囊相助，不遗余力"。正是广大华侨的大力支持和无私捐助，为辛亥革命的成功提供了主要的物质基础，辛亥革命才得以在不断的起事失败后重新开始，并最终取得胜利。在这个时期，包括孙眉、庄西泉、郑螺生、邓泽如、张永福、林义顺等爱国华商上演了一幕又一幕支持革命的感人事迹。

当时马来亚地区是中国以外华人人口最多和最密集的地方，拥有较雄厚的财力，孙中山多次到该地区并号召当地华人响应革命，当地华人大力支持，故马来亚地区成了当时革命活动的主要中心之一。1910 年 11 月 13 日，在孙中山的主持下，华商代表孙眉、邓泽如、吴世荣等人参加了在槟榔屿召开的酝酿黄花岗起义的秘密会议。会议结束后，邓泽如作为南洋筹款负责人不遗余力地奔走各地，加拿大致公党变卖几处公所，捐出 6.4 万元巨款，起义所用经费 187636 万元全部为包括华商在内的华侨捐献，"所用的枪械弹药，可以说全是由华侨捐钱购买的"。正是以华商为主体的华侨华人所提供的一批又一批的巨额经费，为国内革命提供了强有力的支持。[①]

祖籍福建厦门的新加坡华商庄希泉终生践行了"永爱中华，此志不渝"的誓言，是我国民主革命的先驱、全体中华儿女的爱国楷模。庄希泉早年参加同盟会，为新成立的民国政府三下南洋筹款，后在新加坡经营实业、兴办教育。他曾在新加坡因发动、组织华侨反对英国殖民当局迫害华侨的教育苛例而入狱，并被驱逐出境。

在同乡、同盟会会员谢逸桥的发动下，华商张鸿南曾捐了一笔巨款支持孙中山领导的革命起义，在其"大力相助带动下，南洋华侨由是踊跃输将"。为此，中华民国成立后，孙中山先生特为张鸿南亲笔题赠了"博爱"大字斗方一幅，借以表彰其支持革命的义举。

爱国华商孙眉是孙中山先生的胞兄，他倾尽家财支持资助革命活动，给予孙中山精神、物质和经济等方面的鼎力支持，对孙中山的革命生涯起了重要的作用。早年，他不断汇款资助孙中山的生活和求学费用，加入同盟会后，他又积极宣传革命，游说组织亲戚朋友华侨二三十人参加兴中会，并捐资支持革命，为孙中山领导的革命做出了极其重要的贡献。1894 年 10 月，孙中山在檀香山准备创办兴中会，孙眉称赞他"志大言大"，首先赞成并捐款赞助。1895 年，广州起义急需经费，孙眉则以平贱价钱出售牲畜，以捐充军饷。1904 年，孙中山在檀香山发行债券，孙眉又将千多头牲畜变卖认购债券。孙中山奔走革命旅费之需，孙眉曾将珍藏的龙涎香赠给变卖作旅费。据统计，辛亥革命前，孙眉慷慨资助孙中山的革命经费总数达 75 万美元之巨。后来，孙中山在谈到孙眉对他从事革命活动的资助时动情地说，"革命折我兄已立之恒产耶"，"两年前家兄在檀已报穷破产，其原因皆以资助革命

---

① 张应龙.海外华侨与辛亥革命[M].暨南大学出版社,2011.

运动之用，浮钱以尽，则以恒产作抵，借贷到期无偿，为债主拍卖其业，今迁居香港，寄人篱下，以耕种为活。而近因租价未完，又将为地主所逐"。因此，孙眉资助孙中山革命，不能仅仅理解为兄弟关系，还体现了华商对革命的热情支持。

华商郑螺生自幼随父亲从老家福建同安到马来亚怡保谋生，少年时赶牛车运送货物，备尝生活的艰辛，后开设吉承隆福记商号，经营粮油、杂货等，1905 年与前来筹措革命经费的孙中山先生相识时，他已经是远近闻名的富商。1907 年，郑螺生等人在怡保创办同盟会霹雳分会，担任分会会长，并捐出自己在怡保十三间宋溪巴里河畔的一栋别墅作为革命的活动场所，由孙中山命名为"决醒园"，其意为"决意誓除专制毒，醒心力振自由魂"。作为同盟会南洋分会的骨干成员之一，他还参加了孙中山亲自组织召开的"庇能会议"，参与发动了黄花岗起义。在 1910 年，为支持广州起义，郑螺生除自捐 1000 元外，又变卖闽赣铁路股票以助军饷。鉴于他对辛亥革命的贡献，对三民主义信念坚定，孙中山曾为他题字"维成"。1911 年，就任临时大总统的孙中山给郑螺生颁发优等旌仪状。1915 年，孙中山颁发委任状，任命郑螺生为中华革命党霹雳支部正部长，郑氏家族至今仍保存着这一委任状。

新加坡华商林义顺也是杰出的民主革命活动家和爱国侨领，他创办了通美、通益公司，从事橡胶加工业及进出口生意，又利用富余资金投资于火砻业、保险业和银行业等，还兼营包工、代理等业务，到 1921 年时他和陈嘉庚同被称为"橡胶大王"，已积累资产数百万。同时，他很早便在侨居地南洋和故乡潮汕进行革命活动，是两地革命运动的播火者之一，他也是孙中山最早联系到的南洋革命华侨。从这个意义上来讲，中国同盟会之所以能在南洋扎根并成为孙中山领导的民主革命的一个重要基地，林义顺功不可没。1911 年 10 月，武昌起义成功的消息传到新加坡后，林义顺高兴地说："我们汉族革命，终于有了今日！"于是他再度奋起，踊跃赞助孙中山的共和事业。1911 年 11 月，林义顺遵照孙中山的嘱咐，与陈嘉庚等人募筹巨款汇寄南京革命政府。广东光复后，他在新加坡参与组织广东保安会，在同乡中募集救济捐助。1915 年 12 月，云南反袁独立，林义顺被任为南洋筹饷员，前后共募集了 60 余万元军饷。据新加坡潘醒农先生统计，林义顺一生为民主革命所耗的资金达数十万元。

新加坡颇为知名的橡胶业巨子张永福同样为革命仗义疏财，主动将自己的别墅命名为"晚晴园"作为革命的据点。1905—1915 年,孙中山在张永福的支持下,在这里谱写了一曲又一曲民主革命颂歌。1908 年,张永福、陈楚楠、林义顺等在新加坡建立同盟会南洋分会,此后若干年间,张永福追随孙中山左右,几乎成了孙中山的私人秘书,大凡革命急需之金张必大力慷慨资助,尽力募捐,积极支持孙中山的民主革命。

黄开物也是支持参与辛亥革命的积极分子之一。旅菲同盟会会报《公理报》总编辑吴宗明给黄开物的信鼓励了他返乡之后应不惧牺牲、积极开展革命活动,"排满之志大,救国之心坚",使其坚定了革命信念。此外,多封侨批书信均证明辛亥革命期间黄开物曾回到福建家乡具体组织或参与过革命活动。1911 年林书晏从菲律宾给当时身处厦门的黄开物的侨批中也证明了这一点,原文如下:"开物仁兄大鉴:接来书办悉一切矣,厦事不宁,乞设法联络众情,以匡大局。至泉漳素以蛮悍著,当此过渡之时代,不能无此现象,况厦当事之人昧于时势,办理不善,原非有意程度使然也。兄当体谅,力为维持,勿存畏避,即使若何大难,亦当担当。兄具大愿,力当能转圜。幸厦漳非军事紧要地,当无大碍,所关者惟外交与治安耳。此贰点祈与诸同事注意为佳。倘有余力,募劲旅北上,尤为壮色。弟等当策励,以从诸君,前后筹款已寄万元,汇交叶君清池矣。此后当再力捐。"

在辛亥革命期间,像上述几位一样积极支持辛亥革命的华商比比皆是。如谢逸桥、谢良牧兄弟等通过侨批将钱捎回用以支持孙中山先生。1911 年春,美国芝加哥同盟会会员李绮庵、梅光培等人为了支持孙中山革命,发起捐款建立飞机队的活动。1912 年 2 月,梅光培在美国购得新式飞机 3 架运回国内。辛亥革命成功后,生于泰国的潮安籍华商郑智勇先生独力向南京国民政府提供 100 万元经费,占南京国民政府所筹到资金的 40%。到了后期,孙中山辞去大总统后,在上海成立"中华实业银行",投资 1000 万元,其中 500 万元便是张永福协同陈楚楠、陈金伟等多方奔走劝募完成的。

因此,孙中山在国内的民主革命活动的开展,与得到了这样许多爱国华侨的支持是分不开的,他们在精神和物质上极大地支持了中华民国的创立。孙中山先生曾由衷慨叹说:"慷慨助饷,多为华侨。"1912 年 3 月,孙中山以临时大总统的名义颁给林义顺、张永福等人以旌义状,表彰他们为开国所做的贡献。

4.1.2 宣传先进思想，策划革命运动

辛亥革命的成功离不开先进思想的传播。20 世纪初，资产阶级民主革命思潮迅猛传播，震撼着中国思想界，并推动民主革命运动的到来。在海外，在包括华商在内的进步人士的带动下，华人社会逐渐形成了一个跨地域、团结华人的身份认同，它让接受这个身份的华人产生了强烈的国民意识。

早在 1903 年，康有为就到印度尼西亚华人社区推广民族主义，宣传中国文化。但是由于立场的差异，以康有为为首的保皇党和以孙中山为首的革命党在建立新的申汇制度构想上差距甚大，因此这两派在南洋地区汇合时引发了一番唇枪舌剑的大论战。笔战最先在新加坡开始，支持保皇派的报纸有《叻报》《星报》《天南新报》，而革命派方面则有《中兴日报》《总汇新报》的支持。当时《叻报》《中兴日报》与《总汇新报》的笔战成了南洋华文报纸的第一次笔战。在马来亚方面，1906 年，黄金庆创立《槟城日报》，该报成了革命党在槟城的第一份报纸，1910 年 12 月 10 日，孙中山、陈新政、庄银安等人，在槟城创办《光华日报》。

于是，在论战中，海外华人的身份认同逐渐从最初建立在家乡宗族上的归属感，转移到由现代国家主义建构的全新的、统一的华人身份。在这个时期，一大批进步的华商积极宣传中国发生的大事，唤醒并加强了海外华人对中国命运的关心，这对于辛亥革命的成功起到了关键作用，同时这也是海外华侨支持中国最热烈的时候。

1903 年夏，孙中山在日本青山开办军事革命学校，同年 9 月赴檀香山在华侨中发展革命。同年 6 月，上海发生了"苏报"案，进步人士邹容与章太炎被英租界当局逮捕入狱，准备引渡给清政府。新加坡华商林义顺与张永福、陈楚楠等人得知后极为焦虑，急忙用小桃源俱乐部的名义致电英国驻上海领事，请他援引第三国有权保护政治犯的国际条例，拒绝清政府的引渡要求，这是南洋华侨公开反抗清廷、保护进步人士的第一次勇敢行动。

1906 年 8 月，在包括华商在内的进步人士的推动下，中国同盟会在日本东京正式成立。1907 年 2 月，华商林义顺等人迎接孙中山先生到新加坡筹建同盟分会，在张永福的别墅"晚晴园"里，孙中山先生拟好了分会的章程，中国同盟会新加坡分会便宣告成立，并为陈楚楠、张永福、李竹

痴、林义顺等分别举行了入会仪式。不久，林受之、李晓生、李幼樵、谢心准等也相继加入。于是，就形成了以陈楚楠任会长（后改任副会长）、张永福任副会长（后改任会长）、林义顺则任交际干事（后称交际主任）的新加坡同盟会的核心骨干成员。

1907—1908 年，孙中山领导同盟会在粤、桂、滇三省频频发动武装起义。在此期间，新加坡同盟会的核心成员表现十分活跃，他们或踊跃捐饷，或策划宣传，或奔走募集资金，有力地支援了起义。例如，林义顺作为分会骨干积极地参与了这些工作，当时孙中山经常在新加坡同盟分会总部"晚晴园"召集各地同志开会，密谋举义的各项计划，而林义顺常随在孙中山身旁出谋献策，而且他还遵照孙中山的指示，为筹集革命经费四处奔波。据孙中山统计，为发起这些起义及采办军械，新加坡华侨共资助了约 10 万元。孙中山未统计入内的还有革命党人来往的活动经费和接待费用等，其中考虑到那个时候南洋的华侨大资本家都不愿捐助，而南洋同盟会会员多数经济并不宽裕，可见林义顺等人的筹款工作有多么艰巨。

张永福则利用自己在新加坡的影响力和社会网络，努力联络各方进步人士，广泛吸收会员以壮大革命队伍，促使粤闽的许雪秋、董乃裳、陈芸生、萧竹漪等革命志士赴新加坡谒见孙中山，使内地革命和民主思想不断壮大和广泛传播，成为孙中山先生在南洋革命的得力助手。

4.1.3 安置起义失败后的流亡义军

孙中山先生一生致力于革命，据统计，自 1894 年到 1911 年发动的革命起义事件计有 29 次之多，他自己在辛亥革命前共领导了 10 次武装起义，但均以失败告终。例如，1907 年，孙中山先生派人到广东惠州发动起义，失败后部分起义军流亡香港。1910 年 2 月 12 日，黄兴、胡汉民及新军内的同盟会会员等率广州新军起义，失败后有百余人撤至香港。1908 年 4 月，黄兴、丁怀瑾、黄明堂等人发动了云南河口起义，同年 5 月 26 日清军攻陷河口，革命失败后部分革命军退入越南。

对于辛亥革命而言，如何安置起义失败后的流亡义军，保护宝贵的革命力量尤为重要。难能可贵的是，在这一段时期，华商冒着巨大风险参与了流亡义军的安置工作。例如，张永福一方面为孙中山在新加坡开展民主革命活动提供力所能及的条件，另一方面，每次国内起义失败后，大批志士逃往新加坡避难时，张永福都不遗余力地给予安置、照料，帮助并替其寻找工作。

同样，林义顺也积极投身于营救和安置黄花岗起义失败后流亡的义军将士。例如，黄花岗起义军首领余既成在香港被捕后，清两广总督诬他为盗匪并要求引渡，于是林义顺、张永福、陈楚楠、张来喜聘请新加坡著名律师兜安代为他辩护，并以商人资格联名担保，还一再汇款香港同盟会分会，作为营救所需资金。同时，林义顺还与孙中山积极联系《星洲泰晤士报》主编利窦，说服他将余既成领导黄冈起义的事实在报纸上大力宣传，提醒香港当局尊重保护政治犯的国际条例，香港各报也纷纷转载。最终，在各地同志的全力救助下，余既成终于胜诉获释前往新加坡。除余既成外，有 100 余名黄冈义军战士自香港避往新加坡，林义顺积极帮助安置他们，其中不少人就安排在他所经营的农场中。

1908 年河口起义失败后，河口义军要自越南移居新加坡，新加坡殖民当局起初不让入境，林义顺便陪孙中山面见总督，使他答应了以交保的形式分两批办理入境手续。于是，林义顺等人又四处延请律师、找殷户担保、筹措担保费、寻找住所等，终于使他们得以安身，仅仅担保河口起义失败后退入越南的 600 多名义军将士进入新加坡，张永福等人支付的费用便达 8 万余元。生活安顿之后，日常生活供应便成了新的问题，加上这些起义军的成分复杂且良莠不齐，出现了生病后索要钱资、闹事杀人等不良事件，甚至部分人包围中兴日报社和孙中山寓所闹事。因此，为安置逃难志士，在孙中山的安排下，张永福将一块约千亩的红石矿地捐出，林义顺等人迅速筹集资金开设"中兴石山公司"（采石厂），让这些起义人员自力更生，就业安居。

经历了辛亥革命和共和洗礼的中华民族先进分子和革命党人，是袁世凯复辟道路上的障碍。"宋案"发生后，孙中山仓促起兵讨袁，二次革命爆发。在袁世凯的镇压下，各省独立先后失败，袁又下令通缉孙中山及黄兴、李烈钧等义军首领，孙、黄再次流亡海外。在这个阶段，华商依然安顿包括孙中山在内的流亡人士并提供支持。

4.2　抗日战争中的华商

抗日战争是中国人民奋起反抗外敌侵略的民族自救运动，同时也是世界反法西斯战争的重要组成部分，是中华民族为人类和平做出重大贡献与牺牲的恢宏壮举。在这场神圣的战争中,在华商和侨领的组织下,广大华侨以空前的规模组织起来,开展了波澜壮阔的救亡运动,并英勇投身于侨居地的抗日斗争行列,为祖国抗战和世界反法西斯战争的胜利做出了巨大的贡献。

当日本帝国主义野蛮地发动了侵华战争,中华民族遭遇空前民族大劫难时,中华民族各阶层人士团结一心,奋起反抗,保家卫国。从1931年九一八事变到1945年日本帝国主义投降的14年里,素以爱国爱乡而著称于世的1100万海外华侨,在祖国危难、民族存亡的紧急关头,怀着"国家兴亡,匹夫有责"的赤子之心从各个方面、以各种方式支持和参加了这场神圣的民族抗战,为抗日战争的伟大胜利做出了巨大的贡献。

4.2.1 在海外爱国动员,组建抗日救国团体

海外侨社的抗日团体出现得较早,它是随着日本帝国主义对华侵略的不断升级而逐渐发展并完善起来的。九一八事变发生后,各地华侨纷纷致电国民政府要求抗日,表示"誓为后盾"。广大华商和侨领组织了多个抗日团体,掀起了轰轰烈烈的筹赈募捐、抵制日货等救亡运动,并于"一·二八"上海抗战时将运动推向了高潮。据国民政府侨务委员会统计,截至1940年年底,海外华侨组织的大型救国团体有649个。其中,在某些不便公开活动的地区,部分团体则以慈善机构的名义开展工作,或以半秘密半公开的组织形式掩护自己,以求救国之道。

抗日战争以前,各地华侨的组织比较零乱,每一地区多有一个松散的中华商会,缺少统一团结的机构,闽帮、粤帮、潮州帮、广肇帮、海南帮、客帮等各帮封建观念严重,各帮派之间相互对立。全面抗战爆发后,华侨社会迅即进行抗日阵容的重新组合,许多小团体被整体的潮流所吞没,华侨之间帮派的嫌隙和陋习也得以化解和消除,在短期内实现了组织上的高度统一。例如,抗日战争以前的香港闽侨有两个大集团,一个是福建同乡会,一个是福州同乡会,前者是说厦门话的闽南人,后者是说福州话的闽北人,因语言隔阂和传统习惯的差异,两者具有较大的分歧。而为了共同抗日救国,他们成立了旅港闽侨救济民食联合会,囊括香港所有的侨团和侨领,过去的隔膜和纷争就此消失。

(1)东南亚地区

南洋(即东南亚地区)华侨人口众多,其动员、组织程度如何,对海外侨

胞的抗日救国运动有着举足轻重的影响,在陈嘉庚、侯西反、郭新、符致逢等人的推动和组织下,抗日救亡组织和社团蓬勃发展。在新加坡、马六甲、槟榔屿、吉隆坡等地都有一个中华商会,抗战开始后各商会都另行组织了一个筹赈会,专做救亡工作,它们在新加坡有各种公开合法的群众组织,以及半公开或秘密的社团,如华侨抗敌后援会、援八(八路军)委员会等。

在他们身上,由家国情怀衍生的爱国主义成为中华民族救亡图存最重要的精神资源,同时也为中华民族重新整合社会、再塑国家、富国强兵提供了宝贵的物质资源支持。在民族危难时刻,他们挺身而出,或回国参加革命,或慷慨解囊支持革命,或为革命事业四处奔走以争取国际支持。

1937 年 8 月 15 日,在爱国华商陈嘉庚等人的组织下,新加坡 118 个侨团联合成立马来亚新加坡华侨筹赈祖国伤兵难民大会委员会,形成了公开合法的筹赈工作总机关。随后,在李清泉、杨启泰、薛芬士等的组织下,菲律宾成立了华侨援助抗敌委员会;在丘元荣、庄西言等人的组织下,巴达维亚(荷属东印度)成立了华侨捐助祖国慈善事业委员会;在蚁光炎等人的组织下,暹罗(即泰国)成立了华侨各界抗日救国联合会及暹罗华侨慈善筹赈会等。东南沿海侨乡沦陷后,南洋惠侨、琼侨、潮侨还自发联合起来,成立了不少以救国救乡为宗旨的区域性的抗日救乡会。

随着抗战形势的进一步发展,抗战形势日趋严峻,为了最大限度地团结侨胞,更加有效地支持国内军民的对日斗争,南洋各地华侨团体认为必须成立一个联合组织,以便统一领导、相互协作,此时的抗日团体有了进一步的发展,它们多具有抗日民族统一战线的性质。于是,德高望重的陈嘉庚再次出面召集,南洋英、荷、美、法、暹 45 埠筹赈会、慈善会和商会的 168 名代表于 1938 年 10 月 10 日齐集新加坡开会,组织了南洋华侨筹赈祖国难民总会(以下简称"南侨总会"),会址设在新加坡,选举陈嘉庚为主席,庄西言(印度尼西亚)、李清泉(菲律宾)为副主席。南侨总会作为东南亚华侨抗日救国运动的最高领导机关,它所策划、安排的主要工作,是从财力、物力上支援祖国抗战。根据该会组织大纲之规定,其宗旨为:"第一,联络南洋各属华侨研究筹赈方法,策动救亡工作。第二,筹款助赈祖国难民,并倡导集资发展祖国实业,以维难民生计。第三,积极劝募公债,推销国货。"

其中,著名的爱国华侨领袖陈嘉庚一生具有强烈的爱国情怀,为辛亥革命、民族教育、抗日战争、解放战争、新中国的建设做出了卓越的贡献。陈嘉庚曾被毛泽东称誉为"华侨旗帜、民族光辉"。他积极组织抗战团体,支持中国革命；1939年，陈嘉庚领导南侨总会组织派遣南侨机工抵达云南，参加修筑滇缅公路，以支援抗战；1940年，陈嘉庚组织南洋华侨回国慰劳视察团，并率团到重庆、延安等地考察慰问；1941年，陈嘉庚被公推为南侨总会第二届主席，组织南洋闽侨总会；太平洋战争爆发，陈嘉庚领导组织新加坡华侨抗敌总会。

南侨总会支持抗日最典型的例子是：1939年2月，应国民政府军委会西南运输处的请求，组建了"南洋华侨机工回国服务团"，通过代雇机工（即汽车司机及修理工）前往新开辟的滇缅公路和西南各省服务。新、马、荷印及暹罗等地华侨青年踊跃应募，前后共有3200余人回到祖国，担负着滇缅路繁重的军运任务，南侨机工克服路险、雨滑、疟疾乃至敌机轰炸等种种艰难险阻，以忘我的牺牲精神为祖国抢运战需物资，平均每日输入量达300吨以上，被誉为滇缅公路上的"神行太保"。

（2）欧美地区

在欧洲，在侨领吴玉章及其他华商的大力推动下，1936年9月20日，法国巴黎成立全欧华侨抗日救国联合会，其成员包括法、英、荷、德等国华人，他们以"联合全欧侨胞，不分党派、职业、阶级、信仰，实行全民团结、抗日救国并增进华侨福利"为宗旨，率先实现跨国家、跨地区华侨抗日团体的统一，救亡运动开展得有声有色。

在美国，各大城市均有华侨抗日群众组织，如纽约华侨筹饷总会、堪萨斯州华侨救国统一会、芝加哥华侨救国后援会、费城华侨抗日救国会、旧金山加省华工合作会等。抗战期间，美国华侨一共成立了95个大型救国团体，大致上凡有50个侨胞聚居之城镇，即有各种形式的抗日救国组织存在。其中，最有影响力的是由著名华商司徒美堂发起组织的纽约华侨抗日筹饷总会。司徒美堂曾以致公堂为基础，另创安良堂，后改称安良工商会，以财力称雄于美东，其组织较致公堂完备，为旅美华侨大团体之一，其分会遍布美东各地，他任会长。1939年，全美洲洪门垦案大会召开，议决组织全美洲总干部于纽约，司徒美堂任总部总监督；纽约华侨抗日总会成立时，司徒美堂又自任筹饷总局总监督。这种双重领导的身份，增强了他的号召力。

从规模看，尤以邝炳舜创办并任主席的三藩市（即旧金山）旅美华侨统一义捐救国总会、梅友卓组建并任委员长的纽约全体华侨抗日救国筹饷总会和芝加哥华侨救国后援会（委员长）的规模为最大。以三藩市旅美华侨统一义捐救国总会为例，该组织既有国民党右派参加，又有美国共产党华人部、万国工人保险互助会三藩市分会等"左"派团体的代表,其直接统属的分会计有 47 个,遍及美国西部、墨西哥、中南美洲 300 余处大小城镇。

另外,在美洲,除了美国外,在加拿大、秘鲁、厄瓜多尔以及其他地区,在华商、爱国侨领和革命人士的共同努力下,也都分别建立了统一的华侨抗日团体。

(3)其他地区

其他地区,在广大华商和侨领的组织下,各种抗日救亡团体也纷纷成立。在缅甸,有全缅救灾总会、抵制仇货委员会、船只建设协会、伤兵之友社等。在菲律宾,有中华抗敌会、中国之友社、航运会菲分会、福建难民救济会、国防剧社、八一三话剧团、中华嘤鸣社等。在澳洲的悉尼和非洲的模里斯(即毛里求斯)、马达加斯加以及南非等地,侨社也都组织了各式抗敌后援会、救国会,担负领导全侨之责。

在越南西贡,侨领张长、顾子俊、陈肇基、陶笏廷等组建了抗敌救国总会、缩食会、西贡唤群茶店工会、五四周报社等机构,主要负责人中除张长外,其余都是殷实富商。在暹罗,由于统治当局的亲日排华倾向性,华商和侨领难以开展救国活动,即使如此,在旅暹华侨文化界与教育界一部分先进人士的努力推动下,还是成立了筹赈会、华侨学生界抗战救国联合会等。其中,"抗学联会"是半公开组织,在其领导下,各种较公开团体,如文艺研究社、戏剧社等相继组织起来。

上海沦陷后,一大批中共党员和文化界进步人士多涌向香港,在华商和侨领的组织下,各种救亡组织旗帜鲜明,除了各行业的赈济会,还有宋庆龄领导的保卫中国同盟会、工合国际委员会等,各类商会、同乡会此时也均成为抗日活动的有力组织,如琼崖华侨救乡联会总会,统一了南洋各地的琼籍华侨组织。

4.2.2 捐款捐物,支持抗战

在辛亥革命期间,广大华商踊跃捐款献物支持孙中山革命。抗日战争爆发后,华商和其他侨领一起,不但是广大华侨抗日救国的组织者和领导者,而且还是华侨捐款献物的带头人。他们一如既往地从财力、物力上援助祖国抗战,其范围之广、规模之大前所未有且从未间断,是祖国坚持抗战并取得最后胜利的重要物质保障之一。

华商的抗战记忆是中华民族抗战共同历史记忆的一部分，直到今天，对华侨支持抗战的诸多评论仍不绝于耳。例如，"侨界在抗日民族统一战线中发挥了重要作用，侨胞在民族危难时舍弃一切，将生命贡献给伟大的抗战""抗战期间，华侨踊跃捐款，还捐献了大批抗战物资，如飞机、汽车等"。中国侨联原副主席林明江说："海南华侨对抗战的贡献也很大，上千名南侨机工当中，数百人是海南华侨，海南华侨还组成华侨服务团支援抗战。"

（1）华侨对抗日战争的经济贡献

经济支援是华侨对祖国抗战做出巨大贡献的最集中体现，是华商抗日救亡运动的主要方式。

据南京中国第二历史档案馆珍藏的华侨捐款的档案记载：抗战期间，海外华侨捐款总数达13多亿元，购买救国公债11多亿元（这些救国公债后来大多被无偿捐献给国家），这是华商无私报国的巨大奉献，是抗战时期祖国财政上的重要补充，是广大华侨向祖国捧出的一颗颗赤诚之心。抗战期间，华侨捐赠了大量款物，并汇回国内数十亿元的侨汇，这对支持祖国抗战也起了很大的作用。此外，广大华侨还通过向国内无偿捐献大批战需物资如飞机、坦克、汽车、衣物、药品等方式，支援祖国抗战。这些捐献和物资援助，大大增强了抗击日本帝国主义的物质力量。

例如，虽然身处海外，在泰华侨仍通过各种方式帮扶国内抗战。据中国华侨历史学会统计，仅1938年11月至1939年4月，泰国华侨就向国内募捐了泰币240万铢。在淞沪会战期间，各地华侨掀起了大规模捐款献物的热潮，据十九路军司令部统计，当时总计收到捐款1068万元，其中华侨捐款801万元，大部分为华商捐赠。广东潮汕籍华商庄世平，早年在泰国组织华侨为中国的抗日战争筹集资金、输送物资，抗日战争时期，为宣传抗日，他历尽艰险，置个人安危于度外，奔走于东南亚以及祖国边陲等地，将广大华侨以及爱国人士支援抗战的物资，源源不断地输送到国内的抗日根据地，为抗日战争的胜利立下了不可磨灭的功劳。新中国成立前夕，他积极参与创办"南方人民银行"，发行"南方券"支援南方的解放战争。

侨汇原本是海外华侨汇寄回乡的家族赡养费。但在抗战期间，华侨在开展捐献活动的同时，还"增寄家费以益外汇"，侨汇数额由1936年的3.44386亿元国币猛增至1937年的4.73502亿元国币，此后连年居高不下，庞大的侨汇收入，不仅填补了我国对外贸易的巨额逆差，而且作为硬通货，它还可被用作发行纸币的基金，起到了巩固国民政府法币币值、维持战时经济的作用。

除了捐赠钱款外,海外华侨在物力方面对祖国抗战的贡献也非常可观。对于国内紧缺的战需物资,海外华侨也予以大力捐助(包括代金),仅大宗物资就有飞机数百架、汽车上千辆及无数衣服、药品等。以捐献飞机为例:1937 年年底,广东省政府为加强空防,成立广东人民购机抗敌筹募委员会,向美洲、澳洲等地粤籍侨胞募集购机款。短短一年的时间,就筹集资金约合国币 800 余万元。第二年,中国航空建设协会发动海外华侨献机,支持祖国空军建设,南洋华侨热烈响应,仅菲律宾华侨就献机 50 架,缅甸华侨献机 19 架(均以每架 10 万元国币计)。截至 1942 年,各地华侨为祖国捐献飞机 217 架。

除了飞机以外,华侨还捐赠了大量其他物资。据中国人民抗日战争纪念馆陈列资料记载:美洲华侨捐救护车 200 辆;马来西亚、缅甸华侨分别捐卡车 200 辆和 100 辆;越南华侨捐献坦克 27 辆,救护车 1000 多辆;南侨总会发动南洋华侨捐献棉衣棉被 700 多万件(条),夏衣 30 万套,军用蚊帐 8 万床;加拿大华侨捐毛毯 3000 条;新西兰华侨捐毛织品 30 大木箱;印度尼西亚华侨捐献治疗疟疾的特效药奎宁 1 亿多粒;菲律宾华侨捐献凡士林油膏 15 万磅、防疫浆苗 100 万剂、救伤袋 10 万个及大量防毒面具。从 1937 年下半年至 1940 年年初,华侨经由水路、陆路运回国内的各种捐赠物品,总数在 3000 批以上,平均每月 100 批左右。

另外,还有不少华侨投资国内尤其是西南大后方的工矿、垦殖、金融等行业,创办了一大批适应抗战需要的侨资企业,从而增强了祖国的经济实力。据统计,从七七事变到太平洋战争爆发,华侨总投资额达 16 亿元国币,此后直至抗战胜利,投资额近 3 亿元,这对于稳定国内经济起到了重要作用。

(2)华商是抗日战争经济支援的重要贡献者

在抗日战争时期,华商率先垂范,为抗战慷慨解囊,包括捐款、购买国债、捐献战需物资和投资国内生产建设事业等。巨额的财物捐输,倾注着华商对祖国的沥沥心血,一幕幕感人事迹折射出了他们浓厚的家国情怀。毫无疑问,华侨的大量捐款是支持祖国长期抗战的重要财源之一,充分体现了他们以民族为重,把自己的命运同中华民族的命运连在一起的高度责任感。爱国侨胞,不论老少贫富,他们所捐赠的一分一毫,无不凝聚着海外儿女对祖国的赤诚热爱。

八一三事变后,国民政府陆续向国内外发行救国公债、国防公债、金公债及节约储蓄券等多种债券,总额达 30 余亿元。为增强祖国的抗战能力,在华商和侨领的组织下,海外侨胞踊跃认购。据统计,1937—1939 年,海外侨胞共认购救国公债 51150346 元、国防公债 6265138 元、金公债 2915880 元;到了 1941 年夏,则共购债 6.82 亿元;截至 1942 年,购债总额已达 11 亿元国币之巨,占国民政府发行公债总额的 1/3 强。

其中,华侨巨贾胡文虎在抗日战争全面爆发以后,以身作则,带头捐献,为祖国抗战捐款 200 万元,并购买 300 万元的救国公债,为华侨个人捐款最多者,此外还捐出一大批药品和药棉。为了宣传抗战,他还出资 40 万元在香港创办大型侨报——《星岛日报》。马来亚华商陈棉生、陈永,印度尼西亚华商丘元荣等也各捐出 50 万元之多。美国侨领司徒美堂等也捐献了大笔款项,是纽约地区捐款最多的 17 位华侨之一。

华侨领袖陈嘉庚对抗战的支持尤为令国人敬佩。1937 年七七事变发生后,陈嘉庚发起组织"南洋华侨筹赈祖国难民总会",陈嘉庚被选为南侨总会主席,捐募新加坡币一千万元,支援祖国抗日战争。日本军队入侵东南亚后,时任南侨总会主席的陈嘉庚的企业经营已然滑坡,在自身资金十分有限的情况下,他仍认常月捐 2000 元至战争终止。每逢捐款购债时,陈嘉庚仍毫不犹豫地竭其所能,率先购买。南侨总会副主席李清泉身患糖尿病,但仍"以领导救运为己任,……为祖国的抗战事业鞠躬尽瘁",致使病情恶化,甚至在弥留之际,仍挂念祖国受难儿童,嘱咐后人在其遗产中捐出 10 万美元,用于救助国内受战乱影响的儿童。祖籍广东梅县的印度尼西亚华侨张国荣回国参加抗日,家人通过侨批送钱支持他抗日。

马来亚著名侨领、华商王兆松先生因幼年贫苦而下南洋谋生,经过艰辛奋斗,成为琼籍华侨中的知名企业家,深得乡亲以及当地上层人士的信赖和敬重,被推举为吉隆坡琼州会馆总理,并在 1930 年被马来亚雪兰莪州政府委任为华人参事局员和太平局绅。对于祖国和家乡的抗战和公益事业,王兆松一直非常热忱地提供经济支援。抗日战争期间,王兆松率琼崖华侨积极捐资,支持琼崖的抗日战争。时任琼崖自卫独立队总队长的冯白驹曾亲笔给王兆松致函两封,赞扬爱国华侨"热诚义举,无任感佩"。1936 年,王兆松等人发起成立琼崖实业股份有限公司,旨在开发琼崖垦殖、矿业、渔、盐等业。他带领众乡邻在万宁置地 8000 亩,种橡胶 400 多亩,以支持国内战时的经济建设。

印度尼西亚著名华商丘元荣是 20 世纪 30—40 年代的大慈善家和爱国侨领，在荷印华侨募捐救济祖国难民时，他表现积极。富有"实业救国"远大抱负的丘元荣，与各爱国侨领在巴城成立"荷印华侨捐助祖国慈善事业委员会"，并被公推担任主席。他积极号召全体侨胞踊跃输将救国，督导侨胞捐献善款汇回祖国，对振奋抗日士气起到了积极作用。当时，民国政府发行 5 亿元的抗日救国公债，丘元荣积极响应，当即以"荣盛公司"名义认购 6 万元，一时在海外被传为佳话。1938 年 10 月，新加坡举办"南洋各属华侨代表大会"，丘元荣被推举为巴达维亚首席代表率团赴会。

缅甸华商梁金山心系祖国战局，支援捐款支持抗战。他出生在保山市浦缥镇一个世代务农的清贫之家，因生活所迫赴缅甸腊戍谋生。经过奋斗，梁金山事业有成，因个人名望和财富而被推选为华侨公会会长。作为爱国爱乡的侨领，梁金山坚信"国亡即家败"。1931 年日本发动九一八事变后，梁金山先后捐白银 9000 两、载重汽车 80 辆、飞机一架，并坚持每月捐 100 盾卢比直至抗战胜利，以表抗日到底的决心。当时，为了缓解战时的财政困难，国民政府分派给了云南省一定数量的救国公债，梁金山一个人就认购过半。尤为突出的是，1935 年，梁金山拍卖了两个商号和一个工厂，捐资 20 多万盾卢比，在滇缅公路的咽喉要冲设计建造了一座桥身全长 123 米、宽 5.67 米的钢索吊桥，这座横跨怒江的吊桥成为中国抗战的生命线——滇缅公路上的重要桥梁。1938 年年底，缅甸即将沦陷，在个人生死危难之际，梁金山依然把救国的责任放在首位，为了抢回积压在缅甸的国际援华和南洋华侨支援祖国抗日的军火物资，梁金山置自己的私产于不顾，除将其经营的金光汽车公司全力投入抢运外，还招募私车抢运，运费完全由他个人承担。

祖籍福建的马来亚华商郑螺生在九一八事变后，面对国土沦丧、民族危急的时局，他十分焦急和愤慨，曾计划在侨胞中募款支援抗击日本侵略者，并驰书嘱其在南洋的儿子："日寇内侵，国难日亟。侨胞爱国，正在斯时，航空建设，尤为需要，快劝亲友，节衣缩食，集资后援。"1937 年，因年迈体弱，他再度返回马来亚，积极宣传抗战，鼓励广大华侨捐款救国。他的后人，即现在的郑氏三姐妹谈起对祖父的印象，仍停留在七岁左右的童年记忆中，郑素华说："祖父大多数时候都在中国，很少回家。在我们的印象中，祖父是一个很勇敢的人，热爱国家，一生吃苦耐劳，勤俭质朴，为革命倾家荡产，几乎没给后人留下什么家产。作为他的后裔，我们的生活都很宁静幸福，孩子们也都有各自的事业和工作。也许祖父一生的革命理想，就是为了今天中华民族的强盛和我们现在的安宁生活。"受祖父郑螺生的影响，每每谈起家乡时，三姐妹说："那里是我们所有华人的根，是我们一辈子割舍不断的牵挂。"①

（3）华商是广大华侨捐款捐物的动员者和组织者

抗日战争爆发后，世界各地的华侨救国团体纷纷涌现出来，特别是一些大规模的救国团体，如全欧华侨抗日救国联合会、旅美华侨统一义捐救国总会、南洋华侨筹赈祖国难民总会等相继成立。据统计，抗战期间共有华侨团体3500多个，为祖国抗战捐款的华侨有400多万人，约占当时全世界华侨人口的一半左右，遍及亚洲、南北美洲、欧洲、大洋洲和非洲的华侨家庭。

其中，华商作为广大华侨捐款捐物的动员者和组织者，对筹措抗战所需经费殚精竭虑，起到了重要作用。例如，美国侨领司徒美堂虽已七十高龄，仍领导纽约全侨抗日救国筹饷总会开展工作，在该会待了五年之久。其间，他坚持每天早上10时上班，到深夜12时才下班，风雨无阻，从未间断。王源兴在侨居地参加各种爱国活动，先后任巨港中华总商会会董、巨港华侨筹赈总会副主席，积极筹款赈济祖国难民，发动华侨捐献财物支援抗日。

在筹款方式上，华商动员各种力量，采用各种灵活多样的方式，千方百计地为祖国筹措战费。他们除了自身积极捐款外，还设置了繁多的捐款名目，包括逐月义捐一定数额款项的常月捐（月捐），针对国内新发生某种灾难或急需某种捐助而发起专项捐献的特别捐，利用各种节日、纪念日发动侨众捐款，或以红白喜事、庆功、节约等名义自发捐献，或劝募，或举行文体活动筹款，或开展义卖活动等。事实上，捐助祖国的巨额款项，有80％来自华侨的血汗钱。在抗日救国的崇高精神的激励下，许多平素默默无闻的贩夫走卒、老弱妇孺，均做出了种种感天动地的义捐壮举。

由于爱国华商和侨领能以身作则，在他们的带动下，中下层侨胞也同样慷慨解囊，同样上演了众多可歌可泣的感人故事。在加拿大，两位青年华工听说推行航空救国捐，立即赶来各捐献1400元积蓄，并表示因"远离祖国，勿能亲往杀敌，只此区区，实不足报国，但略尽国民天职耳"；一位衣着朴素的老华侨听了航空救国的讲演后，则当场将其囊中所有的1100美元捐给祖国，只留下10元路费回家，"在场者均为之感极泪下"。在缅甸，仰光女侨胞叶秋莲，把一座两层楼房及全部财产变卖，将所得钱款捐献给祖国，而自己

---

① 探访马来西亚华侨后裔：永志不忘的家国情怀［N/OL］.（2011-10-04）.光明网.

则削发为尼,过着清贫的生活。在菲律宾的马尼拉,一位5岁儿童叶秀荫,也在祖母的陪同下走进华侨妇女慰劳会,将自己一年节省下的糖果钱约国币800元全部捐出。北婆罗洲山打根埠华侨小贩郑潮炯曾先后7次沿门义卖瓜子,将所得叻币350元捐给祖国赈济伤难同胞,1940年其父在老家广东新会被敌机炸死,郑潮炯非常悲愤,抗日情绪更加高昂,外出为祖国筹募赈款,走遍新马等地大小百余座城镇,得叻币5800余元,写下"抗战史上侨胞救国之可歌可泣的一页"①。

在泰国,"可以说,几乎每个泰国华侨都为抗战募捐过,而且工人、学生和商人占大多数"。抗日战争爆发后,在华商和侨领的组织下,泰国不少学校、戏院都成了募捐场所,他们通过特别捐、常月捐、认购救国公债等形式来为抗战筹款,虽然很多华侨工人生活困苦,在募捐上却不遗余力。"很多工人每个月都会定期捐10~20元给国内,这几乎是他们一个月的工资,他们宁愿勒着裤腰带过日子,也要把自己的血汗钱捐回家。"所有募捐资金全部通过统一的救亡机构转汇给国内。

南侨总会作为重要的爱国组织,向华侨募捐、支援抗战,是南侨总会的首要任务。抗战爆发后,南侨总会主席陈嘉庚为了全身心投入抗日筹赈工作,常年住在总会办事处怡和轩内,不问家事。1940年,陈嘉庚回国,还不辞劳苦亲自到滇缅公路沿线慰劳视察,尽力帮助解决实际困难,勉励华侨机工继续为祖国抗战做贡献,至今仍使人们难以忘怀。在他的主持和推动下,大会通过一项庄严宣言,历数近代以来日寇侵华的种种罪行,揭露日寇不仅企图吞并中国,还妄想征服世界。在中华民族到了生死存亡的危急关头,号召南洋800万华侨精诚团结,誓为祖国政府后盾,出钱出力,多寄汇款支援抗战。总会通过各地分会,采取种种有效方式开展爱国募捐,包括特别捐、常月捐、纪念日捐、货物舟车助赈捐、游艺义卖捐、迎神拜香演剧捐等。当时,华侨捐献情形正如陈嘉庚生动、形象描绘的那样:"对祖国战区的筹赈工作,风起云涌,海啸山呼,热烈情形,得曾未有;富商巨贾既不吝啬,小贩劳工也尽倾血汗。"

① 黄晴.家国情怀永在心[N/OL].(2015-09-02).人民网—人民日报.

4.2.3 华商是海外抵制日货的组织者之一

在侨居世界各地的华侨中，经商者占有相当大的比例，他们与祖国及世界各国包括日本均有商业关系。当华商们意识到中日战争期间他们与日本的商贸交往不再是简单的商业活动，而是国与国的利益关系时，在"这种商贸活动应该不能有助于日本的侵华而无补于祖国的抗战"这一核心思想的指导下，世界各地的华商牵头掀起了一场范围广泛、形式多样的抵制日货运动与"不合作运动"，打击日货成绩显著。

著名华商庄希泉则在香港主持闽台抗日救亡同志会，救济难民、筹集款项，联系介绍进步青年到延安参加抗日战争。1925 年五卅运动爆发，庄希泉和夫人余佩皋以国共合作的中国国民党福建省党部执行委员的身份，组织成立"厦门国民外交后援会"，发动罢工、罢课，抵制日货。1937 年全面抗战开始后，泰国华商蚁光炎号召华侨抵制日货，使日泰贸易额半年间锐减一半。

南洋日营工矿企业中的华工罢工停产，旅美华侨组织起来，抵制美国把废钢铁和战需品运往日本。他们认为："替日寇销一文钱的货，即无异帮助日寇一文钱去制造军火，杀我同胞，攻我祖国。"华侨还开展了不为侵略者服务、不供给侵略者物品的"不合作运动"。

在欧美各国，各地华商也开展了颇有声势的抵制日货斗争。例如，全欧华侨抗联会在 1937 年 9 月的第二次代表大会制定了《抵制仇货运动大纲》，规定了欧洲华侨抵制日货的一些细则，"是欧洲华侨抵制日货运动的行动指南"。在美国华商的组织下，旧金山华侨分赴各码头，与美国码头工人一道，阻止军需品运往日本，取得很大的胜利。

其实，早在九一八和"一·二八"事变发生后，抵制日货和"不合作运动"就在南洋各国展开。抗日战争全面爆发后，这一运动在更大范围、更大规模上展开。爱国华侨相继成立了专门的"抵制会"，有的地方还组织了"青年铁血团"秘密执行对奸商的制裁。在马来亚地区，华商组织发起救国连锁运动，即拒绝买卖日本货物、不在日资工厂企业上班等，一旦有日本商船到港便派人检查，平时还组织锄奸团四处巡视检查，一旦发现日本货物，立即进行查封。结果是，战前日货倾销旺盛，全马市场几乎尽为日本人所占领，但在全面抗战爆发后，生意兴隆的日本商店却门庭冷落，新加坡的日商弘荣洋行也因此而破产。在泰国，华侨商家达成一致协定，即不出售日货，以往购买和销售日货的商家,一律改为国货或者欧美货,日货的运销也因此一落千丈。

所有这些,都在经济上和政治上给日本侵略者以沉重打击,支援了祖国抗战。当然,广大华商也为此付出了沉重的代价,许多华商因长期抵制日货而破产。华工罢工后衣食难保,但他们"不忍昧于爱国良心,情愿受失业之苦"。这些活动以自己特有的方式有力地配合祖国持久抗战,取得了削弱日本经济实力的效果,从而间接地支援了祖国的抗日战争。

4.2.4 积极投身抗日

崇高的民族气节和坚定不移的爱国主义精神,是华商共同的优良传统。他们不仅通过各种形式的同乡会,发动华侨出钱出力,建立抗日救国的宣传阵地,还有大量华商不顾人身安危和财产安全,积极投身革命,做出了巨大的牺牲,有的甚至付出了生命的代价,谱写了一曲又一曲感人的爱国赞歌。

祖籍福建厦门的华商庄希泉就是典型代表之一。他早年加入同盟会,曾三下南洋为革命筹款,抗日战争爆发后,曾奔走于菲律宾、印度尼西亚、中国香港和内地之间,从事抗日等革命进步工作,并因此三次被反动当局拘捕下狱。1931 年日本发动九一八事变后,庄希泉在上海积极投入抗日救亡运动,并在菲律宾与爱国华侨王雨亭创办《前驱日报》宣传抗日。1934 年,日本驻厦门领事馆借口庄希泉父亲曾在台北设有商号,称他为日本"属民",于是他在厦门被抓捕并被关押在日本领事馆的地下监狱,虽遭严刑拷打但依然坚贞不屈,后来被押送到台湾囚禁了 9 个多月。经闽台各界多方营救获释后,庄希泉设法返回大陆继续参加革命,并在上海《新闻报》上公开声明:"我是中国人,不是什么日本'属民'!"1937 年全面抗战爆发后,庄希泉在香港主持闽台抗日救亡同志会,通过救济难民、筹集款项、介绍海外进步青年到延安参加抗日战争等方式投身革命。1941 年太平洋战争爆发、香港沦陷,他在中共中央南方局的安排下从香港转移到了广西桂林,当广西中共地下党组织遭到破坏、面临危难之际,他冒险设法将在香港的全部家产抢运变卖,将款项悉数交给党组织作为抗日活动经费。在抗日战争后期,庄希泉在桂林、贵阳、重庆发起成立闽台协会,帮助其弟弟、盟军 136 部队星马地区副主任庄惠泉上校,组织、派遣熟悉新加坡、马来亚语言和情况的爱国归侨赴当地发动抗日游击战争。在重庆,他还与其他同志联合创办织布厂和建光行,借以掩护革命同志,支援抗日战争。1948年年底,庄希泉由新加坡到香港,担任香港工商委员会委员。2015年9月2日,中共中央总书记、国家主席、中央军委主席习近平在北京人民大会堂亲自为其后人庄炎林同志颁发并佩戴了中国人民抗战胜利70周年纪念章。

华商领袖陈嘉庚先生的事迹更加让人动容,他是众望所归的南洋爱国侨领。为了加强南侨总会领导,陈嘉庚先生索性住进怡和轩俱乐部(新加坡上层华侨活动中心之一),不分昼夜地领导抗日救亡工作,同时一再勉励各地分会同仁:"不因环境险阻而惊心,不以筹募艰难而气馁,领导华侨奋斗到底。"由于陈嘉庚领导有方,在他全身心的投入下,南侨总会成立,这标志着南洋华侨在抗日救亡大前提下,实现了空前的爱国大团结,南洋各地筹赈会进一步扩大和发展,支援祖国抗战各项实际行动高潮迭起,效果也极为明显。但与此同时,他个人的人身和财产安全也受到了严重威胁。1942年1月,马来亚全境陷落,新加坡危急,由于英政府无意坚守,新加坡于2月中旬沦陷。陈嘉庚当机立断,将华侨义捐等项、银行存款800多万元,悉数汇回祖国,继续支持对日抗战。在友人的一再催促下,陈嘉庚于1942年2月3日凌晨乘小船离开新加坡,就近避难于爪哇,不久后爪哇群岛全部沦陷。在当地华侨及集美、厦大校友的掩护下,陈嘉庚历经数月辗转颠簸,于同年8月改名换姓隐居玛琅。虽住地几度转移,仍身陷重围,日寇恨之入骨,认定他是"南洋抗日之巨头"。过去慑于华侨势力及陈嘉庚先生的崇高威望而难以下手,当南洋均为所占,日寇宪兵队日夜出动搜捕,陈嘉庚的处境十分危险,他却心胸坦然、若无其事。但他也理解校友们的心情,安慰保护他的校友们说:"人生自古谁无死,我这么一大把年纪了,死了也不算夭寿。万一我不幸被捕,敌人必强迫我做傀儡,有什么了不得,你们千万不要为我着急……"为此,陈嘉庚身上一直暗藏着一小包氰化钾,就是专为防备"万一"。陈嘉庚虽身处危难,仍以笔当枪,歌颂华侨的爱国行为,口诛笔伐日寇罪行,在异常险恶的环境中写作了《南侨回忆录》,又从精神文明方面对祖国抗战做出特殊贡献。陈嘉庚回国前,将南侨日报董事长之职和侨团工作委托给侨领王源兴并嘱咐他:"凡事要以国家和人民利益为依归,个人成败应在所不计,本报宁可关门,而不能改变一贯立场。"

除了捐钱献物外,著名华商蚁光炎为中国的抗战革命甚至献出了宝贵的生命。他出生于广东澄海,自幼出身贫苦,青年时期移居泰国谋生,后经营航运业和火砻(碾米)业致富,成为商界翘楚后当选为泰国中华总商会主席。他一方面关注家乡发展，当面对 1922 年粤东、闽南的八二风灾和 1931年的黄河大水灾时，他捐出巨款赈灾，1938 年与陈景川、廖公圃等发起成立泰国潮州会馆，购运暹米至潮汕平粜，解救粮荒。另一方面，还领导推销抗日救国公债和进行募捐活动，共筹集 600 万元以上，1938 年带头捐献汽车并动员华侨司机到滇缅公路运输抗日物资，还在曼谷创办《中国日报》，宣传抗日。他多次为八路军、新四军汇款，又以"中华总商会"名义发函介绍爱国侨生到陕北公学学习，并资助路费。因积极从事抗日活动而触怒了日伪政权，蚁光炎于 1939 年 11 月 21 日晚在曼谷耀华力路被刺杀。

4.2.5 宣传救国，争取国际援助

中国的抗日战争需要得到国际社会的同情和支持。但在太平洋战争爆发前，以英美为代表的西方列强却对日本侵华采取纵容、绥靖政策，不仅无助于中国抗战的顺利进行，还对华侨的抗日救国活动制造重重障碍。为此，在广大华商和侨领的组织下，各地侨胞充分利用自身的有利条件，在侨居地各阶层人士中广泛开展对外宣传和国际统战工作，取得了显著的成效。在他们不懈的努力下，援华抗日的舆论响遍全球。他们争取侨居国各阶层人士和进步团体，以及欧洲、北美和东南亚许多国家的友好人士，先后建立了一些反日援华联合组织，并开展了抵制日货运动，进行了不许出售或运输军事物资给日本的"不供给运动""一碗饭运动"，购赠"希望书行动"等等。国际友人的热情支持，为中国争取抗战胜利创造了有利的国际环境；同时，鼓舞了中国人民，增强了中国人民抗战必胜的信心。

（1）创办宣传阵地，营造抗战舆论

九一八事变引起了全世界海外华侨的愤怒，几乎所有的华侨团体都在努力开拓新的渠道，铸造侨胞的爱国主义思想。他们通过组织办报、办电台、演出救亡戏剧和抗日歌曲、演讲、散发宣传品，揭露中国抗日的真相，呼吁国际友人从道义上、物资上支持中国抗战，捍卫世界和平。

华侨的报纸杂志、学校、社团及会馆都动员起来，通过创办报刊极力谴责日本帝国主义的侵华罪行，声援祖国的抗日，争取更多的国际正义力量的支持。根据国民政府侨委会的统计，"1935 年世界各地华侨报刊有 84 种，至 1941 年年底达 135 种，达到了华侨报刊史上空前繁荣的时期"。其共同的特色就是突出地报道了祖国的抗日动态，把"祖国消息"和"华侨救亡运

动"辟为专栏。

南洋地区是日军攻略的重要目标,也是华侨抗日斗争的主战场。战争爆发不久,新加坡华侨即自发组织了以郁达夫、胡愈之为首的星华文化界战时工作团,进行抗敌宣传工作;随后,又成立了由陈嘉庚任主席的星洲华侨抗敌动员总会,声援并协助抗战。如在新加坡,胡文虎所创办的《星洲日报》《星岛日报》等一系列"星系报",成为当时华侨社会中宣传抗日救国的阵地,其他还有《星中日报》《总汇报》《南洋商报》《新国民日报》等。在菲律宾马尼拉,华人创办的报纸有《中山日报》《华侨商报》《新闻日报》《新中国报》《公理报》等。其中,在华侨华人报纸中,《南洋商报》有着广泛的影响,该报为陈嘉庚 1923 年创办,抗战前就在华侨社会中颇有名声。抗战开始,《南洋商报》就以其固有的爱国传统大量刊登抗战的消息和评论,引导海外华侨的舆论。为把《南洋商报》办成真正的宣传抗日、激发华侨爱国主义思想的报纸,董事经理决定在国内物色编辑人才。经周恩来推荐,由 1933 年加入中国共产党的《东方杂志》主编胡愈之于 1940 年 2 月出任《南洋商报》编辑主任。胡愈之到任后,报纸从内容到版面大有改观,从 1941 年元旦起,坚持每天有一篇社论,每周有一篇专论,并与香港国际新闻社保持不间断的联系,随时转发抗战的最新消息。《南洋商报》还重点宣传了不分党派、不分老幼、不分智愚,以全国为重、以团结为重的思想,深得内地人民和海外侨胞的拥护,因而被公认为南洋华侨报群之首。

在欧美地区,如巴黎的《救国时报》,纽约的《华侨日报》《五洲公报》《大美晚报》《新报》《先锋报》《民气日报》,旧金山的《世界日报》,都有较大的影响力。在美国,1939 年,旧金山设立华侨金星公司电台,以英语对外报道中国抗日的情况,每日广播 9 小时。由华商司徒美堂等人组织创办的纽约华侨筹饷总会规定,每周对外宣传一次,邀请对中国问题有研究的专家学者演讲。至 1941 年夏,该会组织的对外宣传活动达 180 多次,听众达数十万人。在波特兰,当地华商与侨领于 1937 年 10 月成立了救国宣传会,该会在其存在的一年多时间里,共向当地团体宣传演讲 66 次,放映中日战事电影 54 次,无线电播音宣传 6 次;在当地报纸发表抗日文章 12 篇,反驳袒日言论及发表抵制日货文字共 15 篇;印发抵制日货传单 3 万张,印发抵制日货星期报特刊 4 万张。

从采用的形式看,除了上述各种方法以外,华商还普遍通过组织演剧、举办抗战图片展等途径进行国际宣传,均取得了很好的效果。

(2)开展民间外交,声援祖国抗战

日本发动侵华战争后,广大华商还利用与当地社会联系紧密的便利条件,广泛开展国民外交活动,争取居留地政府同情中国抗战。一方面,联合当地人民组织援华团体,举行群众集会和游行示威,发起筹募捐款、抵制日货和阻止军用物资资敌等援华活动等;另一方面,通过走访政治家、商人、学者、教会领袖等社会名流,促其主持正义,发挥社会影响,向侨居地人民揭露日本帝国主义的暴行,让他们动员本国人民推动本国政府建立反日政治同盟,在精神上和物质上支援中国抗战。

二次世界大战爆发后,南洋英属殖民地的侨胞还开展了援英反德运动,以争取殖民地政府对华侨抗日救国活动的同情和支持。在美国,各大城市是美洲华侨抗日援华舆论宣传的中心,其中旧金山的旅美中国战事救济联合会尤为活跃,"该会曾促使美国国会授权罗斯福总统禁运军火物质资敌,并得美国人士捐助救济款逾一百万元以上"。

在南洋地区,汪精卫叛国投敌后,暗中指使其党羽到南洋以妖言惑众,妄图破坏祖国抗战大业。为了使海外侨胞进一步擦亮眼睛,善辨忠奸,加强团结,以利抗敌,南洋侨社开展了轰轰烈烈的讨汪运动。其中,陈嘉庚为了国家民族利益,不顾个人私谊,不怕得罪执政的国民党当局,在抗战关键时刻挺身而出,向汪精卫之流"开炮"并穷追猛打,有力地打击了妥协投降派的嚣张气焰,进一步鼓舞了全国军民的斗志,在政治上为祖国坚持抗战做出了宝贵的贡献。他以南侨总会的名义发出通告,详列汪精卫卖国罪行,号召广大侨胞辨奸讨逆,继续捐资救难、输财救国,抗战不达最后胜利、支援抗战活动绝不停止,各地华侨积极响应号召,讨逆活动一浪高过一浪,新马华侨普遍举行"反汪宣传周",参加讨逆人数达170万人次。

在缅甸,仰光侨胞筹款100万元作为缉拿汪贼的经费;欧美华侨与南洋华侨并肩战斗,讨汪活动遍及各大侨居城市,舆论界也在报纸上公开表示"誓与汪贼不共戴天"。马来亚槟榔屿洪、江、翁、方、龚、汪六桂堂还召开六姓族亲特别大会,宣布将汪逆及江亢虎、江朝宗驱逐逐族。针对汪伪政府在海外进行的种种破坏华侨抗日救国工作的阴谋活动,各地侨团普遍采取了收缴、销毁汪伪宣传品等措施,如南侨总会即专门发出通告,号召侨胞"勿为汉奸利用","不为妖言所迷惑",继续为抗日"捐资救难,不达胜利不止"。

在欧洲,华侨的对外抗日宣传活动开展得较早,在全面抗战爆发前已颇具声势。在华商和侨领等的组织下,成立了众多的"中国人民之友社"及各式援华会、救济会等组织，并积极参与各项活动。1937 年 9 月，全欧抗联制定出《国际宣传及对内宣传工作案》，其国际宣传计划是"以参加国际民主和平集团、建立集体安全为原则"，具体工作则有：与国际友人合办外文刊物，为外国友人的报纸杂志撰稿或提供消息，印发专题小册子，发表外文宣言或告世界人士书；参加国际团体和国际会议；与国际团体合组中西人士演讲会及群众大会；拟定举行中外茶会和中外聚餐，组织中外团体旅行参观，联络新闻记者等。1937 年，全欧抗联曾组织请愿团赴布鲁塞尔活动，向出席九国会议的各国代表团吁请切实援助中国，予日寇以具体有效的制裁。1939 年 4 月，全欧抗联还决定组织华侨国际宣传统一委员会，并拟组织欧洲华侨代表团出席国际反战反法西斯侵略大会，向大会提出请求援助中国的方案。

正是在华商及侨领的影响、推动以及国际形势的发展等因素的共同作用下，英美等国政府对中日战争的态度才逐渐发生了变化，转而积极地从精神上、物质上援助中国，并最终结成了反日反法西斯的国际联合阵线。

4.3 华商与抗日民族统一战线

华商不仅是以国共合作为基础的抗日民族统一战线的重要组成部分，而且是它的积极促成者和忠实的维护者。他们坚决拥护和响应中国共产党提出的建立抗日民族统一战线的主张，与国民党内部亲日派叛国投敌活动和顽固派反共分裂行径进行了不懈的斗争，对维护国共合作、坚持团结抗战和新中国的成立做出了突出贡献。在华商和侨领的带动下，各地侨胞、侨团也纷纷发表通电、宣言、告同胞书，并在华侨报刊上发表社论、短评，抨击国民党顽固派的内战行径。所有这些，都对国民党当局造成了强大的舆论压力，从客观上支持和配合了中共进行的"有理、有利、有节"的斗争，从而维护了国内团结抗战的大局。

抗日战争进入相持阶段后，国内妥协投降势力抬头，反共摩擦事件频发。为使来之不易的举国抗战局面不致破裂，广大华商和侨领旗帜鲜明地坚持抗战、团结，反对投降、分裂，在维护抗日民族统一战线方面做了大量的工作。例如，1940 年 3 月至 10 月，陈嘉庚肩负华侨重托，率领"南洋各属华侨筹赈会回国慰劳团"回国慰问考察，一则慰劳前方抗日将士，鼓励他们继续英勇杀敌，二则实地视察国内状况，以便向侨胞通报并增强其爱国心，继续以强大的财力物力支援祖国抗战。考察期间，陈嘉庚不辞劳苦地奔波，往返于重庆、延安之间，不遗余力地呼吁团结抗战，劝说国共两党要团结抗战，不要分裂，不要让华侨失望。他曾亲笔写信警告蒋介石，"若欲消灭共产党，此系两党破裂内战，南洋千万华侨必不同情""若不幸内战发生，华侨必大失望，爱国热情必大降减，外汇金钱亦必减缩"。而且，他不顾国民党的阻挠访问了延安，深深为当地的艰苦奋斗和廉洁作风所感动，回到国统区和南洋后，他到处宣传——中国只有一个地方没有贪污，那就是延安。

皖南事变后，陈嘉庚以南侨总会主席名义和国民参政员身份通电国内，指出，"值此敌寇横行，国仇未雪，如又自为鹬蚌，势必利落渔人，民族惨祸，伊于胡底"，呼吁停止内争加强团结。许多华商和侨领仗义执言，当时从巴拿马、澳洲等地回国出席国民大会的华商侨领郑华秋、黄襄望等五位代表即向香港报界发表讲话，认为"皖南事变的发生，诚为抗战以来最不幸的事件之一，而且也是最痛心的事"，希望国共两党能"为民族利益的大前提着想"，"开诚布公，放弃一切成见，离开党的立场，寻求解决此事件之途径"。在美洲，华商和侨领司徒美堂、阮本万、吕超然等还分别致电蒋介石、毛泽东，要求两党放弃前嫌，解决纠纷，重修兄弟之好，携手抗战。

由于陈嘉庚先生在抗战爆发前赈济灾民抵制日货，在中华民族陷入危难时不惧艰险回国慰劳，舍小家为大家，呼吁国共两党团结抗日，在担任南侨总会主席时，调查日军暴行罪证及侨民损失，汇编《大战与南侨》激励侨民，唤醒群众爱国意识，募集南侨群力支持祖国抗战，并向南洋华人撒播社会正能量，因此毛泽东的电报是这样写的："嘉庚先生：中国人民解放斗争，日益接近全国胜利。召开新的政治协商会议，建立民主联合政府，团结全国人民及海外侨胞力量，完成中国人民的独立解放事业，亟待各民主党派及各界领袖共同商讨。先生南侨硕望，人望所归，谨请命驾北来，参加会议。肃电欢迎，并祈赐复。"

著名的爱国人士和香港知名实业家霍英东先生是中国共产党的亲密朋友，抗美援朝期间，在西方国家对我国实施全面禁运、港英当局武力"缉私"的情况下，他在香港组织了颇具规模的船队，为祖国运送了大量急需物资，有力地支援了抗美援朝。他坚决拥护邓小平同志提出的"一国两制"伟大构想，衷心拥护中央对港的方针政策，为确保香港平稳过渡、顺利回归和长期繁荣稳定殚精竭虑，做出了突出贡献。从 1985 年起，他作为香港特别行政区基本法起草委员会委员，积极履行职责、建言献策，为香港特别行政区基本法的成功制定发挥了重要作用。他的真知灼见和赤诚爱国之心，感染了广大香港民众，坚定了他们对香港回归祖国的信心。香港回归祖国后，他一如既往地运用自己的社会影响力，积极贯彻落实一国两制、港人治港、高度自治的方针，全力支持特别行政区行政长官和特区政府依照基本法施政，为维护香港繁荣稳定做出新的贡献。

总之，中国这一民族意识和文化背景把华商和祖国的命运联系在一起，千万华侨是我国抗日战争的重要组成部分，其中华商和侨领是重要的组织者，他们时刻关心着自己家乡和国家的状况。一方面，在日寇占领了他们的居住国后，他们不畏生死，积极参加当地的抗日斗争；另一方面，抗日战争更激发了他们固有的祖国观念和爱国热情，他们在为中国的独立和自由而奔走呼号，贡献自己的力量。华北战事开始后，海外侨社立即行动起来，积极组织人员并负责筹集路费及经费，于是一批又一批的华侨归国服务团体浩浩荡荡地踏上了征途，这些服务团体规模或大或小，形式更是多种多样：有医治伤患的救护队、输送弹药的司机服务团、报道战况的记者团、宣传救亡的歌剧团，也有从事救济难民和动员、组织民众抗日的各属籍华侨回乡服务团。

对华商和侨领领导下的华侨在抗日战争中的作用，毛泽东同志于1945年在中共七大上回顾这场战争时说："中国军队的广大官兵，在前线流血战斗，中国的工人、农民、知识界、产业界，在后方努力工作，海外华侨输财助战，一切抗日政党，除了那些反人民分子外，都对战争有所尽力。"国民党方面也曾多次称赞侨胞自"抗战以来，输财出力，贡献特多"，"在任何一种出钱的事，总是特别踊跃，自动输将，不但从无一次的推诿，而且从无一次冷淡过，每次捐集的数目都超政府预算"，"是一万分的对得起祖国"等。

第 5 章

心系祖国:华商与家乡的经济发展

　　翻阅一代代华商的创业经历,广大华商利用自己的勤劳、节俭,积攒创业资本,再依靠敏锐的商业眼光实现企业的跨越发展。从 19 世纪早期第一代华商的四把刀(菜刀、木工刀、剪刀、理发刀)等规模小、技术低的行业起家,完成原始积累后至今,在不同时期涌现了很多优秀的企业,以印度尼西亚黄仲涵总公司、美国李国钦华昌贸易公司、澳大利亚郭乐两兄弟创办的永安百货、缅甸永安堂和虎豹兄弟"万金油""报业"、马来西亚郭氏兄弟集团、新加坡丰隆集团、泰国 CP(正大)集团、菲律宾的亚世集团和印度尼西亚三林集团等为杰出代表。

　　广大华商闪耀全球的同时心系祖国,积极投身国内经济建设,无论是在民主革命时期,还是在新中国建设时期,他们都为家乡民族经济的发展做出了突出的贡献,在与中国的良性互动中,实现了"达则兼济天下"的古训。他们不仅是现阶段我国经济发展的重要推动力量,还教会了国内企业家适应国际市场经济的游戏规则,带来了国内企业家所缺乏的风险意识、先进的管理理念和最新技术发展趋势。

5.1　华商投身祖国建设的家乡情结

　　"情字领先,利益随后",这是一直以来华商投资我国建设的基本立足点。华商是"商",但也是"华人",华商投的是"资",投的更是一份"情","春燕啄泥为家乡"就是他们的生动写照。印度尼西亚著名华商林文镜曾说:

"一个成功的企业家，是不能置家乡贫穷落后于不顾的，否则就是失职，就是人生的失败。"也正因为如此，他在 1987 年回到家乡时，决定要做的第一件事就是帮助家乡脱贫致富。

在民主革命时期，张弼士为了实现"实业兴邦"的梦想，曾表示"吾华人当为祖国效力"，为了振兴祖国实业，他把大量资金转移到国内。著名华商荣宗敬在《振兴实业发展经济以惠民生计划》中写道："就今日而言，建设工业，实为要图，即以纺织一业而论，吾国人口四万万，只有纱锭（应为'锭'，下同）二百万枚，较诸欧美各国人口与纱锭之比例，我国现有之纱锭，实不能供国民之需求；惟其如此，是以他国在吾国设厂，以遂其经济侵略之野心，而使我纺织业受重大之打击。纱布为人生必需之品，乃至仰给他人，痛心之事，无逾于此。"

改革开放之初，在全球其他国家的商人对中国还犹犹豫豫抱观望态度的时候，基于与祖国的"亲缘、情缘"关系，他们回国投资，体现了华商的非理性决策的倾向，乡情、家乡父老对他们的评价等因素战胜了其他理性决策因素。[①] 改革开放以来，随着国内投资环境的进一步改善，广大闽籍华商的爱国爱乡情结又一次激发了他们回国内发展的高潮，以至于他们在不同场合谈及为什么回国发展时，"爱国爱乡"几乎都是他们永恒的主题。作为华人，成功集团创始人、著名华商陈志远对于中国有着特殊的感情，改革开放后外商的投资环境也让他的情怀得以落地。

当中国改革开放的大门向外打开时，海外华人纷纷到故土探亲寻根，为家乡出力，捐款捐物提供信息，献计献策回故乡办厂，成为侨乡社会经济发展强大的外部力量。他们帮助侨眷建立企业培育自我发展能力，推动当地经济快速发展。在侨乡，广东梅县的梅江桥、锦江桥、梅东桥、松口中山公园等比较大型的公共设施也主要是由华侨捐资兴建，辖区内的中小学校、农村的桥梁道路、农田水利设施等也是由华侨资助捐建的。

改革开放初期，国内经济发展水平相对低下，需要大量的资金来推动基础设施建设和工业经济发展，而仅仅依靠国内的资本是远远不够的。但是，我国当时的对外开放程度低，投资环境与条件也不完善，更缺乏引资经验，很多海外资本都不敢贸然进入中国。于是，在当时国内投资环境较差，甚至

---

① 潘淑贞.当代菲律宾华商在华教育投资与管理的特点——以闽南地区为考察点[J].华侨大学学报，2014(4).

在发展前景不太明朗的情况下，许多华商依然满怀着爱国热情回到家乡投资。据国家工商总局 1987 年统计，华侨华人、港澳同胞投资企业占当时外商投资企业总数的 80％，投资额占外商投资总数的 70％。例如，1979 年，香港爱国华商霍英东投资兴建中山温泉宾馆，成为最早到内地投资的香港企业家之一。1983 年，他与广东省合作兴建的广州白天鹅宾馆开始试营业，成为我国第一家由中国人自己设计、施工和管理的大型现代化酒店，受到邓小平同志的好评，自此以后，他通过自己创立的霍英东基金会、霍英东体育基金会、霍英东番禺建设基金会等机构，分别以独资、合资、捐赠、低息贷款等方式，在内地兴建了数百个项目，总支出 90 多亿港元。他说："我们在内地多方投资、捐赠，目的只有一个，就是希望国家兴旺、民族富强。我始终没有忘记自己是一个中国人，我愿尽我之所能，为国家的繁荣昌盛多办些实事。"改革开放以来，他积极投身内地经济建设，先后投资或捐赠了番禺大石大桥、洛溪大桥、沙湾大桥和广珠公路上的四座大桥等多个重大项目，为广州南沙的开发建设呕心沥血十多年，在滩涂上建起了广州南沙海滨新城等。

　　也是在这个时期，爱国华商庄世平先生以古稀之年仍不辞辛苦，殚精竭虑，为我国经济特区的创办、发展和引进资金、项目等方面做了大量的工作：(1)1979 年为广东省委、省政府创办经济特区提供有关世界经济动向和有关经济特区的大量资料，并参与经济特区一些政策法规的制定；(2)率先在深圳经济特区设立南洋商业银行深圳分行，成为第一个在我国经济特区设立分行的外资银行；(3)率先在我国内地发行港澳通用的信用卡——发达卡，促进内地银行信用业务的兴起和发展；(4)率先在深圳经济特区组织国际性银团贷款，支持大型高新技术，推动合资工业项目的引进和建设；(5)他提出的关于"允许外资银行和保险公司在特区设立"的建议获采纳，被列入《中华人民共和国广东省经济特区条例》中，对我国特区引进资金项目、促进经济特区发展以及对我国引资工作起到了积极的推动作用，有力地支持了祖国的改革开放事业。周恩来总理对他的评价是"潮汕为中国革命贡献了两个经济人才，一个是理论的许涤新，一个是实践的庄世平"，叶剑英元帅的女儿叶向真评价说"（他是）很大的幕后英雄"，原广东省委书记兼广东省经济特区管委会主任吴南生评价说"办特区，他是我的老师"，而中联办主任高祀仁则认为"（他的）很多意见被采纳并付诸实施，特区建设取得突破性的进展"。

　　在新时期，浓浓的爱国爱乡情怀成为加速促进广大华商回国发展的动力。2004年10月，著名华商陈金烈在纪念陈嘉庚先生130周年诞辰座谈会上指出："虽然生活在不同时代，但作为中华儿女，我们的爱国爱乡之情是一样的，我们都有一个共同的愿望，那就是期盼祖国强大、人民幸福、社会进步。作为生活在海外的中华儿女，我们要大力弘扬嘉庚先生爱国爱乡、倾资兴学的伟大精神，以实际行动热心公益、捐资助学、回馈社会、报效祖国……"

马来西亚颜和颜控股有限公司董事长颜清文先生，1932年出生于马来亚，虽然生在异乡，但对祖国却有着一颗拳拳赤子之心。他如同一只燕子，不断地啄来春泥，为家乡建设添砖加瓦。1992年，他首次回到故乡古田县昆山村，拿出40多万元人民币修建了两所小学；1993年又拿出近50万元为这两所学校添置了20台电脑。昆山村的长6千米、宽5米的村路，也是他花了80多万元兴建的。1994年，他为修建古田县连接316国道的谷水路捐资5000多万元。他表示："我的祖籍在宁德古田，这是我第三次到宁德，宁德的变化真是日新月异。此次刚刚参加了首届世界闽商大会，又赶回家乡参加宁德招商节，我的感触是乡情浓、商机更浓！这次我准备把好的项目带回到马来西亚进行推介，为家乡的建设尽一份力！"

在巴西，何氏企业是南美洲最大的华侨企业。在巴西艰难创业的何德光虽然身在异国他乡，却时刻心系着祖国。随着企业的发展壮大、影响力不断增强，何德光逐渐成为当地著名的华商领袖，并带动整个家族不断传承爱国情怀。这个爱国华侨家族的根在福建邵武，当邵武市外事侨务办和侨联的两名工作人员组成参访团，应邀到巴西何氏企业参观访问时，已年过古稀的公司董事长、中巴企业家协会会长何行夫妇，不仅亲自陪着参访团参观企业，而且在公司庄严地升起中国国旗，欢迎这个仅有两名成员的来自家乡的参访团的到来。"这或许是他们接待的级别最低、规模最小的参访团了。能有如此礼遇，是因为参访团来自家乡，来自祖国！"回忆起出访亲历，参访团成员张贵美依旧心潮澎湃。在20世纪八九十年代，何氏企业主要从事电子电器产品的贸易，从国外进口成品在巴西销售。时逢中国不断扩大对外开放，何氏企业将进口来源从美国、日本、韩国等地逐渐地转向了中国。2008年，受亚洲金融风暴的影响，作为贸易大国的中国出口受到严重影响。何氏企业果断地停止了从其他国家进口产品，转为全部从中国进口，当年从中国的进口额不降反升，增长率达50％以上。几十年来，何氏企业的管理者何氏家族几代人传承爱国情怀，为中巴经贸文化交流做出了突出贡献。何德光的小儿子、长期担任巴西福建同乡总会会长、现为名誉会长的何安,看到近年来不断发展壮大的巴西华侨企业有投资祖国的意愿,于 2010 年牵头组织十余位巴西华侨企业家成立巴西闽台总商会。巴西闽台总商会回国投资的第一个项目是福建平潭高端生态旅游区,该项目计划投资 10 亿～15 亿元,建设高档酒店和商业街。

岁岁年年,一代一代,华商不仅在世界经济中起着重要作用,他们也心系故乡,为祖(籍)国的建设添砖加瓦,搭起了中外商业和友爱来往的桥梁。作为侨领陈弼臣的长子,陈有庆在商界享有崇高声誉,数十年来致力于促进祖国与外界的沟通和联系,回乡最喜欢做的事是回到旧居,看父母的照片,重温童年的回忆,他说:"我父亲对中国改革开放很有信心,父亲投资中国除了看好中国市场的巨大潜力外,也是为了表达一份爱国情怀,支援家乡建设,因此我也有一份自豪感,也感到自己的义务和承担。"

和众多华人华侨一样,故乡是华商丘鸿彬心中化不开的浓情,随着事业的成功,他"回家"的念头也日渐强烈。2015 年 9 月 20 日,厦门赣州商会成立,丘鸿彬当选为商会荣誉会长,20 多万名在厦门的赣州籍人士有了自己的"家"。2016 年 5 月 14 日至 17 日,丘鸿彬率领商会企业回乡,赴瑞金、赣州经开区、龙南、南康等地进行投资考察。从赣州经济技术开发区、赣州综合保税区、赣州新能源汽车科技城到龙南经济技术开发区,从瑞金共和国摇篮旅游区、瑞金经济技术开发区到赣州港和南康家具城,丘鸿彬率领的商会企业考察团,一路感受到赣州众多"国字号"平台的磁场效应,更感受到了赣州工业经济发展的强大潜力和势能。

对于广大海外闽商而言,"爱国爱乡、海纳百川、乐善好施、敢拼会赢"是他们的共同特征,而且这种爱已经不仅是对家乡福建的爱,而是升华到了"苟利国家生死以,岂因祸福避趋之"的对祖国的感情。他们无论身在何处,总是对故土有特别深厚的感情,对祖国和家乡的发展有极强烈的责任感。龙胜行集团董事长、美国华商会会长邓龙说他自己对于祖籍国的感情,还是那句话形容得最贴切——洋装虽然穿在身,我心依然是中国心。作为一名具有丰富经验和国际视野的业内专家,邓龙非常希望为中国食品业的发展做出自己的贡献。他将其在美国具有多年成熟运作经验的一种美式新型农产超市引进中国,在天津投资 3000 万美元,改造和新建 40 个市场,实行连锁化经营。林进荣 1923 年出生在新加坡,1949 年开始办实业,林先生时刻关注着家乡东山的建设,他曾经为建设康美中学和村政建设捐资几万元,在新加坡华侨中募捐 100 多万元支持家乡建设。他说，爱乡情怀是与生俱来的，几乎每年他都会回东山看看，筹划成立"漳州探亲团"，希望能带动更多的新加坡华侨到家乡来看看。

闽籍华商魏成辉因为对家乡怀有深厚感情，他在新加坡的两大食品工业集团（第一家食品厂有限公司和超级咖啡食品制造有限公司）通过江苏恒顺调味食品有限公司，在中国江苏省镇江市建造全球最大的香醋制造厂。香醋厂第一阶段的投资额为 5 亿人民币（约 1 亿新元），全面投入生产后，其年产量将达 50 万吨。

祖籍南靖的泰国福建会馆理事长张建禄说，改革开放以来，中国的变化一日千里，到处是欣欣向荣、蒸蒸日上的景象，家乡塔下村也发生了翻天覆地的变化，尤其是在福建土楼被列入世界文化遗产名录后，土楼开始走向世界，世人走进土楼，"我们坚信，土楼的明天会更好，家乡的明天会更好，中国的明天会更好！"

作为美国福建商会会长，林慈飞每年都会回国几次，组织商会成员回乡投资。与大多数回国的华商把资金投入金融、房地产这些周期短、见效快、回报高的项目不同，林慈飞回国投资的重点选择了经济落后的边远地区。位于闽西北偏远山区的永安是他的第一站。他投入巨资兴建被普遍认为是无人问津的城市公共基础设施项目——永安乐西地热供水项目。很多人对林慈飞的投资方向是否正确提出质疑。对此，他回答："我做这个项目，是因为自己是中国人，这利于国家，利于百姓，希望百姓有更好的条件，我们也希望在这里有一点回报。"

1937 年 11 月，杨孙西出生于福建泉州的一个华侨家庭，后跟随父亲在菲律宾做生意。杨孙西有着与改革开放共同发展的创业历程和心系祖国的赤子情怀。广东、福建是中国内陆最先开放的两省，福建又是他的家乡，所以他第一时间就想到了家乡福建，在那里让香江国际伴随着改革开放的步伐一起成长。在 1997 年香港回归前夕，杨孙西作为香港基本法委员会的筹备委员，就基本法的制定参加讨论。后来，他先后开发建设了北京三元桥的友谊花园、北京 CBD 的财富中心等地标性建筑，对于祖国的发展做出了自己的贡献。

生于福建莆田的华商黄日昌自幼家境贫寒。1936 年，他随邻居陈亚财远渡南洋谋生，从经营脚踏车开始，继而发展成为新加坡的"自行车大王"。他经营的聚昌公司从小到大，所代理的产品也从脚踏车发展到三洋冷气、电风扇、电饭锅、微波炉、洗衣机等家电产品。至 20 世纪 70 年代，聚昌公司成为新加坡最大的空调制造商、贸易商,也是东南亚最大的成衣设备经营商。改革开放后,黄日昌牵挂着家乡的发展,投入巨资在莆田兴办了首家中外合资企业。后来,他还在莆田福厦路两边,一口气兴建了饲料厂和聚福、聚祥、聚茂、聚华、福祥等几家鞋厂、饮料厂、染布厂,解决了大量乡亲的就业问题。

5.2　华商与民主革命时期中国经济的发展

在战乱不断的民主革命时期,外国侵略者的资本长期霸占着我国经济,影响着我国近代工业的发展。例如,19 世纪 40—60 年代,上海出现了以修船造船、丝绸纺织、印刷等为主的近代工业,所有企业均为外国人开办。在此期间,广大华商在夹缝中积极投身我国的经济建设,为我国民族工业的发展做出了很大的贡献。

5.2.1　华商与我国近代民族工业的雏形

19 世纪 60 年代至 20 世纪初,在我国同时出现了中资官办企业和华商企业,并迅速发展。例如,1860 年汕头开埠后,广东梅州华商沾地利之先,开办了不少近代工业企业,他们采用当时最为先进的近代工业生产工艺和管理模式。其中,国内华商创办的工业企业包括发昌机器厂、建昌钢铁机器厂、邓泰记机器厂等。

1872 年,南洋华商陈启沅投资数万银圆,在广东南海创办机器缫丝厂,揭开了近代华商投资国内工业的序幕。此后,有美洲华商黄秉常于 1890 年投资 10 万银圆在广州创办电灯公司,同年菲律宾华商廖芬记在厦门投资开设茂发茶叶行,祖籍潮州大埔的印度尼西亚华商张弼士 1892 年以来先后在广东投资创设了盐业公司、垦牧公司、机器制造厂、广三铁路,在山东烟台投资创办张裕酿酒公司等。① 至 19 世纪 90 年代初,华商企业增 30 多家,经营业务由船舶修造扩展到多种行业。到辛亥革命前夕,上海出现了华商造纸、面粉、染织、呢绒、麻纺织、卷烟、食品、榨油、烛皂等新行业,并出现了华商的电灯公司、求新机器轮船制造厂、大隆机器厂等知名企业。

---

① 《大浦县地方志》编纂委员会.大浦县志[M].广东人民出版社,1992:584-585.

华商对于我国近代工业的发展做出了突出贡献,他们开创了在内陆投资办企业的先河。在创办各种近代工业企业的过程中,广东华商引进了先进的近代工业设备。[①] 例如,1906 年,祖籍广东梅县的印度尼西亚华商张榕轩、张耀轩投巨资修建中国第一条纯商办铁路——潮汕铁路。1915 年由华侨黄兰君等人集资建成的梅县光耀电灯股份有限公司,就从广州、上海乃至德国购买输电线材和发电机,公司年发电量约 5 万度,供 1000 用户家庭使用,一直持续到新中国成立前期。[②] 除此之外,还有梅县华商从国外购买机器设备在家乡开办的织袜厂、机器修理厂、火柴厂、玻璃厂等。[③] 在华商的投资建设下,广东侨乡的工业经济逐渐繁荣起来。

第一次世界大战爆发后,由于西方列强减少对中国的商品和资本输出,国民政府积极鼓励民间资本办企业,广大国内外华商趁此契机在国内大力发展业务。例如,在煤炭产业,华商资本占有了一定比例(如表 5-1 所示),根据王方中在《中国民族资本主义的兴衰》中的统计,全国华商机器采煤量从 1912 年的 180 万吨,增加到 1919 年的 330 万吨。

表 5-1　1913 年在中国的外商、华商煤矿比例一览表(%)

企业类型	年产量			
	≥100 万吨	10 万~100 万吨	1 万~10 万吨	≤1 万吨
外商企业	100	88.5	41.1	0
华商企业	0	11.5	59.5	100

资料来源:摘自汪敬虞《中国近代工业史资料》。

以上海为例,到 20 世纪 20 年代初,形成了一批影响国计民生的规模企业,有"面粉大王"荣宗敬、荣德生兄弟的申新企业集团,郭顺兄弟的永安企业集团,简照明、简照南兄弟的南洋烟草公司,刘达三的中华美术珐琅厂,陆伯鸿等的和兴钢铁厂,刘鸿生的章华毛纺织厂、大中华火柴厂、上海水泥厂等,部分行业取得了长足发展(如表 5-2 所示)。

---

① 许梅.二次世界大战前东南亚华侨与祖籍地的密切联系及其原因分析[J].东南亚研究,2006(1).

② 彭钦文.梅县侨声[J].1996(3).

③ 《梅州市华侨志》编纂委员会.梅州市华侨历史学会编.梅州市华侨志[M],2001:64.

表 5-2　华商企业部分行业 1912—1920 年发展概况

行　　业		1912 年	1920 年	发展速度 (1921=100)	平均增长率 (%)
棉纺 织业	华商纱厂纱锭数 (枚)	509564	1598074	313.6	12.1
	华商纱厂布机数 (台)	2616	6675	255.2	11.0
机制 面粉业	华商厂日产能力 (包)	66470	203950	306.8	17.4
	华商厂产量 (万包)	1966	8316	423.0	19.8

资料来源：摘自汪敬虞《中国近代工业史资料》。

　　1925 年的五卅运动激起了民众抵制外货、提倡国货的爱国运动，这为华商工业发展提供新的机遇。在国内外华商的共同努力下，重工业出现大鑫炼钢厂、中国制铜厂、华昌钢精厂、中华辗铜厂等有色金属生产企业，化工业有正泰橡胶厂、大中华橡胶厂、天原化工厂、中孚染料厂、中国酒精厂等，机械工业形成船舶修造、轧花机制造、缫丝机制造、纺织针织机修配、机器安装、公用事业修配、印刷机制造等七个行业。

　　与此同时，国内外华商积极吸取西方工业经营管理的经验，创造了佛手味精、华生电扇、华成电机、美亚真丝被面、章华呢绒、永和热水袋、金城热水瓶、回力球鞋、大中华轮胎等代表中国民族工业生产水准的知名产品，奠定了中国近代民族工业的基本雏形。

　　与华商在家乡投资办厂同步进行的是侨乡生活方式的改变。像电灯、自来水、汽车、火车等近代西方的先进科技成果在中国近代的大部分地区并不多见，而广东侨乡人民在民国初期已经在生活中熟悉它们了，这是华商对华商家乡的贡献。而闽南籍侨胞素有在厦门投资、置屋建业的传统，据有关资料记载，从清光绪元年（1875 年）至 1949 年的 74 年间，东南亚华侨在厦门房地产业的投资占东南亚华侨投资总额的 65.17％。

5.2.2 对我国近代工业做出突出贡献的知名华商

　　(1) 陈启沅创办的继昌隆缫丝厂

　　陈启沅 (1834—1903 年)，广东省南海县 (今广东省南海区) 西樵简村人，是我国近代的爱国华侨、著名的民族企业家，他在中国生丝在国际上的竞争力日渐低弱之时，怀着"还哺祖国"（陈启沅语）的心愿，1872年从越南回国后，创办了我国第一家民族资本经营的机器缫丝厂——继昌隆缫丝厂，这标志着我国缫丝工业进入了新的历史时期，促进了珠江三角洲乃至全国缫丝工业的发展，增强了我国缫丝在国际市场上的竞争能力。

他率先引进新的工艺方法，成为中国第一位采用机器缫丝新法，不仅将先进的机器缫丝技术传给了家乡人民，还亲自设计制作了"机汽大偈"、"缫丝小机"等先进的缫丝机械，使"厂丝"竞争力远远高于"土丝"，为中国丝业继续立于不败之地做出了重要贡献。并且，他还使中国缫丝业从手工作坊式走向企业规模化管理、机械化生产、系统化经营，产品畅销于欧美地区。由于机器缫丝的效率可提升10余倍，每名工人的日缫丝量可达40～50斤，且产品细滑光洁弹性大，掀起了纺织业的第一轮工业革命，开创了当时广东、珠江三角洲甚至全中国纺织业的新篇章，因而被作为中国第一位采用机器缫丝的民族资本家载入史册，流芳百世。

（2）张弼士与我国近代的酿酒工业

张弼士（1841—1916年），祖籍广东省梅州市大埔县，15岁到印度尼西亚发展，涉足酒业、种植业、药材业、采锡业、船运业，后来生意做到了新加坡、马来西亚、泰国、越南、菲律宾等地，并发展成为当时东南亚的首富，故美国人曾把他称为"中国的洛克菲勒"。在海外事业取得成功后，为我国近代酿酒业做出了突出的贡献。

19世纪末，张弼士投资300多万银圆在烟台购地千亩，创办了张裕酿酒公司，由此拉开了中国葡萄酒工业化的序幕。《张裕公司志》里记载："尽管我国葡萄种植、酿酒的历史可以上溯到汉朝，但葡萄酒工业化生产实以张裕公司为开端。"张裕公司的创建被北京中华世纪坛记载为中国1892年所发生的四件大事之一，孙中山先生曾为张裕题词"品重醴泉"，盛赞张裕产品质量极佳。康有为也曾给张裕公司写下了"浅饮张裕葡萄酒，移植丰台芍药花，更复法华写新句，欣于所遇即为家"的诗句。

自百余年前张裕公司创立以来，他引进了欧美葡萄良种进行栽植，酿造出"金奖白兰地"和"味美思"等名酒，开创了中国历史上用科学方法酿制优质葡萄酒的途径，而且质量始终是其坚定不移的信仰和孜孜不倦的追求。1915年，在美国旧金山举行的巴拿马万国商品博览会上，张弼士带着自己公司酿造的三种酒参展，结果一举获得金质奖章，直到今天，现在中国出口的金奖白兰地就是张弼士的杰作。1931年，张裕公司以蛇龙珠为原料，酿造出中国第一瓶干红葡萄酒，并命名为"解百纳"，时法国驻印度尼西亚巴城（今雅加达）领事曾对他说："中国烟台葡萄可酿上等名酒。"2002 年 7 月，"张裕"被中国工业经济联合会评为"最具国际竞争力向世界名牌进军的 16 家民族品牌之一"。

除了酿酒以外，1910 年起张弼士又先后在广州创办省城亚通机器制造厂、雷州机械火犁厂等，开创了海外华侨在内陆投资的先河。此外，他还在广州、雷州、惠州、佛山创办种植业，投巨资修建广三（广州至三水）和粤汉（广东至武汉）铁路等。

(3) 张煜南兄弟等华商与中国近代交通事业的发展

在 20 世纪以前，自封为天朝大国的清朝竟然没有一条铁路。于是在清朝末年，华商兴起了一股回国投资建铁路的浪潮。例如，张煜南兄弟回国建设了全长 42.1 千米的潮汕铁路；闽籍印度尼西亚华商于 1905 年创办了漳厦铁路公司，至 1910 年已局部通车；1916 年，华商萧林秋等人总投资 22.5 万元，修建成汕（头）漳（林）轻便铁路。其中最突出的就是印度尼西亚华商张煜南兄弟和美国华商陈宜禧。

张煜南和张鸿南兄弟是 19 世纪末 20 世纪初印度尼西亚的著名华侨实业家和地方侨领，1878 年，他与张弼士合资开办笠旺公司，垦荒种植橡胶、咖啡、椰子和茶叶，后又合伙开设日里银行，随后又开设万永昌商号，经营各种商品。他们曾以投资兴建了中国近代史上第一条华侨资本经营的商办铁路——潮汕铁路而载入史册。1903 年，在张弼士的劝说和鼓励下，张煜南应邀回国，决心参与家乡铁路建设。他向清廷提出在韩江下游修建潮汕铁路的计划和潮汕铁路公司章程，获得了批准。从此，他向"实业救国"的理想迈出了重要的步伐。潮汕铁路从 1903 年开始筹备，至 1906 年 10 月全部干线完工，成为中国近代史上第一条由华侨投资兴建的纯商办铁路。潮汕铁路建成后，为了表彰张煜南的业绩，清廷授予他三品京堂候补，不久又提升他为考察南洋商务大臣。

美国华商陈宜禧也是献身中国铁路事业的爱国华侨，在美国西雅图刚刚开发的时候，他就去那里创业，而当中国民办工业刚刚兴起的时候，他于 1904 年毅然回国兴办铁路。作为新宁铁路的倡办人、主要股东和集资者、总理兼总工程师，他主持建成了真正是用中国人的民营资本和技术、中国人的劳力和智慧修筑的"中国第一条民营铁路"。新宁铁路全线通车后的前几年，每年客运量约为 300 万人次，货运量约为 10 多万吨，每年收入约 110 万～

120万元,到1921年公司动产和不动产共值180多万元。后来,陈宜禧又计划建筑牛湾火车铁桥,延筑阳江支路,筹建台山水力发电站,开拓三合温泉大浴场。1917年,陈宜禧曾往广州谒见孙中山先生,建议开辟铜鼓商埠,得到孙中山的嘉许,委任他和孙科、伍学晃为开埠筹备委员,后来又改委他为开埠专员,并称赞他"是有卓识和能干的人才"。

除了铁路外,华商对于家乡公路事业的发展也做出了卓越贡献。华商素有在家乡修桥造路的优良传统,这是海外华侨和港澳同胞热爱桑梓、建设家乡的一项善举活动,也是海外乡亲对祖国家乡的一种贡献。在福建,早在清咸丰年间(1851—1861年),侨乡族谱已记载南安华商杨肇基在家乡修桥造路的史实;光绪年间(1875—1908年),泉州地区华商捐资修桥造路已颇具规模,比较著名的有,南安华商蔡启昌捐修的安平、曾庄、谷溪仔等处桥梁,修筑官桥、泉州、安海、岭兜等地大路,华商李耀垣建澳江桥并修筑道路20余里,永春华商李士祚及其儿子李俊承捐资重修泉永通道上的通仙桥(即东关桥),使具有800年历史的廊式古桥,得以保留至今。

在民国年间,闽粤华侨在家乡捐资修桥造路的热情不减。比较主要的有:民国初年,安溪华侨二度修建澳江盘石桥,费银30万银圆;20世纪20年代,南安、晋江有许多新建的桥梁是由华侨捐资修筑的,如1930年由马来西亚华商李俊承等人集资捐建永春当时最大的钢筋水泥桥云龙桥。在广东,梅县的梅城、丙村和松口,于20世纪30年代相继由华侨捐资兴建梅江、锦江和梅东三座大桥,花县(今花都区)华侨集资捐建大坂大桥、白水砌大桥以及安运桥等等。这些桥梁的修建,大大促进了当地交通运输业的发展。

5.3　华商与新中国经济的总体发展

5.3.1 新中国成立初期华商对家乡经济的贡献

1949年10月新中国成立之时,凝聚在华侨心头的爱国热情像火山一样爆发出来,除了投资办厂发展经济,广大华商还回乡大力兴学、办医院,支持教育、医疗等公益事业发展。

例如,1951年11月,福建省人民政府接受印度尼西亚华侨第一届回国观光团的闽籍华侨代表郭瑞人、林珠光等倡议,筹建福建华侨投资公司,引导华侨、侨眷和港澳同胞投资本省地方工业和其他生产建设事业。1952 年7 月 20 日,"福建华侨投资股份有限公司"正式成立,据福建省华侨投资公司的资料,自 1952 年 7 月成立以来到 1962 年 6 月的 10 年间,广大华商踊跃回国,投资户数达到 1.1 万多户,投资总额增加 18 倍,1962 年华侨投资金额相当于新中国成立前华侨投资福建工业金额的 3 倍。

根据晋江市政府的统计,改革开放前夕,当地农民的人均年收入为 107元人民币,其中来自侨汇的人均年收入为 50 元人民币,仍占 46.7%。在特殊时期,如 1959—1961 年,晋江县侨联发动侨胞、侨眷从国外进口化肥11433吨,折合港币 342.99 万元,支援家乡发展农业生产。同时进口粮油等物资 5354 吨,缓解了三年困难时期给人民带来的损害。晋江陈埭镇早期创办企业的 5100 万元资金中,侨资占了 55%,利用侨属闲房办厂的占82%。1950—1987 年有 18 个乡镇、163 村接受海外乡亲修桥造路捐赠共达 1711 万元,其中金井 394 万元、石狮 320 万元、龙湖 299 万元,获赠汽车 177 辆。

新中国成立初期,广东省旅居古巴的华侨有 3 万多人。1961 年 4 月,中国银行广州分行根据中侨委和中国银行总行的通知精神,与古巴政府和银行达成共识:旅古华侨汇款回国可向古巴"中华总会馆"进行登记,每月汇总一次,将汇款清单送古巴国家银行汇交中行广州分行解款。据统计,至1961 年年底,古巴国家银行先后向中国银行广州分行汇入侨汇 2277 笔,折合人民币 1300 万多元。1973 年 3 月到 1974 年 4 月间,广东解付美洲侨汇如下:美国汇入广东 6647 笔,美元 87 万元;加拿大汇入 379 笔,加币 14 万元。1978 年,仅春节的三天,从美国汇入广东的侨汇就达 1.3 万笔,大大促进了侨乡经济的发展。

此外,还继续捐资修桥筑路,支持家乡交通运输事业的发展。在福建福清、闽清、闽侯、连江、永定、龙岩等地也有许多华商捐资修建的桥梁和道路。据 1986 年的统计,仅福清县 14 个乡镇华侨共捐资 300 多万元,修建 2.5 千米街道、100 千米村道、蹬道,建筑 24 座桥梁,还赠送 360 辆汽车和拖拉机。在晋江,华商李昭进发动侨亲铺建全村村道 22 条,环村水泥道 4 条,使村里所有村道、巷道水泥化。1992 年,在兴建学校的同时,李昭进夫妇又独资兴建圳溪"爱国桥",便利村民师生前往学校。

在广东侨乡,华商在家乡捐资修桥造路比福建更为突出。据广东省侨务办公室的统计,广东从 1978 年到 1989 年 9 月,接受华侨、港澳同胞和外籍华人捐资修筑的桥梁有 2663 座、公路 7793 千米。其中,潮汕地区华商 1978—1987 年捐资 6953 万元,建桥 265 座,修路 557 千米。潮州市韩江大桥的建设得到华商的大力支持,捐资额超过 1000 万港元;梅县地区 1979—1987 年接受华商捐款 2583 万元,建桥 697 座,修路 495.5 千米;大埔县 1979—1987 年华商捐资修筑的公路有 37 条,桥梁有 180 多座,码头有 4 处,捐赠的汽车、船只有 70 多辆(艘)。番禺大石大桥是 1984 年由港澳知名人士何贤、何添和霍英东捐助 500 万元兴建的,后来,他们又合捐 1700 万元兴建洛溪大桥。

在其他侨乡,华商捐资修桥筑路也比比皆是。在海南,文昌县仅 1985 年就有华商集资捐建桥梁 6 座,修建公路 16 千米。1979—1984 年琼海华商捐赠汽车 324 辆,供各地乡亲使用。在浙江侨乡,船王包玉刚在宁波家乡庄市捐款 100 万元修建了包兆龙路等。

5.3.2 改革开放初期华商对我国经济发展的贡献

在"文革"时期,由于种种原因,华商与中国的直接经贸关系基本中断。1978 年以后,中国政府全力实施主要针对华商的对外经济开放政策,邓小平做出了重要决策,决定利用华商推动中国改革开放和实现四个现代化目标,1980 年四个经济特区的建立,主要目的也是吸引华商前来投资。[①] 在此期间,华商在中国的投资规模较小,大多是以试探性为主的中小型投资。而且率先到中国投资的华商很多先到香港注册以后再以港商身份进入内地,也有的企业集团通过在香港股市或者与他国合作等方式,投资区域主要集中在沿海地区,以第三产业为主。

改革开放初期我国的发展水平还比较低,投资环境也并不理想。为了吸引华商回国投资,党和国家领导人积极与华商进行沟通。1986 年 6 月,邓小平先生会见了 200 多位从美国、加拿大、澳大利亚、巴西、联邦德国、瑞士等国家以及港澳地区的著名华商领袖,向他们发出了广泛团结爱国同胞共同建设祖国的强烈信号。于是,广大华商积极参与国内建设,成为中国现

---

① 庄国土.东亚华商网络的发展趋势——以海外华资在中国大陆的投资为例[J].当代亚太,2006(3).

代化建设事业的积极开拓者、参与者、贡献者，是实现中华民族伟大复兴的重要力量之一。

在此背景下，1984 年 3 月，李昭进先生带着深情厚谊回到晋江石圳村，受到乡亲们的热烈欢迎。他踏上故土，审视村容，漫步田间，觉得别离几十年来故乡山海似乎依旧，村容村貌、环境卫生改观不大，文化生活还是落后，人们仍然"日出而作，日落而息"，于是立志要造福社会，为家乡公益事业尽绵薄之力。李昭进是这样想的，也是这样做的，在此后的十多年里，他为家乡公益事业做出了重大的贡献。1988 年，李昭进率领石圳村侨亲回乡恳亲团一百多人回乡恳亲，兴办公益。先是决定改变村容村貌，选择"填小厕，建大厕"。当时村民由于受旧的小生产者思想的束缚，认为捐资建公厕留名于厕不光彩，还是捐建其他公益项目好。李昭进不为所动，慨捐 40 万元，填没小厕所 600 多个并新建公厕 23 个，同时购置垃圾桶和垃圾车，并雇用清洁工清理环境卫生，改变村容脏、乱、差的落后面貌。

李昭进不仅热心于家乡公益事业，而且大力促进祖国经济的发展。由于他对厦门怀有深厚感情，从 1983 年开始，他多次由菲律宾抵达厦门。为了帮助厦门尽快发展起来，他积极招商引资，把厦门市人民政府欢迎海外华侨、华人投资厦门的举措和优惠政策，介绍给海外华侨华人，促成菲律宾商业巨子及亚洲世界国际集团投资开发厦门高科技工业城、兴建大酒店及开发房地产业。

同时，李昭进还是一位有资历、有知识、有远见、有魄力、有广泛人脉的华商和企业家，厦门市人民政府经常请他为厦门特区建设出谋献策。在座谈会上，他坦诚地提出建议："厦门要聘请一些热爱厦门，愿为厦门建设做出贡献，且富有才能智慧和要出钱出力的人士为'智囊团'，这样就可以集思广益，使世界先进的经验为我所用，让厦门经济建设迅速腾飞。"厦门市人民政府采纳李先生的宝贵意见。1993 年 3 月，厦门市人民政府敦聘李昭进为厦门市人民政府经济顾问。

李昭进不仅关心厦门建设，而且关心祖国中西部开发。例如，郑州市大型外资项目之一国泰花园，1997 年 6 月在郑州隆重举行奠基仪式。该项目就是菲律宾华人实业家庄铭忠、李昭进投资的，该项目占地 150 亩，规划建设高级别墅及商住楼，建筑面积 185876 平方米。

李昭进的居住国菲律宾决定购买一颗通信卫星，向哪个国家购买在当地决策者中争执不休。菲长途电话公司常务董事长庄铭忠、顾问李昭进等华商认为中国航天技术进步很快，定能发射成功，况且价格便宜一半多，便从多方面参与、推动、争取，促使菲长途电话公司同中国签订"购买通信卫星协议书"。1997年8月20日，中国在四川西昌火箭发射基地，为菲律宾发射首颗"马武海飞鹰二号"通信卫星，为中国在国际通信商业上的竞争获得成功立下功勋，有关人员受到中菲双方领导人的祝贺和赞扬。中国长城工业总公司颁发给李昭进奖牌以示奖励："李顾问昭进先生：你为中菲合作发射'马武海飞鹰二号'通信卫星，提供多方协助，贡献良多，特致赠奖牌，借申谢忱，并资表扬。"

以李昭进为代表之一的东南亚华商作为到国内投资的主体，他们多从事商业贸易、餐饮服务、制造等华人赖以生存的传统行业为主。例如，陈永栽的菲律宾银行在全国有270多家分支机构，经营资产达1350亿菲律宾比索。[1] 这些产业在国内无疑具有广阔的市场和发展前景，国内市场对相关产品或服务的巨大需求使许多华商把相关产业引入国内。1991年，力宝集团的李文正开始投资中国市场，不仅在莆田、福州、深圳等地开设办事处，而且还在家乡莆田投资兴建湄洲湾火电厂，投资总额将高达55亿美元，是迄今为止莆田最大的外资项目。

马来西亚最有影响力的一批华商中，海鸥集团的陈凯希是相当活跃的人物之一，海鸥集团是马来西亚最大的中国商品代理经销集团。他虽然不是土生土长的华人，但他30年来的创业经历和言谈举止都可以让人很快被他的中国情结所感动。他生于新加坡，是华人第二代，为了生存，养成了自强不息的个性。1974年，中国与马来西亚建交，陈凯希凭着自己的政治敏感与远见，带着几分乡土情结，和好友商议创办专销中国货的公司。1975年，陈凯希开办了一家小公司，因为他们所经营的第一个商品是中国的"海鸥"牌洗发水，取名为"海鸥"。30年后，"海鸥"牌洗发水及其系列产品已从中国市场销声匿迹，但海鸥集团却因经营中国商品而成长壮大、兴旺发达起来。在困境中发展壮大的海鸥集团，由一个品种年销几百箱，发展到100多个品种年销数万箱，占马来西亚中药酒市场份额一半以上的规模，并于1996年成功上市。2004年，海鸥集团营业额已达到一亿九千多万马币。陈凯希也因一直倾心于中马经贸当选为马中友好协会秘书长。当中国品牌已凝聚了强大的实力，欲加大步伐走出国门走向世界之时，陈凯希又专心推动

---

① 陈彤.华商以及福建—东盟的农业经贸交流[J].亚太经济，2007(1).

中国品牌的国际化进程，做中国品牌的集体东拓开路人。

事实上，在我国改革开放之初，率先来我国投资的外商主要就是华商，尽管规模各异，但都使得他们在国内的发展占据了先机。其中，大部分是中小型企业，当初甚至本身只是一些"侨汇"，领域也以"三来一补"加工工业为主，正是这些华商开拓进取的精神，才使闽粤地区形成许多家电城、鞋城、服装城，从而激活了地方经济。他们带来的资本和技术投入第二、三产业，不仅创造了很多就业机会，也促进了当地的经济发展。例如，广东梅县松口镇的1000多间门店中有60%左右是侨资兴建或侨资购买的。华侨、侨眷还踊跃入股，集资兴办了挂历纸厂（即梅县造纸厂）、黄石仑水电站、侨光玻璃墨水厂、松香厂，兴建了梅县华侨大厦、华侨戏院、华侨水电站、松口影剧院等，促进了地方工业城乡建设的发展。

以祖籍广东揭阳的华商汪林冰为例，他是湖州市侨资企业商会会长，荣膺"世界杰出华人奖"，同时加冕美国哈姆斯顿大学荣誉博士学位称号。20世纪80年代初，他就在国内投资兴办了15家外资企业。1993年年初，汪林冰便将其家族企业——亚洲最大的制糖企业"泰国二仪制糖集团"引进广西，出资6亿人民币收购改造了广西5家国有糖厂，创办了"广西东亚制糖工业集团"，年产值达到20亿元人民币，成为中国最大的制糖企业和当地的支柱产业。

早在1984年，新加坡华商黄祖耀的大华银行便在北京开设了第一家办事处。2006年，大华银行成为上海第一家获批为客户处理资本账目的东南亚银行。2008年，大华银行（中国）获得了人民币零售业务牌照；2011年获得了上海黄金交易所授予的在华黄金交易会员资格；2012年7月，大华银行（中国）获得合格境内机构投资者（QDII）资格，同年12月，又获得了银行间黄金询价资格，成为首批获得此项资格的四家外资银行之一。

另外，华商的投资更为当地民营企业起到示范作用，使侨乡企业走向集团化经营的企业现代之路，同时国有企业也通过各种形式开辟了一条条新路，如与华商投资企业、私营企业、乡镇企业联合嫁接、收购与股份制改进，使国有企业走出困境，经济效益明显提高，培养了一批精干的市场化运作的职业企业家。例如，20世纪90年代初，华商黄鸿年旗下的香港中策公司收购山西太原橡胶厂是第一起港资收购国有企业的案例，给对收购十分陌生的国人上了生动的一课。自1992年开始，中策公司先后与太原、杭州、银川、重庆、大连、烟台等6家大型国有橡胶轮胎企业及其他企业合资，同时基于这些企业的现有固定资产和经营业绩到国外发行股票,中策公司投资的规模、对象、行为、方式引起了广泛的关注,人们将之称为"中策现象"。

在这个时期,除了中小型华商企业的投资外,还有许多大型华商企业集团也进入国内投资。例如,1976年,印度尼西亚实嘉集团的黄世伟第一次回到中国,那次行程是和中国粮油公司广东分公司洽谈腰果收购的合同,双方签订了由实嘉集团供应5000吨有壳腰果的出口协议。林绍良的三林集团自20世纪80年代就开始参与在中国的投资。1980年,颜纯炯的香港环球制帽开始与广州制帽厂开展来料加工业务,1982年在广东南海、阳江、广州等地开办制帽厂。1986年,卢文端的荣利集团于东莞建立生产基地。1987年,澳门华商何富强的汇富集团将厂房搬到了珠海。成功集团的陈志远在20世纪末期,便与南京市政府合资建设了国家级重点项目南京长江第二大桥,项目总投资高达32亿元,并投资重建北京石景山游乐园。

以此为开端,大型华人企业集团在中国的投资迅速增加,郭鹤年、郭芳枫、林梧桐等诸多著名华商率先进入国内发展,郭鹤年率先于1984年就与中国经贸部洽谈,先后在杭州投资兴建杭州饭店,在北京营建中国国际贸易中心和北京香格里拉酒店。几乎在同一时期,祖籍福建的郭芳枫的丰隆集团也在国内投资,将核心制造业的海外投资重点放在厦门和常熟等地,主要投资电缆和电器制造等项目,林梧桐的云顶集团已经与北京机场合作,在全国各地设立传呼业务站,而且还在山东东营勘探油田,在汕头兴建棕油提炼厂。

邓小平"南方谈话"后,改革开放范围进一步扩大和深化。在原有的经济特区、沿海开放城市和地区对外开放的基础上,进一步开放沿江、沿边及内陆各地,形成了全方位、多层次、宽领域的对外开放格局。随着开放程度的空前扩大,国内各省的投资政策逐步完善,投资环境不断改善。同时,为了吸引更多的投资,各地政府不仅有优惠的投资政策,还不断改善投资环境,水、电、路、通信等基础设施日益完善,还制定了一系列保护华商对中国投资相对稳定、连续、可预期和可操作的法律体系,进一步完善华商投资企业投诉制度、知识产权制度等。

与此同时,党和国家领导人也高度重视华商对中国经济的重要作用。前国家主席江泽民每次出访时,总要安排时间会见当地的华商领袖、华人华侨代表等,他曾先后会见了美中经济文化促进会会长谷敏及主要成员、葡萄牙华侨华人总会会长周洪泽为及主要成员、意大利华商总会会长留志然及商会主要成员等杰出华商。前国家主席胡锦涛同志曾经指出："要按照凝聚侨心、汇集侨智、发挥侨力、维护侨益的要求，最大限度地把归侨侨眷和海外侨胞团结起来，最大限度地把归侨侨眷和海外侨胞的积极性调动起来，最大限度地把归侨侨眷和海外侨胞的独特优势发挥出来。"国家主席习近平在祝贺第十二届世界华商大会开幕的致信中强调："全面建成小康社会，实现中华民族伟大复兴，为广大华商施展抱负提供了广阔舞台。我们将进一步深化改革、完善政策、强化服务，依法保护华商投资兴业权益，鼓励和支持广大华商为中国发展献智出力。"

5.3.3 全面改革开放时期华商对我国经济发展的贡献

随着改革开放的全面推进，我国经济实现了腾飞，同时也为华商在国内的发展提供了良好机遇，他们在国内的投资步伐明显加快。例如，1992 年以来，印度尼西亚力宝集团的刘文正就开始关注在中国的金融、大型实业投资及房地产方面。林绍良的三林集团自 20 世纪 80 年代开始在中国的投资后，进入 21 世后投资进程明显加快，三林万业（上海）企业集团有限公司是三林集团于 2002 年和 2005 年两次共斥资 2.5 亿美元通过收购原中远置业集团的全部股份，在中国建立的投资和管理平台，现注册资本为人民币 22 亿元。三林集团在中国的投资累计已超过 10 亿美元，涉及农业、建材、食品、度假村、汽车制造。2002 年 9 月，林绍良果然使出大手笔：斥资 5 亿美元成功购得中国远洋运输集团总公司经营的地产旗舰企业——中远置业集团有限公司 45％的股权。

印度尼西亚著名华商陈江和的金鹰集团也是在这个时期进入中国市场，并取得了长足发展的。金鹰集团自 20 世纪 90 年代开始在中国投资，至今投资总额已超过 400 亿元，其中将近一半投资在山东。这个总资产超过 60 亿美元的国际集团越来越看重中国市场，在纸浆、造纸、粘胶纤维和能源行业投资巨大，其中广东江门造纸厂投资达 20 亿美元，是广东省第二大外资项目。[①] 陈江和说，山东是金鹰集团的老朋友，日照是金鹰集团在中国的一个重要的家。金鹰集团非常重视与山东的合作，对山东良好的投资环境

---

① 王昭.海外"华商"在大陆悄然布局［N］.人民日报（海外版），2006-06-21.

和未来发展抱有坚定信心。2016年5月30日，刘兆亮代表日照市政府与金鹰集团旗下的太平洋油气有限公司签署了清洁能源综合利用项目投资协议，该项目总投资200亿元。

福建石狮灵秀的华侨蔡国伟，从2001年开始，陆续在国内建起了上海中伦物资贸易发展有限公司、天球（福建）鞋服有限公司、天球（中国）有限公司，并建立天球纺织服装研发贸易物流中心，并由这些企业组成天球集团。如今，天球集团已经成为一家以进出口贸易为龙头，集房地产开发、物业管理、工艺品和木材销售等领域为一体的多元化大型跨国集团。

随着投资的扩大，华商们通过与祖（籍）国的互动，在中国发展、贸易、服务与投资的过程中均占据着重要位置，为我国经济发展做出了不可或缺的重大贡献。据统计，截至2007年，华侨华人、港澳同胞投资企业的数量在全国华商投资企业中在70%以上，投资金额约占我国应用外资总额的60%。仅港澳台及海外重点侨区2004年至2009年累计对华投资就达3718.3亿美元。例如，吴亦辉1994年到国内发展，主要投资于房地产、食品和航空业，总额超过28亿元，旗下顶峰地产在国内开发面积超过160万平方米，除在厦门外，分别在上海、四川成都和江苏太仓开发了大型商业和住宅项目。再如，马来西亚丰隆集团在深圳、江苏等地投资电器制造、电缆和摩托车制造等项目，建立了一批建材、电器、光电缆、摩托车等合资企业，旗下的南达钢铁投资近2亿美元。

2001年9月19日，在中国南京举行的第六届世界华商大会上，时任总理的朱镕基动情地说："迄今为止，在华投资的外资企业，大多数的项目和资金来自华商……中国经济取得的辉煌成就，海外华侨华人功不可没……你们的创业精神已经载入中国经济发展的辉煌史册！"2013年9月在成都召开的第十二届世界华商大会吸引了3000余名经济界人士参与，规模为历届之最，共签约合作项目241个，总投资额1323亿元。[1]

华商的投资给我国地方经济带来了积极的影响，为侨乡的发展提供了巨大的推动力。以广东省为例，改革开放之前，广东等侨乡向来缺少政府投资，其交通、供水、供电等基础设施落后。国家实行引进外资政策后，华人资本成为侨乡建设资金筹措的重要来源，大大弥补了经济发展资金的不足。

---

[1]　47个项目336.38亿元投资落户成都[N/OL].http://www.12thwcec.org.cn/article/97.aspx.

20 世纪 90 年代以来，以海外华资为主体的外商投资占广东省固定资产投资的比重一直保持在 14％以上，相当于全国同类比重的近 5 倍。在 1997 年这一比重达到了 29.57％，相当于全国同类比重的近 3 倍。另外，广东省的华商投资额与 GDP 之比在 1994 年为 17.93％，是 20 世纪 90 年代以来最高。由此可见，华商直接投资与广东省的固定资产投资、GDP 的成长存在着很强的相关性。它不仅加快了全省固定资产投资的步伐，而且为改革开放以来广东省 GDP 以两位数（136％）的高速增长贡献很大，形成了良好的资本效应。

再以投资福建为例，据统计，闽籍乡亲在闽兴办的侨资企业已近 3 万家，侨资已是福建引进外资的主体，侨资企业已经成为福建外向型经济发展的主要支柱。改革开放至 2012 年年底，福建实际利用外资（按验资口径）857.53 亿美元，其中侨资占 76.21％[①]。2013 年 6 月，在第四届世界闽商大会、第三届民营企业产业项目洽谈会、第十一届中国·海峡项目成果交易会（"三会合一"）上，共有来自 45 个国家和地区的 1800 名海内外闽商成功对接民营企业产业项目 1317 项，合同投资额 7982 亿元。2002 年，世界兴安同乡恳亲大会在莆田举行，华商为莆田投资了 45 个项目，总投资达 1.98 亿美元。1994 年，福建省晋江县归侨、侨眷兴办的企业有 1200 多家，总资金上亿元。据统计，2001—2005 年，连江县在产 70 多家企业中，海外闽商投资企业占到 25 家，投资总额为 1.532 亿美元。长乐市被称为"美国移民之乡"，据长乐市侨办的数据，在当地"回归工程"投资中，约有 85％的投资项目都有华商资本参与。例如，华商吕振万先后在福建省创办数十家"南"字号的现代化企业工厂，1991 年回家乡斥巨资开发建设蟠龙工业综合开发区。1991 年，新加坡第一食品公司的魏成辉在福建福清合作设立了投资约 5000 万人民币的冠辉食品公司。在具体项目方面，2010 年 5 月，由林树哲先生担任主席的香港福建社团联会代表团组织宁德籍闽商共 60 多人赴宁德市考察投资。在福清，世界福清同乡联谊会就两度在福清市举行活动，不仅引进了投资项目，而且为家乡的闽江引水工程捐资了 2 亿多元人民币。早在 2003 年，福建省仅通过这些活动就引进侨资项目 203 个，投资总额达 18.75 亿美元。

在浙江，1995 年温州市侨属企业有 226 家，总产值 365 亿元，出口创

---

① 罗钦文.以侨带路推动"海丝"建设[N].人民日报（海外版），2014-06-02.

汇 18 亿元；1996 年，广东省江门市侨属企业有 2400 多家，其总资产大约 19 亿元，安排就业 16 万人；1998 年广东省汕头市侨属企业有 1.1 万余家，产值 180 余亿元，占全市工业总产值的近 40%。而就全国范围来讲，在 1990 年，全国共有侨属企业 35000 多家，职工近 80 万人，资产总额达 13 亿余元。其中一些企业发展很快，有的年产值上亿元，产品畅销海内外。

尤其需要指出的是，华商的投资对于欠发达地区建设的投资意义更加突出，在缩小地区差异和贫富差距方面做出了卓越贡献。例如，随着"西部大开发"策略的实行，越来越多的华商将企业投放到中西部地区，已日益成为"西部大开发"和"中部突起"的重要引擎，包括香港世茂集团董事局主席许荣茂在内的诸多华商，积极参与西部的经济建设，率先带去了资金、技术和先进的管理经验，如今已经成为促进西部可持续发展的重要力量之一。2007 年，泰国华商陈德启买下宁夏十万亩戈壁建成有机生态葡萄园，现在每亩能收益 15 万元，他因此荣获"中国十大农业科技人物"称号，同时在甘肃省作为主宾省的华商投资中国峰会上，陈德启很看好甘肃祁连山一带的种植条件，表示会尽快考察当地环境并考虑投资。他说："西部正在崛起，有潜在的市场和商机需要挖掘，像贺兰山和甘肃的祁连山一带的水质和气候条件好，甚至超过法国波尔多，适合种植葡萄和酿制绝佳的葡萄酒。"

除了在国内投资外，华商还是新时期中国出口贸易的促进者。作为华侨华人中的一个特殊群体，华商是沟通中外桥梁的构建者，他们将中国商品和中华文明传向全球各地。他们很好地带动了中国外向型经济的发展，并利用其在资金、技术、管理、商业网络方面的优势，促进中国引入先进技术，帮助中国企业建立国际销售网络，带动中国商品出口。一些实力较强的华商凭借其海外销售渠道推广"中国制造"，而且随着改革开放白手起家的新华商也参加到中国商品的海外推销。据估算，1992 年至 2009 年华商直接投资企业带动中国出口总额约 2.8 万亿美元，占同期中国出口总额的 32%。截至 2011 年年底，珠三角经济区进出口总额为 3678 亿美元和5064.89亿美元，分别占广东进出口总额的 96.4% 和 95.2%，而且这些进出口贸易分别有 59.3% 和 61.6% 由外商投资企业完成，而在这些外商投资企业中，包括港澳台华商在内的华商投资企业占了绝大部分。

另外，在推进产业构造升级的进程中，华商的高科技投资也令人关注。

与其他国家的外商相比，华商更熟悉或更容易把握中国服务业的实际状况，尤其是与文化相关的服务产业运营。因此，在经历了国内的制造投资浪潮后，华商逐渐向物流、房地产、商业、研发、医疗、教育及文化等领域转移。自2006 年至今，已有几万名华商携带高新技术项目与中国企业开展项目对接。例如，已经移民美国 30 余年的美国美东华人社团联合总会主席梁冠军每年都要往返于中国和美国很多次。

据统计，在上海，华商创办的企业已超过 3500 家，仅在我国 60 多个创业园区内，华侨华人开办的高新技术企业已超过 5000 家。例如，邱达昌的远东集团在中国大力发展房地产业，如在上海创办锦秋物业管理有限公司和锦秋房地产有限公司，并在上海开拓面积达 160 万平方米、共 8000 套单元式住宅的锦秋花园住宅区；在成都开发与兴建海峡两岸科技产业开发综合配套区，为开发区内的大学城及工业区企业提供生活、文化及商务活动配套设施，总投资额大约为 10 亿元人民币。

5.4 华商在国内投资的地区结构

5.4.1 在直辖市的投资及贡献

改革开放初期至 1990 年以前，华商在国内的投资地域和领域都比较单一，大多局限在几个经济特区和华商的故乡以及广州、上海、北京等一些大城市（如表 5-3 所示），其领域主要集中在加工工业，尤其集中于轻工、纺织、服装加工以及宾馆服务业等。

表 5-3 华商在北京等直辖市的投资（部分）

姓名	所在企业	地区	投资项目概况
林梧桐（林国泰）	云顶集团	北京	与北京机场合作，在全国各地设立传呼业务站，投资密苑云顶乐园，项目投资了 15 亿元，完成了 30 条滑雪道和五星级酒店的建设。2012 年云顶乐园滑雪场和云顶酒店正式营业
郭令灿	丰隆集团	北京	旗下国浩房地产（中国）有限公司在北京投资兴建国际企业大厦、东华国际中心、西城晶华等项目

续表

姓名	所在企业	地区	投资项目概况
黄祖耀	大华银行	北京	1985 年,大华银行在北京设立了代表处,成为最先入驻北京的新加坡银行之一。2001 年,大华的北京代表处经升格为分行,成为中国加入世界贸易组织后第一家被批准在北京成立的外资银行分支机构
陈志远	成功集团	北京	投资重建北京石景山游乐园,投资 1135 万美元,与中国福利彩票发行中心、法国国际游戏公司共同兴建了北京中彩印制有限公司,2005 年 3 月 28 日上午,燕郊开发区成功(中国)大广场项目开工
何富强	环球制帽厂	北京	2008 年在北京办厂
张宗真	永同昌集团	北京	2000 年,在北京的第一个项目"嘉莲苑"开始建设。该项目总建筑面积近 8 万平方米,总投资 2 亿元。2002 年,投资丽景国际公寓、良城美景、北方汽配城、维斯卡亚国际村四个项目,总建筑面积达 100 万平方米,总投资超过 15 亿元。2014 年 1 月 10 日,永同昌集团北京汇京柯曼汽车公司成功收购北京天之龙标致汽车 4S 店
杨孙西	杨氏集团	北京	至今,已开发完成及正在开发项目的总建筑面积,大约在 150 万平方米左右;至今在京项目的总投资额应在 130 亿~160 亿元人民币左右。其中,京城东部 CBD 核心区的"北京财富中心"项目,更是使其在江湖真正扬名成腕,并因此获"东财"一号
沈财福	傲胜国际	北京	1994 年,傲胜国际的沈财福跟随日本百货业巨头八佰伴的脚步进入中国内地,第一家按摩椅专卖店落户在北京。到目前为止,傲胜已在中国近 40 个大中城市开设了超过 270 家 OSIM 按摩椅专卖店
邱达昌	远东集团	上海	在上海创办锦秋物业管理有限公司和锦秋房地产有限公司,并在上海开拓面积达 160 万平方米、共 8000 套单元式住宅的锦秋花园住宅区
林绍良	三林集团	上海	于 2002 年和 2005 年两次共斥资 2.5 亿美元通过收购原中远置业集团的全部股份,在中国建立投资平台。中国的投资累计已超过 10 亿美元,涉及农业、建材、食品、度假村、汽车制造
施恭旗	上好佳(中国)有限公司	上海	1993 年,与上海市食品杂货总公司、上海虾片食品厂签订合作协议,租下这两家工厂开始生产膨化食品。先是成立上海晨光食品有限公司和上海晨光虾片食品有限公司,后又创建上好佳(中国)有限公司,于 1994 年 10 月正式投产

续表

姓名	所在企业	地区	投资项目概况
陈志成	丽阳机构	上海	于国内注册公司为洲集家投资咨询（上海）有限公司，拥有多元化的业务，其中包括物业及酒店发展、物业投资、制造、土地买卖及投资控股
沈财福	傲胜国际	上海	针对中国市场对保健品的巨大需求，推出了营养保健品牌瑞莱，提供产自美国、欧洲及日本的100%全进口高端营养补充品。2008 年，瑞莱在上海开了第一家品牌概念店，目前已在国内一线城市发展了约 114 家品牌店。傲胜已在中国成立了总公司，总部设在上海浦东新区
郭令灿	丰隆集团	上海	2010 年 5 月 29 日，马来西亚丰隆集团麾下享誉英伦的经典酒店品牌——Guoman Hotels，旗下的五星级奢华酒店——上海国丰酒店于当日隆重举行了主题为"East Meets West"的开业典礼
施子清	香港恒通证券	上海	1985 年起，先后在上海、江苏、福建等地投资创办 10 多个工厂企业经及大型房地产项目，并且创下两个全国"第一"的纪录，先后有北京、河北、湖南、江西、福建等地投入巨资在桥梁隧道、国道公路等基础建设工程项目
吴亦辉	顶峰集团	上海	1994 年到国内发展，主要投资于房地产、食品和航空业，总额超过 28 亿，旗下顶峰地产在国内开发面积超过 160 万平方米，除在厦门外，分别在上海、四川成都和江苏太仓开发了大型商业和住宅项目
陈永栽	裕景兴业集团	上海	2005 年 8 月，位于陆家嘴中央商务区的裕京国际商务广场竣工，并以 2.5 万元/平方米的均价首日销售额超过亿元大关。接下来启动的中国内地 5 个城市的 10 个房地产开发项目，项目总投资额将超出 200 亿元人民币
俞培俤	明城企业集团	上海	上海、山东、重庆、四川、安徽等地的大规模开发；从房地产开发到电子、化工、矿业、钢铁、酒店的多元化、规模化、集团化发展
黄祖耀	泛太平洋酒店	上海、天津	分别于 2012 年、2015 年在上海、天津开业
黄荣年	金光集团	天津	2009 年，黄荣年投资天津 1.79 亿美元，成立金天源食品科技（天津）有限公司，主要从事大豆、棕榈等油料的加工

续表

姓名	所在企业	地区	投资项目概况
林毅建	春金集团	天津	2012年4月，印度尼西亚春金集团天津临港棕榈油加工项目开工动建，该项目总投资12亿元人民币，主要从事棕榈油加工、精炼、分提，项目投产后年销售收入将达到20亿元人民币
张晓卿	常青集团	天津	常青融资租赁（天津）有限公司，成立于天津空港自贸区，为天津空港自贸区管委会招商引资项目。公司注册资金为2000万美元，公司以融资租赁为主要业务，以基础设施租赁，高端设备租赁，融资租赁业务的咨询与设备维护为辅助服务
蔡国伟	天球集团	天津	在国内相继建起了上海中伦物资贸易发展有限公司、天球（福建）鞋服有限公司、天球（中国）有限公司，并建立天球纺织服装研发贸易物流中心，并由这些企业组成天球集团
魏成辉	新加坡第一食品集团	天津	在滨海新区购得800万平方米土地，主要是兴建住宅和工厂，预计在2018年可全部完工
邓龙	美国龙胜行集团	天津	2005年8月14日与天津市签订协议，将投资3000万美元，改造和新建40个农贸市场，使其连锁超市化。2006年1月，投资的"蕃麦士"农夫市场开业纳客，这是天津市首次引进美国农场型的超市
李光前	华侨永亨银行（中国）重庆分行	重庆	为支持重庆市万州三峡平湖有限公司海外业务发展，华侨永亨银行（中国）重庆分行与重庆三峡银行股份有限公司将为重庆市万州三峡平湖有限公司提供融资服务
黄廷芳	信合集团	天津	截至2011年年底，其在内地的土地储备达283万平方米，在重庆、上海、深圳、广州、厦门、福州、漳州和成都等城市都拥有项目，但是272万平方米即96%的储备尚未完全开发

资料来源：作者根据相关资料整理。

就华商的投资价值而言，他们在北京等地的投资不仅对当地相关产业的发展起到了非常重要的推动作用，而且众多项目具有标杆性的影响作用。以房地产行业为例，"东财西世、南海北冠"是指活跃于京城房地界的"福建军团"四大家族企业。他们分别是：杨孙西的香江国际、黄如论的世纪金源、许荣茂的世茂集团及韩国龙的冠城集团。例如，自1996年杨氏集团开始正式进入北京市场以来，已经在北京的东北部和西北部取得项目运作的成功。仔细分析杨氏在北京投资的房地产项目，我们发现其投资特点为"项目定位高档，多为高档外销公寓、写字楼或酒店；开发规模较大，相应的投资额也高"。其中，"财富中心"的投资额达 60 亿元之巨，单从杨氏所投资五大项目的位置来看，就让在京投资房地产的"外省"人羡慕、妒忌不已。

除了"四大家族"以外，1994 年郭令灿通过丰隆集团控股的香港国浩集团设立了子公司——国浩房地产（中国）有限公司，国浩中国出手收购北京金融街的一块优质商业地段，2001 年转战上海高档住宅市场，成功收购并开发了淮海路上的地标性高档公寓——淮海晶华，该项目获得了"2002 上海住宅最具投资潜力奖"。2005 年 11 月，又以 12.42 亿元的价格拿下上海长风生态商务区 1 号地块，土地面积 14 万余平方米。2006 年，国浩中国再临北京西城，推出高档精装修楼盘西城晶华。2007 年，国浩投资 4 亿元收购天津中新 100％股权，拿下天津老城厢第 12 号地块；同年，国浩中国第一次勇立中国地产界的潮头：他们以 58 亿元的总价收购了北京城建东华90％股权，通过这笔交易入主东直门东华国际中心项目。

2000 年，永同昌集团在北京的第一个项目"嘉莲苑"开始建设。该项目总建筑面积近 8 万平方米，总投资 2 亿元，并荣获北京市优良工程及结构"长城杯"荣誉。2002 年，永同昌集团在北京一举拿下丽景国际公寓、良城美景、北方汽配城、维斯卡亚国际村四个项目，总建筑面积达 100 万平方米，总投资将超过 15 亿元。在永同昌集团的战略规划中，"丽景"将成为高层公寓项目中的精品，"良城"应当是小高层住宅的典范，"北方"属于商业项目中的翘楚，"维斯卡亚"则定位于高档别墅项目。与此同时，永同昌集团在北京成立了多个项目公司，并组建了建筑公司、物业公司、广告公司等，迅速形成了产业整合态势。

在上海，2010 年 5 月 29 日开业的马来西亚丰隆集团麾下享誉英伦的经典酒店品牌——Guoman Hotels，正式迈出了登陆亚洲的第一步。该品牌旗下的五星级奢华酒店——上海国丰酒店于当日隆重举行了主题为"East Meets West"的开业典礼。上海国丰酒店共拥有 442 间豪华客房，在各个细节上将原汁原味的英伦系典雅情调与现代亚洲风尚巧妙调配，提供与众不同的英伦体验。而且，上海国丰酒店是大型城市综合体国盛中心·上海·长风的重要组成部分，这一新近斩获世界地产界最权威奖项"国际地产大奖"的旗舰综合体项目，除了五星级酒店之外，还拥有大型购物中心、甲级 5A 智能办公楼，以及 SOHO 等丰富业态。

在天津，美国华商（总）会主席、美国龙胜行集团公司、美国中国城超市集团公司董事长邓龙于 2005 年 8 月 14 日与天津市有关部门签订协议，邓龙将向天津市投资 3 000 万美元，改造和新建 40 个农贸市场，使其连锁超市化。2006 年 1 月 20 日，其主导投资的"蕃麦士"农夫市场开业纳客，这也是天津市首次引进美国农场型的超市，这个被定名为蕃麦士的农夫超市不同于传统型的超市，它是把农民种的菜通过最直接的方式销售给百姓，是 20 世纪 90 年代在美国兴起的新业态，实现了真正意义上的供销一体化并迅速向外发展。另外，2012 年 4 月，印度尼西亚春金集团天津临港棕榈油加工项目开工动建，春金集团是大型的综合棕榈油产业集团，拥有多个棕榈种植园及棕榈果压榨、棕榈油精炼、肥皂、生物柴油、人造奶油、脂肪酸、油脂化工等工厂，此次在临港经济区开工动建的项目，包括精炼车间、分提车间、附属罐区、毛油罐区、成品油罐区及相关配套设施。建成后，生产规模为精炼、分提棕榈油各 1 000 吨／日，年生产精炼棕榈油 28.5 万吨、棕榈软脂 22.8 万吨、棕榈硬脂 5.7 万吨。该项目总投资 12 亿元人民币，其中，一期项目投资 5 亿元人民币，主要从事棕榈油加工、精炼、分提，项目投产后预计年销售收入将达到 20 亿元人民币。该项目的投资兴建，将与中粮、京粮、金光等企业一起为临港工业区发展成为中国北方最大的油脂综合加工基地奠定基础。

在重庆，华侨永亨银行（中国）重庆分行和中国建设银行重庆市分行将以互利互惠为基础，以支持金融互联互通、航空领域、交通物流领域、信息通信技术领域四方面为主的全方位合作，探索多样化的合作模式，建立紧密、稳定的合作关系，实现互利共赢、共同发展。合作方向包括"加大金融创新合作、积极探索航运金融业务创新、加快创新服务外包融资模式"等，具体内容包括"跨境融资、打造基础设施融资服务平台、加强本外币资金集中运营类产品研发、尝试拓展投资银行及资产托管业务新领域及推动跨境电子商务"等。同时，为支持重庆市万州三峡平湖有限公司海外业务发展，华侨永亨银行（中国）重庆分行与重庆三峡银行股份有限公司将在符合有关政策法规、监管规定以及内部风险管理制度的前提下，为重庆市万州三峡平湖有限公司提供融资服务，双方根据重庆市万州三峡平湖有限公司海外金融服务的需求努力创新，积极探索新的服务产品和新的服务领域，为其提供个性化服务。

5.4.2 在沿海地区的投资

20 世纪 90 年代后，随着中国对外开放地区的扩大，投资环境、投资法规的不断完善，华商的投资规模也不断扩大，投资地区逐步扩大到 14 个沿海港口城市、东部沿海地区，发展形成了沿海、沿江、沿边地区和广大内陆地区的多层次、全方位的投资新格局（如表 5-4 所示）。在沿海地区的投资大幅度增加，例如印度尼西亚的林梧桐的云顶集团旗下的亚地种植公司在广东汕头兴建棕油提炼厂。

表 5-4　华商在沿海地区的投资项目（部分）

姓名	所在企业	地区	投资概况
黄世伟	实嘉集团	广东	1976 年，和中国粮油公司广东分公司洽谈腰果收购的合同，双方签订了由实嘉集团供应 5000 吨有壳腰果的出口协议
卢文端	荣利集团	广东	1996 年，建立镇江商业城。1997 年，于广州建立中国营销中心，建立生产基地。1999 年，荣利首期投资 3000 万美元引进国外最先进的 CD-R 生产线
何富强	汇富集团	广东	1987 年，何富强将厂房从澳门搬到了珠海。1992 年，成立汇富集团发展有限公司。20 世纪 90 年代，开始投资房地产、汽车销售、维修和博彩旅游业
颜纯炯	香港环球制帽	广东	1980 年，颜纯炯的香港环球制帽开始与广州制帽厂开展来料加工业务。1982 年，在广东南海、阳江、广州等地开办制帽厂
李贤义	香港信义玻璃控股	广东	在深圳拥有厂区 37 万平方米，员工 2000 多人，累计投资达 10 亿元，生产汽车、建筑、防弹等安全玻璃及其配套产品。在东莞、天津和安徽抚湖等地，建立了 10 多个汽车玻璃物流中心，为猎豹、宇通等 30 多家汽车制造商长期提供配套产品
陈江和	金鹰集团	广东、山东	陈江和投资的广东江门造纸厂投资达 20 亿美元，是广东省第二大外资项目；金鹰集团自 20 世纪 90 年代开始在中国投资，至今投资总额已超过 400 亿元，其中将近一半在山东。2016 年 5 月 30 日，刘兆亮代表日照市政府与金鹰集团旗下的太平洋油气有限公司签署了清洁能源综合利用项目投资协议，该项目总投资 200 亿元

续表

姓名	所在企业	地区	投资概况
郭芳枫	丰隆集团	广东、江苏	将核心制造业的海外投资重点放在中国，在深圳、江苏等地投资电器制造、电缆和摩托车制造等项目，建立了一批建材、电器、光电缆、摩托车等合资企业，旗下的南达钢铁投资近 2 亿美元
陈志远	成功集团	广东、江苏	与南京市政府合资建设了国家级重点项目南京长江第二大桥，项目总投资高达 32 亿元。在广东佛山投资三水区成功广场、垃圾填埋场与新城区五星级酒店项目
郭令灿	国浩中国	江苏	2005 年 7 月，国浩中国与南京福中联合竞标，以 6.5 亿元拿下南京顾家营地块，投入 16 亿元打造"新加坡花园"
魏成辉	新加坡第一家食品厂有限公司	江苏	2006 年 7 月，"第一家"还与中国四大名醋之一"镇江香醋"——江苏恒顺醋业达成合作协定，计划在当地建立一个全世界最大香醋生产企业。香醋厂第一阶段的投资额为 5 亿人民币（约 1 亿新元），年产量达 50 万吨。扬州、南通及天津是魏成辉在中国房地产投资的三大重点
郑少坚	首都银行	江苏	2010 年 3 月，首都银行总行及南京分行成立，是江苏首家外资法人银行。2011 年 12 月，首都银行在江苏常州设立分行
陈聪聪	香港绿洲行公司	江苏	投资江苏太平洋绿洲激光防伪包装有限公司
陈德启	德盛集团	江苏	1998 年在江苏溧阳投资 5000 万美元兴办江苏德盛食品有限公司。2003 年，开办江苏德旺食品有限公司
施至成	SM 集团	江苏、山东	在江苏扬州、山东淄博等地建立 SM 购物中心
张宗真	永同昌集团	山东	2013 年 8 月 19 日永同昌集团山东潍坊瑞驰汽车公司与中国航天科技技术有限公司成功合作生产纯电动汽车
林梧桐	云顶集团	山东	与中国石化股份公司合作，在山东东营勘探油田，在汕头兴建棕油提炼厂

资料来源：作者根据相关资料整理。

5.4.3 在中西部地区的投资及贡献

随着基础设施和投资环境的改善,自 1992 年起,华商对华投资的地区流向出现了"西进北移"的新动向。部分华商投资开始向中西部地区转移,许多富有远见的马来西亚华人企业已开始大规模地投资内陆省份,如湖南、湖北、四川、云南、贵州等地,如表 5-5 所示。

表 5-5　华商在中西部及东北地区的投资项目(部分)

姓名	所在企业	地区	投资概况
张宗真	永同昌集团	河南、黑龙江	2007 年 11 月,洛阳项目举行奠基仪式,这标志着洛阳项目的开发建设正式全面启动,项目规划建筑面积约 70 万平方米;2010 年 5 月,丹东永同昌集团总部大厦开工,树立了永同昌集团在东北房地产市场的标杆。2015 年 7 月,永同昌集团哈尔滨公司成功竞得哈尔滨市道外区团结镇天恒大街两块国有建设用地使用权,两地块共计占地面积 188173.1 平方米,规划总建筑面积 376008 平方米
黄奕龙	中国闽商投资集团	河南	在长垣县建设闽商光电电子产业基地。这是该集团在河南建设的第二大基地
邓龙	美国龙胜行集团	河南	河南龙胜行商贸发展有限公司成立于 2007 年,隶属于美国龙胜行集团,主要从事生鲜连锁超市、生态农业基地建设和农副产品进出口业务,在郑州筹建多家"蕎麦士农夫市场"连锁超市
林文镜	融侨集团	河南	与郑州新郑市政府签订了占地近千亩的郑州龙湖新型城镇化建设项目投资协议
郑周敏	亚洲世界集团	河南	主要包括兴建洛阳金融中心、申请开设商业银行、兴建当时国内最豪华的五星级环亚大酒店等,在河南洛阳的开发计划总投资逾百亿人民币
杨忠礼	杨忠礼集团	江西	在中国主要投资电力事业,与中国国际电力公司合作成立子公司,旗下杨忠礼电力与江西省电力公司、江西省投资公司合作,持有南昌忠礼电力有限公司 60% 的股权
陈江和	金鹰集团	江西	旗下赛得利中国投资有限公司在九江投资 110 亿元(江西湖口投资 80 亿)建设差别化化学纤维项目

续表

姓名	所在企业	地区	投资概况
陈志远	成功集团	河北、安徽、辽宁	2002 年,投资 22 亿元人民币,在河北省燕郊兴建总建筑面积达 121 万平方米成功大广场;在安徽,收购了 DSG 控股有限公司 85％的股权;投资 5000万美元在沈阳兴办了苏家屯塑料制品基地和投资塑料制品加工项目
蔡天宝	新加坡和美集团	河北	新加坡仁恒和美南湖生态城项目位于河北唐山南湖之畔,居南湖生态城核心位置。一期项目总用地面积约 288 亩,总建筑面积约 40 万平方米
张晓卿	常青集团	辽宁、贵州	在中国内地的总投资近 20 亿港元,其商业活动投资范围涵盖林业、石油产业、公路建设业等。2007年 11 月与中国石油天然气集团公司达成了合作开发生产松辽盆地石油资源的协议。2012 年 4 月23 日,赴贵州进行集团项目考察、选址
邱达昌	远东集团	四川	在成都开发与兴建海峡两岸科技产业开发综合配套区,为开发区内的大学城及工业区企业提供生活、文化及商务活动配套设施,总投资额大约为 10亿元人民币
郭令灿	丰隆集团	四川	2010 年在四川成都与成都银行建立四川金成消费金融有限公司
薛祥星	祥兴箱包	安徽	祥兴目前已是中国最大的箱包企业,经营占地面积 1950 亩(其中安徽 850 亩)、建筑面积 100 多万平方米
周安达源	香港中海船舶重工集团	山西	1997 年,开始投资山西的公路建设,参与山西第一条高速公路的银团贷款
黄鸿年	香港中策	山西	收购山西太原橡胶厂是第一例外资收购国有企业
王明洋	香港王氏仁森	陕西	1993 年,香港王氏仁森的王明洋在陕西独资成立大洋石油钻采有限公司,翌年正式投产
郭加迪	高佳地产公司、三迪地产集团	陕西、湖北、新疆	1999 年,进军房地产领域,先后成立高佳地产公司、三迪地产集团。在福州、西安、宝鸡、武汉、莆田等全国五城市同时开发九大项目。2006 年,投入 1 个亿在新疆投资了占地 100 多平方公里的多金属矿区
陈德启	德盛集团	湖北、宁夏	1995 年,泰国德盛集团陈德启在武汉投资房地产;2007 年,与宁夏银川市永宁县政府正式签约,开发种植 10 万亩葡萄基地项目

续表

姓名	所在企业	地区	投资概况
施恭旗	上好佳集团	湖北	2016 年 6 月,与湖北省红安县展开交流合作,追加 1.47 亿元投资,在原有工厂旁边建设二期工程,新建六条膨化食品和糖果生产线
许荣茂	世茂集团	湖北	世茂集团投资 400 亿在武汉兴建世茂嘉年华主题公园
徐清华	徐清华集团	辽宁	在辽宁位于沈阳的"独立城"于 2010 年动工,这一工程占地面积 313 公顷,为徐清华集团与中国和新加坡地产企业合资建造

资料来源:作者根据相关资料整理。

随着华商在中西部及东北地区的投资加快,也诞生了对当地有重大影响的项目。例如,在湖北武汉,武汉人再不用远到香港、上海过主题公园的瘾了。2009 年,香港世茂集团投资 400 亿元在武汉市蔡甸区兴建建筑总量超过 50 万平方米的超大型嘉年华项目,建成后将成为国内最大的主题公园。进入 21 世纪,陈志远先是投资 5000 万美元在沈阳兴办了苏家屯塑料制品基地这一独资企业,还与中国福利彩票发行中心、法国国际游戏公司共同投资兴建了北京中彩印制有限公司,其中陈志远投资额为 1135 万美元。2002 年,他投资 22 亿元人民币,在河北省燕郊兴建了成功大广场项目,总建筑面积达 121 万平方米。后来又在沈阳苏家屯区投资塑料制品加工项目,在广东佛山投资三水区成功广场、垃圾填埋场与新城区五星级酒店项目。2005 年 3 月 28 日上午,燕郊开发区成功(中国)大广场项目开工。

在河南洛阳,华商郑周敏的亚洲世界集团在河南洛阳的开发计划总投资逾百亿人民币:主要包括兴建洛阳金融中心、申请开设商业银行、兴建当时国内最豪华的五星级环亚大酒店、兴建面积 10 万平方米的大型现代化购物中心、开发 1200 平方米的第一流的高尔夫球场、开发 150 万平方米的全球华侨新村、兴建大型娱乐中心、兴建洛阳金融中心、申请开设商业银行、申请开设产业与人寿保险公司等。

5.4.4 投资几乎遍布中国的华商

经过多年的积累和长期的国内耕耘,一些华商中的国内业务已经拓展到全国。例如,在零售领域,菲律宾华商施至成的 SM 集团从第一站投资故乡福建开始，便放眼中国开拓商机。自进入中国市场以来，SM集团紧跟中国城市化进程，先后在厦门、晋江、成都、苏州、重庆、淄博、天津、扬州等地投资兴建购物中心，目前运营中的购物中心总建筑面积超过150万平方米。

其中，比较典型的还有郭鹤年的嘉里集团、许荣茂的世茂集团、许健康的保利集团以及林腾蛟的阳光控股等，他们在各自领域中取得了骄人的成就。

（1）郭氏兄弟集团

20世纪90年代以来，由郭鹤年创办的郭氏兄弟集团进一步扩大对中国的投资，在不动产、酒店开发、粮油业等行业投资遍布北京、广东、上海、浙江等30多个省市，主要投资方向与集团主营业务发展基本一致。

嘉里粮油的掌门人郭孔丞为郭鹤年之子，他有效整合了嘉里粮油和益海集团两个集团的资源之后，益海嘉里成为以物流船代、油脂化工、粮油加工、内外贸易以及种业研发为主的多元化企业。进入21世纪后，益海嘉里在中国的集团网络逐渐覆盖到中西部地区，先后在武汉、西安等主要中西部城市投资设立了100多家工厂、贸易公司，并成功地塑造出"金龙鱼""胡姬花"等国内著名粮油品牌，其中"金龙鱼"已经连续多年成为中国食用油第一品牌，并在2007年被认定为"中国驰名商标。"[1]

截至2013年11月，嘉里集团在国内设立的一级实体企业共有105家，在国内的一级实体企业向下投资的子公司共有61家，涉及租赁和商业服务业6家，住宿和餐饮业21家，制造业18家，信息传输、软件和信息控制2家，水利、环境和公共设施管理1家，批发和零售业9家，农林牧渔业1家，交通运输、仓储和邮政业务3家，建筑业1家，房地产业42家（如图5-1所示）。

按区域分布，它的投资区域也从最初接近港澳地区和东南亚的珠三角、长三角等东部地区向中西部地区延伸。自从1985年在国内注册开始，嘉里集团分阶段在国内各区域进行广泛投资，境内一级实体中广泛分布于国内各地区环渤海37家、长三角32家、中西部17家、珠三角19家（如图5-2所示）。

---

[1]　黄兴华.1997年东南亚金融危机以来新加坡华人企业集团变化发展分析[J].东南亚纵横,2011(7).

（家）

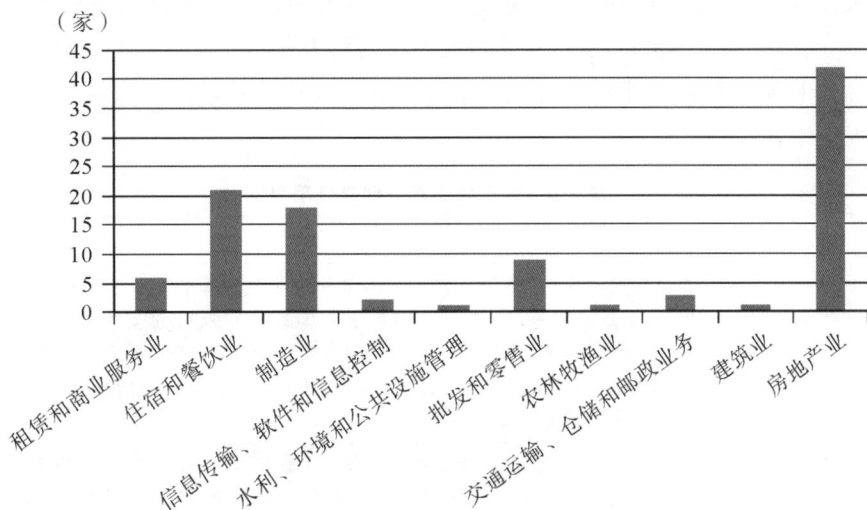

数据来源：国家工商总局。

图 5-1　嘉里集团一级企业行业分布

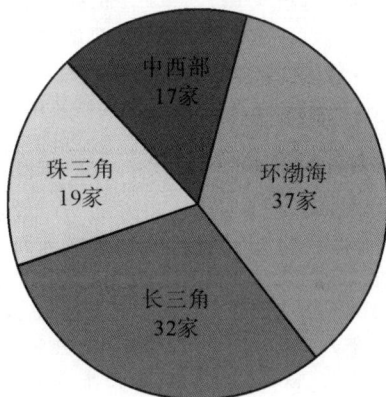

数据来源：国家工商总局。

图 5-2　嘉里集团的业务分布

（2）许荣茂——世茂集团

世茂集团是以房地产开发为主的国际化企业集群，从 1994 年开始，开展了自己的商业版图，截至 2016 年 12 月，项目包括生态住宅项目 57 个、商业地产项目 22 个、旅游项目 28 个、产业集群项目 2 个（南京海峡城、平潭海峡城），遍及北京、上海、浙江、江苏、上海、天津、湖北、福建、辽宁、四川、山东、江西、湖南、安徽、陕西、广东等省、自治区和直辖市。现已发展成为以"世茂房地产"及"世茂股份"两家控股上市公司为核心的大型企业集团。经过二十多年的发展，世茂已经成为中国房地产界的领袖企业之一，部分项目规模如表 5-6 所示。

表 5-6　世茂集团部分代表性项目

省份/直辖市	项目简介
北京	北京世茂宫园（总建筑面积近 48666 平方米）、北京世茂工三（占地面积 2.94 万平方米，规划建筑面积 21.20 万平方米）、世茂大厦（国际 5A 甲级写字楼，建筑面积 7.20 万平方米）、北京世茂奥临花园（建筑面积约 29 万平方米）、北京萨拉曼卡（占地 2000 亩，总建筑面积 300 万平方米）、北京房山项目（别墅区）
上海	上海世茂滨江花园（总建筑面积约 80 万平方米，绿化率高达近 70%，作为"滨江模式"的首创经典，上海世茂滨江花园被"上海基尼斯"列为中国最高住宅）、上海世茂国际广场（占地面积 1.3 万平方米，总建筑面积约 17 万平方米，主体塔楼共 60 层，裙楼共 10 层，开放式广场面积近 2000 平方米）、上海世茂皇家艾美酒店、上海世茂佘山庄园（占地面积 43.27 万平方米，总建筑面积约 8 万平方米，72 幢独栋别墅以 0.1 超低容积率予以呈现）、上海外滩茂悦大酒店（总建筑面积约 10 万平方米，为总高 120 米的双子塔结构）、上海世茂佘山艾美酒店（占地面积 14.70 万平方米，总建筑面积约 7 万平方米）、上海世茂爱马尚郡（总占地约 24 万平方米，规划建筑面积约 31 万平方米）、上海世茂纳米魔幻城新体验（占地面积 42.82 万平方米，规划建筑面积 37.2 万平方米）、上海世贸佘山里（9.4 万平方米）
浙江	杭州世茂钱塘帝景（总建筑面积约 30 万平方米）、杭州世茂江滨花园（总建筑面积约 75 万平方米）、杭州世茂西湖（整体规划总面积 14.89 平方千米，含 5.21 平方千米湖面）、绍兴世茂迪荡新城（总建筑面积约 113 万平方米）、绍兴世茂假日酒店、嘉兴世茂新城（总建筑面积约 100 万平方米）、宁波世茂海滨花园（建筑面积约 50 万平方米）、宁波世茂世界湾（总建筑面积约 70 万平方米）、杭州世茂牛田项目（用地面积约 37 387 平方米）、杭州世茂之江项目（规划建筑面积约 25 万方）、宁波世茂大目湾（建筑面积 70 万平方米）、宁波世茂牟山湖

资料来源：作者根据世茂集团网站资料整理

（3）李文正——力宝集团

力宝集团是 20 世纪 80 年代后期由"印度尼西亚钱王"李文正与印度尼西亚首富林绍良携手创立的，由李文正任董事长，是印度尼西亚最大的金融控股财团，旗下控有各国上市企业 20 多家，投资领域包括商业银行、保险、房地产、百货超市、制造业、信息技术、基础设施、传媒、医疗和娱乐服务业

等，投资区域遍及印度尼西亚、新加坡、美国、澳大利亚和中国，企业总资产
规模达 200 多亿美元。1992 年开始，力宝集团就在中国涉足金融、大型实
业投资及房地产方面的投资。

　　• 2010 年 8 月，城市综合体项目"成都力保村"在四川签约；

　　• 2010 年 10 月，扬州力宝广场开业；

　　• 2011 年 1 月，江苏徐州力保城开业，总投资 12 亿元；

　　• 2011 年 7 月，在北京建设力宝广场，总建筑面积 28 万平方米，包括 8
万平方米的 SHOPPING MALL 和 4 万平方米 5A 级写字楼；

　　• 2015 年 11 月力宝集团与山东签署协议，今后 5 年内投资 10 亿美元
用于发展电厂、码头等基础设施及老企业的技术改造。

　　(4)林腾蛟——阳光控股集团

　　阳光控股有限公司是爱国华商林腾蛟先生于 1995 年创建的，其秉承
"回馈桑梓，报效祖国"的爱国情怀，坚持"投资多元化，管理专业化"的运营
理念，艰苦创业，开拓进取，稳步成长为一家大型投资控股集团。现旗下拥
有阳光金控集团、阳光教育集团、阳光医疗集团、阳光物产集团、阳光城集团
等五大产业集团(如表 5-7 所示)，投资遍布中国及新加坡、美国等地，员工
规模逾万人。

表 5-7　林腾蛟的阳光控股旗下企业简介

企业板块	业务范围	国内投资区域
阳光金控集团	发起成立海峡人寿、华通银行、阳光证券，参与发起设立中国民生投资股份有限公司，收购以色列三大保险巨头之一的凤凰控股有限公司	投资兴业银行 75 亿元，为兴业银行民营第一大股东
阳光教育集团	旗下拥有教育部统招本科大学阳光学院、阳光国际学校，北大培文学校连锁、阳光幼教连锁等，并与北京大学和英美名校合作举办多所高品质私立学校	拥有在校生 30000 余人(不含幼儿园)，全国拥有近 200 家高品质幼儿园。2016 年 9 月，阳光幼教与普石(北京)投资基金管理有限责任公司在山西太原成功签约，项目总占地面积超过 20000 平方米
阳光医疗集团	医疗健康与养老养生产业	在全国收购多家三甲、二甲医院，并托管多家医院和医疗项目

续表

企业板块	业务范围	国内投资区域
阳光物产集团	开展有色、能源等大宗商品贸易和进出口贸易	已在上海、北京、天津、厦门、香港、新加坡、欧美等地设有全资子公司
阳光城集团	上市房企	领跑大福建,深耕长三角、京津冀和珠三角核心区。全国储备货值逾3500亿元,并在 2016 中国房企 500强中排名第 19 位

资料来源:作者根据阳光控股集团网站资料整理。

其中,阳光城集团是阳光城控股投资的以房地产开发为主营业务的上市企业,1995 年始创于福州,2012 年管理总部迁至上海。作为一家业务涵盖房地产开发、物业管理、商业运营的全国化品牌地产开发企业,阳光城集团坚持"精准投资、高效运营、适销产品"的核心竞争策略,全面推进"守正出新,房地产＋"的创新驱动战略,着力打造和提升企业的投资、营运及产品能力,精准把控市场节点,实现资金的快速周转和产品的高溢价。2016 年,阳光城集团全面升级"3＋1＋X"战略布局,在领跑大福建的同时,着力深耕长三角、京津冀和珠三角三大核心区域,并择机进入战略机会城市。截至2016 年 1 月,阳光城集团已经在上海、北京、福州、苏州、杭州、深圳、厦门、西安等重点城市土地总储备超 1300 万平方米,全国储备货值逾 1500 亿元。同时,凭借快速提升的企业综合实力及品牌价值,获得 2016 中国房地产开发企业 500 强第 19 及运营效率 10 强排名第 1、中国房地产百强企业排名第 21 及成长性 TOP10 排名第 1 等荣誉。

(5)许健康——保龙集团

宝龙集团由全国政协委员、泉州晋江籍澳门著名爱国实业家许健康先生于 1990 年在澳门创立,1992 年开始投资祖国内地,产业领域不断拓展,现已发展成为集商业地产、酒店旅游业、信息业、工业、文化艺术业为一体的多元化大型外资企业集团(如表 5-8 所示),目前有 8000 余名员工活跃在海内外 80 多家公司,集团各类企业广受业界及社会支持和广泛赞誉,成为引人注目的外商投资企业集团。

表 5-8　宝龙集团国内外省投资的五大产业

产业名称	产业业务	国内主要投资区域
商业地产	专注于开发及经营高质量、大规模、多业态的综合性商业地产项目——宝龙城市广场,集超市、百货公司、零售店、电影院、美食广场、优质住宅物业及其他休闲设施于一体	截至 2016 年 11 月,已开发建设 28 座宝龙城市广场,分布于上海、天津、重庆、江苏(苏州、无锡、镇江、常州、盐城、宿迁、淮安)、福建(福州、厦门、泉州)、山东(青岛、泰安、烟台、蓬莱、胶州)、河南(郑州、洛阳、新乡)、浙江杭州、安徽蚌埠、吉林长春等 24 个城市
酒店旅游业	与国际著名酒店集团喜达屋、雅高和卡尔森合作	以宝龙加喜来登、铂尔曼、美爵、丽笙、福朋、丽亭、雅乐轩等品牌形象出现在全国各主要城市
信息业	是夏普、松下、东芝等国际知名品牌 OA 产品和 LED 大屏幕显示器、液晶电视等的全国或区域授权代理商,还涉足耗材制造、安防监控、软件等行业	集研发、生产、加工、销售和服务为一体的综合外向型企业,员工总数逾 1300 人,分布在全国十几个分公司,年销售额达 6 亿元人民币
工业	是中国第一个专业从事聚合物锂离子电池等新能源产品的研发、生产和销售的高科技企业	是世界上最强的移动能源解决专家,至今已申请 64 项专利产品远销欧美、东南亚以及国内市场,令业界瞩目
文化艺术业	中国文化艺术品新的商业增长点	2011 年起开始涉足文化产业,已成立了上海宝龙拍卖有限公司、上海宝龙华韵艺术发展有限公司和各地宝龙韵致画廊

资料来源:作者根据公司网站资料整理。

第 6 章

济世救民：华商的慈善捐赠
与民生改善

"慈善是一种社会行为，是对社会中遇到灾难或不幸的人，不求回报地实施救助的一种高尚无私的支持与奉献行为"（周秋光、曾佳林，2006）。能否积极投身慈善和公益事业，是衡量一个民族成员社会责任感的重要标杆。长期以来，慈善和互助精神已深深根植于中华传统文化之中，"爱心无国界"，华商一直在国内外积极践行这一传统美德，一方面获得当地民众认同并融入当地社会，另一方面为祖国和家乡的公益事业做出了突出贡献。

6.1 华商在所在国的慈善捐赠行为

随着时光的推移，很多华商已经融入居住国当地社会，通过努力发展经济，加强实力，回馈并造福寓居国的人民。

历史上，在华侨华人最为集中的东南亚地区，许多华商在事业发展取得一定成就后，积极传播中华传统文化、大力资助发展华文教育、倾力回馈当地社会，对改善当地民生和基础设施做出了巨大贡献，用自身行动赢得了当地政府和民众对华人的赞誉和尊重，为广大华人与当地民众的民心相通奠定了良好的基础。如 19 世纪的陈笃生、张弼士、佘有进、胡亚基、陈金声、佘连城、陈若锦、章芳琳、颜永成，20 世纪以来的陈嘉庚、胡文虎、李光前、高德根、陈六使等，被后世景仰者奉为"先贤"。在著名华商张弼士逝世时，当灵柩自巴城经过新加坡、中国香港时，英、荷殖民政府都下半旗志哀，港督亲往凭吊，由汕头溯韩江而上时，两岸群众摆设牲仪致奠。直到今天，在东南亚的许多学校、街道、医院和建筑物的名称就是以他们的名字命名,如陈笃生医院、金声路、连城街、颜永成中学等。

表 6-1　东南亚早期部分华商的慈善捐赠行为与声誉

姓名	职务及荣誉	典型事迹
陈笃生 1798—1850 年	1846 年,被新加坡当局封为"太平局绅",为第一个获此荣衔的华人	1844 年,他捐资在珍珠山兴建的贫民医院,后改为陈笃生医院;平生行善济世,帮助穷苦人民,乐善好施,排解侨胞纠纷,为世人称颂
张弼士 1841—1916 年	历任清政府驻印度尼西亚槟榔屿首任领事、新加坡总领事、中国通商银行总董	• 1894 年,任新加坡总领事期间,组织中华总商会,多方维护华侨利益 • 大力弘扬中华文明,在新加坡等地创办了中华学校和应新华文学校,设置福利基金为外出学子辅助学费
陈嘉庚 1874—1961 年	• 南侨筹赈总会主席 • 福建会馆主席 • 道南学堂总理	领导筹赈:1925 年筹助新加坡婴儿保育会,共募集到约六万元;1934 年领导成立"福建会馆河水山火灾募小组",募得五万四千元,赈济七千灾民
陈六使 1897—1972 年	• 新加坡树胶工会主席 • 中华总商会会长 • 福建会馆主席	捐助 30 万元支持马来亚大学;1952 年领导创办光华学校;1953 年领导创办南洋大学,推广华文教育,完善了华文教育从小学、中学到大学的完整体系
李光前 1893—1967 年	• 东南亚橡胶大王、教育家、慈善家,被马来西亚吉兰丹州及柔佛州的苏丹封为拿督,马来西亚最高元首赐封"丹斯里"勋衔 • 自 1958—1964 年担任新加坡福利协会主席	• 20 世纪 50 年代设立"李氏基金",捐资助学、发放奖学金、赞助文化活动、筹建安老院、孤儿院、残障中心、寺庙、教堂等,与新马华文教育等量齐观 • 推动华文教育,1957 年独资捐建华侨中学图书馆,捐资 37 万元倡议将莱佛士图书馆扩建为新加坡国家图书馆。1934 年起担任南洋中学的董事长,负责学校每年的办学经费、建筑费等,修建校舍。还兼任南益学校、道南学校、导侨学校等九所中学和十几家会馆的董事
陆佑 1846—1917 年	• 1904 年任雪兰莪中华商会会长 • 马、新、港、粤四地纪念陆佑的建筑物有 11 栋,以陆佑命名的街道共有 4 条	• 通过向华人宣传提升乘车素质,推动自 1904 年起在马来亚实施"亚洲人和欧洲人火车座位分隔制"改革 • 1894 年捐建吉隆坡同善医院,1904 年捐款 3 万元给吉隆坡老人院,5 万元给新加坡陈笃生医院 • 1906 年创办吉隆坡第二间尊孔学校,1910—1912 年捐款 100 万元给香港大学

续表

姓名	职务及荣誉	典型事迹
胡文虎 1882—1954年	"万金油大王""报业巨子""大慈善家""东南亚传奇人物"	• 1932年将"每年公司盈利不超过50%的部分用于慈善"写进公司章程 • 1935年独资创办新加坡民众义务学校
李延年 1906—1983年	从20世纪70—80年代同时担任10个华人社团的会长或主席，被誉为"华团精神领袖"，1975年获最高元首封赐"丹斯里"勋衔，1978年获雪兰莪州苏丹赐封"拿督"勋衔	• 革新与壮大华人社团，积极维护华人利益。例如，1978年领导"一人一元"捐款活动挽救了雪兰莪精武体育会 • 为公益事业慷慨解囊，投入教育、文化、医疗等，其中典型的包括拉曼学院（100万元）、国家防癌中心（100万元）、同善医院（70多万元）、吉隆坡黎明小学（25万元）、国家图书馆基金（10万元）等
林连登 1870—1963年	马来西亚潮州公会联合会主席，1938年、1940年先后获得吉打苏丹和滨州元首赐封的"太平局绅"，1958年获得最高元首颁赐的"护国勇士"有功勋衔	• 创立、维持与献身于各地个别华校。据不完全统计，对教育的投入和捐赠超过百万元 • 在槟城捐资创办韩江学校，独资兴建中华华小 • 资助马来亚大学、双溪大年新民学校、吉打中华学校、尚德中学、中华小学等数十所学校 • 南洋大学创建之时，被委任为南洋大学槟城委员会主席，并认捐50万元
李成枫 1908—1995年	马来西亚橡胶公会总会总会长、吉隆坡及雪兰莪中华工商总会副会长、名誉会长，雪兰莪福建会馆副会长、《南洋商报》董事主席、吉隆坡中华独立中学董事长等职	• 华文教育：1929年创办吉隆坡黎明学校、1949年创办南益华文小学，1974年起连任中华独董事长21年，支持建设中华独中，学生数由他接任董事长之初的172名，增至近5000名 • 积极投身慈善事业和社会服务工作，其灵柩发引还山时，送殡队伍长逾十千米，新加坡"国宝"潘受先生曾撰挽联曰："真正理解并号召继承陈嘉庚精神，君是健者；深切爱护且慷慨举办我华文教育，世失斯人。"

资料来源：作者根据相关资料整理。

事实上，在东南亚及世界其他地区，几乎每一个华商在当地都是一个慈善家，他们通过投身公益和慈善事业（部分典型事迹如表6-1所示），得到了社会各界的普遍尊重，为改善当地民生做出了重要贡献。著名的陈嘉庚在新马地区对于教育和公益事业的义捐慷慨豪爽，根据《南侨回忆录》中的数据，从1904年到1934年，他捐予新马地区的款项共约42万元，包括捐给英华学校3万元、莱佛士学院2万元等，他多次强调："念社会事业，当随时随力，积渐做去。如欲待富而后行，则无有可为之日。"[①]"塞班王"陈守仁博士在菲律宾、关岛、塞班及马来西亚等国家和地区捐建多所大学、中学和小学的华文学校及会馆。

在香港，东华医院作为由华商集资创办的第一个大型慈善团，是当时在当地社会中影响最大的慈善组织，它自成立之初便将救济灾民纳入自己的业务范围。1874 年 9 月 23 日，香港在毫无预警的情况下突遭台风侵袭，人员伤亡惨重，东华医院获悉灾情后立即派人赴离岛展开搜索，并将长洲、坪州、昂船洲、汲水门、交椅洲等地的 399 具遗骸安排下葬。以此为开端，东华医院便开启了其扶危助难的百年救济历程，除救助灾民外，东华还坚持收容生活困顿的华人移民。1910 年，东华医院专门筹资兴建了一所可容留 300 余人的"栖留所"以容留当时无家可归的华人移民和出洋回来的华工，这些移民生活潦倒、无家可归，均由东华为其提供短期居所，并安排回乡事务。

进入新时期，随着华商数量的增多和经济实力的增强，一大批知名华商和新侨也加入慈善的队伍中来，他们对当地社会民生的改善做出了杰出的贡献（如表 6-2 所示）。

表 6-2　新时期华商在其他国家的典型慈善事迹举例（部分）

姓名	所在国家	主要事迹及影响
蔡天宝	新加坡	• 设立"和美中华经济与商业教授基金"，捐资 500 万元在南洋理工大学设立"蔡天宝创业教育基金" • 2004 年，获公共服务勋章，2005 年、2010 两次获封"太平局绅"
陈永栽	菲律宾	• 已投入数亿美元致力于振兴菲律宾教育和改善当地人生活 • 成立"陈延奎基金会"，参与设立"提高教育水准基金会"，设立"亚啤医学奖学金"，参与"贫者民宅方案"
陈祖昌	菲律宾	• 捐建了四十多座政府的农村校舍和图书馆，数十座平民屋，资助晋江同乡总会、旅菲金井镇联乡总会等团体构建会所 • 被誉为"菲中民间慈善大师""文坛知音"
施恭旗	菲律宾	• 2004 年 6 月，被推举为菲律宾宋庆龄基金会首任为会长，致力于慈爱老幼、扶贫义诊、关怀贫童、扶助贫民等工作 • 加深了菲律宾主流社会对菲华社会的正面了解

---

①　杨进发.为振兴中华而不悔，马来西亚华人历史与人物儒商篇：创业与护根[M].华社研究中心，2003.

续表

姓名	所在国家	主要事迹及影响
翁俊民	印度尼西亚	• 已向中国、印度尼西亚、新加坡和美国的多所大学捐款超过 5000 万美元 • 2013 年 4 月，捐献 1.035 亿美元，和比尔及梅琳达·盖茨基金会合作，用以改善印度尼西亚和东南亚以及其他国家的弱势者家庭卫生计划
李文正	印度尼西亚	在 2007 年分别在印度尼西亚成立了玛中大学和李文正肿瘤医院，其中玛中大学以他和雄德龙为基金会主席
林联兴	印度尼西亚	• 为当地的华人社会与本土社群捐资捐物无数，82 岁寿宴时将儿女们祝寿的财物换成粮食，分给了印度尼西亚当地生活困难的人们 • 因为常年坚持投身慈善事业，在印度尼西亚享有极高的赞誉
蔡云辉	印度尼西亚	积极参与当地社会及市政的建设与发展，捐资兴办各种文教公益福利事业，直接参与当地的建设，公众形象良好
陈志远	马来西亚	• 2012 年，将 6 亿林吉特的资产拨入了其创建的"让马来西亚更美好基金会"，推行各种社会慈善工作 • 登陆了《福布斯》亚洲慈善英雄榜，成为亚洲 48 位慈善英雄之一
林梧桐	马来西亚	• 是为人熟知和公认的慈善家，捐款 950 万马币予马来西亚各医疗、教育及慈善机构 • 为了表彰他对马来西亚国家经济所做的贡献，国王封赐他为爵士
吴少康	南非	每年主动出资 100 多万人民币为当地华侨华人服务，并通过多种方式维护在非侨胞的基本权益
陈清	南非	关注非洲妇女儿童慈善事业，2013 年组织当地华人为孤儿捐建"爱心之家中国馆"，成为当地的一个中国慈善形象工程
尹相丛	巴西	• 里约发生特大水灾时，积极募集资金，购买基本生活用品，并租车将救灾物品送到灾民手里，得到当地政府和民众的欢迎和赞扬 • 每年都会资助和看望里约郊区的孤儿
潘妙飞	加拿大	积极号召和动员华人华侨为阿省火灾捐款，为学校捐助体育活动经费，为侨团捐助活动经费，为列治文医院和加拿大老人协会捐资

资料来源：作者根据相关资料整理。

在菲律宾，陈永栽、施至成、郑少坚、陈本显、施恭旗、李昭进、陈祖昌等著名华商都是当地慈善事业的积极推动者，这些慈善行为体现了华侨华人对当地社会的责任感，加深了菲律宾主流社会对菲华社会的正面了解，得到了主流社会及各界人士的肯定。例如，陈祖昌因为热心社会慈善公益和文化教育事业，被当地誉为"菲中民间慈善大师""文坛知音"①。2004 年 6 月，由著名华商、上好佳集团施恭旗先生担任会长的菲律宾宋庆龄基金会成立，作为南亚第一个以宋庆龄名字命名的基金会，它致力于关爱儿童、义诊、扶贫等慈善活动，为无家可归的贫民建造了多达 100 多座简易住房、数十座农村校舍，而且资助了数百名贫困学生重返校园读书，基金会的爱心义举得到了主流社会、华社及各界人士的肯定，而作为主要负责人的施先生居功至伟。菲律宾商联总会理事长的陈本显已累计捐建了近 4000 座农村校舍和 8000 多个教室，尤其是，事业有成的陈本显先生没有忘记回馈母校——菲律宾侨中学（原华侨中学），1986—1990 年担任该校校友会理事长期间，曾发动全体校友完成投资 4400 万比索（约 200 万美元）的新校建设工程，发动校友捐资募集 2000 万比索建立教工福利基金会。此外他还于 1988 年侨中校庆 65 周年时，亲自主持督导轰动一时的大型歌舞剧《侨中颂》，该演出被评为当年华社十大新闻之一。李昭进先生也是对菲律宾的公益、慈善、福利事业做出重大贡献的华商之一，菲律宾总统称其为慈善家、群众领袖，新闻界评论他"不但是位成功的商人，而且是位慈善教育家"，自 20 世纪 90 年代以来，他对菲律宾的捐资有：1992 年捐资菲币 100 万元给旅菲石圳同乡会，1993 年捐资菲币 42 万元给菲华商总兴建两所小学，1993 年捐资菲币 20 万元给菲律宾育仁中学兴建校舍，2000 年 4 月捐资菲币 70 万元给菲律宾国立大学企业系教学室，2005 年 6 月捐资菲华商总兴建 5 座小学校舍赠予菲律宾政府等。

　　在印度尼西亚，著名华商蔡云辉、李文正、翁俊民、林联兴等也是慈善行为的积极推动者。例如，盐仓集团蔡云辉热心社会公益事业，在侨居国捐建学校、医院，实行贫民免费诊疗、贫苦儿童免费入学，深得当地群众好评。力宝集团主席李文正在 2007 年分别在印度尼西亚成立了玛中大学和李文正肿瘤医院，其中玛中大学以他和雄德龙为基金会主席。2013 年 4 月，印度尼西亚国信集团主席，著名闽籍华商翁俊民和微软创办人比尔·盖茨（Bill

① 戴厦铃，林永梅.闽商陈祖昌：一个不拘小节的慈善家[N].泉州商报，2015-05-26.

Gates)创立的比尔及梅琳达·盖茨基金会合作,其中翁俊民捐献 1.035 亿美元,开展慈善救助和人道主义活动,在印度尼西亚当地社会被传为佳话。林联兴与 Harita 集团为本土社群捐资捐物无数,在 82 岁寿宴的时候,他将儿女们祝寿的财物换成粮食分给了印度尼西亚当地生活困难的人们,在印度尼西亚也被广传为佳话。爱国华商李文涛事业有成之后,仍保持着良好的传统美德,生活俭朴,重视子女教育,并热心居住国的公益事业:1953 年,他带头捐款兴办华文学校;1980 年,他将一块价值 600 万美元的土地捐给当地政府建医院;在另一地的一个医院,他捐建了一座病房和一座产科楼;从 1994 年起,他坚持每年捐献 200 吨大米,用于救助印度尼西亚各地灾区贫困的莆仙籍华侨华人,尤其是在东南亚金融危机后,他坚持每月捐献 500 万印度尼西亚盾,向部分贫难侨发放每人每月 20 公斤大米。张氏兄弟在实业上取得突出成就和拥有一定社会地位后,对社会公益事业也竭力赞助,他们曾在棉兰创建一所教本学校,同时还对其他各埠的中华学校捐款,他们还捐建一所"济安医院",对病人实行医药免费,对年老和贫困者尤为照顾,另外还在勿劳湾海口捐设麻风医院,收容麻风病人,另外他们还捐资修建了棉兰日里河大桥,方便交通。

在马来西亚,著名华商郭鹤年、林梧桐、杨忠礼、谷润金等也都是当地著名的慈善家。例如,华商杨忠礼对发展繁荣马来西亚经济和社会公益事业做出了重大贡献,1983 年荣获马来西亚雪兰莪州苏丹殿下颁赐拿督勋衔,1985 年获最高元首颁赐丹斯里勋衔,1996 年晋封拿督斯里勋衔。云顶集团创始人、著名闽籍华商林梧桐在各个工业领域为国家做出了突出贡献,同时也是为人熟知和公认的慈善家,马来西亚执政联盟国民阵线的华人执政伙伴、马华公会总会长黄家定赞扬林梧桐对马来西亚的贡献:"将荒山野岭开发成为旅游胜地,同时创造了许多就业机会,林梧桐是大企业家,走过的路和贡献值得马国人民,尤其是华族引以为荣,感谢林梧桐对慈善和教育所做的重大贡献。"马来西亚华商陈凯希为先父母百岁冥诞举行"追思会",并捐献 50 万令吉给居銮。陈凯希指出,今年他已捐献 400 万令吉给林连玉基金、华总、中华总商会和相关团体,明年将再拨 200 万令吉给各团体。

在新加坡,对新加坡的公益和教育事业,华商林义顺也无不热心赞助,他曾慷慨拨款给新加坡的学校、医院,曾任同济医院主席,莱佛士大学、圣安德烈医院董事。1919 年 3 月 21 日,他和陈嘉庚创办了新马第一间华文的最高学府——南洋中学,他捐助开办费一万元,并首任该校的财政,1920 年又任学校的总理。该校每年经费在 3000 元以上，他都尽力支持，他还捐出三巴旺的一大块地作为新加坡华人的公墓。鉴于他的威望和对当地社会的重大贡献，英殖民当局先后委任他为议政局局员、乡村局局员、慈善局局员、太平局绅、平粜局局员、英属马来半岛调查鸦片委员会委员、和平审判官、感化院视察员等等。

在所在国新加坡，以著名华商李光前命名的李氏基金捐赠成立的新加坡国立大学李光前自然博物馆、南洋理工大学李光前医学院、新加坡图书馆的李光前参考图书馆、南洋艺术学院的李氏基金礼堂等，都是对李光前及其执掌半个世纪李氏基金的最好缅怀。

华商蔡天宝致力于当地慈善事业并拥有诸多头衔，如连续两次出任新加坡中华总商会会长、新加坡宗乡联合会主席、新加坡福建会馆会长、通商中国主席、仁慈医院主席、碧山东公民咨询委员会主席等，他 2008 年初通过和美投资有限公司设立了"和美中华经济与商业教授基金"，并在南洋理工大学设立"蔡天宝创业教育基金"以资助当地大学发展。由于其突出贡献，他于 2004 年获公共服务勋章，2005 年被纳丹总统授予太平局绅，2007 年获得新加坡第 22 届"杰出商人奖"，2010 年再次被纳丹总统委任为太平局绅。

新加坡华商黄金春热心居住国的公益事业，当得知以培养同乡子弟为主要宗旨的新加坡宏文学校处于困境时，他和家属带头捐资 124 万新元，带动校友和热心人士纷纷慷慨解囊，促成了新校舍的建设。此后，他又再次捐资 55 万新元，充作建校基金。2006 年出任莆中高平公会主席后，他又与林恩强合资 180 万新元，为当地侨民购置了三层楼新会所大厦。由于热心社区工作，2008 年，他荣获新加坡总统颁赐的公共服务奖章（PMB）。

在加拿大，华商潘妙飞先生积极号召和动员华人华侨为阿省火灾捐款、为学校捐助体育活动经费、为侨团捐助活动经费、为列治文医院和加拿大老人协会捐资。华商林思齐夫妇赚得的利润，除投入再生产以外，剩余的部分都被积累起来，全部捐出作为设立"林思齐夫妇基金"之用，他们在加拿大进行了多宗慈善捐献，是有名的慈善家。他们的基金已达 3000 万加拿大元，每年仅利息就有数百万元，都用于慈善团体。除此之外，林思齐在温哥华唐人街捐款建修了中山公园、苏州花园等建筑，1986 年捐款筹建世界博览会加拿大国家会馆时，他被委任为董事及建筑主任，他还计划兴建一所龙舟中心，以弘扬祖国传统文化，促进中西文化交流。

在非洲，纳米比亚华商自发组织的慈善捐款委员会 2017 年 3 月 31 日将 66 万纳元（约合 32 万元人民币）善款移交给纳米比亚总统夫人建立的慈善基金会，用于纳米比亚的贫困儿童教育计划、贫困村镇扶持计划以及青年扶持计划等。全非洲中国和平统一促进会副会长、南部非洲福建同乡总会名誉会长陈清 2009 年当选为南非宋庆龄基金会会长，积极投入非洲妇女儿童慈善事业中，2013 年她组织当地华人为孤儿捐建"爱心之家中国馆"，并移交给了开普敦卡雅丽莎镇孤儿院，"中国馆"也成为当地的一个中国慈善形象工程。华商吴少康每年主动出资 100 多万人民币为当地华侨华人服务，并通过多种方式维护在非侨胞的基本权益。南非洲闽南总商会会长朱佳龙关注并积极资助当地老人院的发展。

在泰国，郑午楼、陈弼臣和谢慧如等华商都是知名的慈善家。其中，郑午楼博士是泰国知名的银行家和慈善家，被当地华侨誉为"天南一柱"，他在泰国享有崇高威望与声誉，多次获泰王嘉奖及最高勋章，华人在泰国有如此荣誉者郑午楼是现代第一人。而陈弼臣对泰国的各类公益事业捐款数以亿计，范围涉及教育、文化、体育、卫生、恤难等方面，1978 年还专门设立了"陈弼臣慈善基金会"，每年设奖学金资助泰国各大、中、小学贫苦学生。为表彰陈弼臣对国家和社会的贡献，泰王御赐他红十字一等奖章、童军荣誉奖章、自由荣誉勋章和一等白象大绶勋章。1984 年，泰王还颁赐他泰国最高著名学府朱拉隆功大学工商管理名誉博士衔。

华商谢慧如对于泰国的慈善事业也常常是一诺千金。1991 年 10 月 1 日，谢慧如先生偕夫人许雪英女士到王宫觐见泰王蒲密蓬陛下，呈献善款 73379000 铢，作为维修五世王挽巴茵行宫中"中国式明殿"的经费，一时轰动整个泰华社会，广为社会各界传颂。从 1986 年开始，除赈济灾民、扶危恤难外，他还先后为泰国的红十字会、朱拉隆功医院、介寿堂慈善会、泰国枢密院慈善基金会、曼谷天华医院、泰国社会福利院等机构捐赠了巨额善款。鉴于他对当地社会慈善事业的贡献，他曾先后获泰王御赐五等皇冠勋章、五等白象勋章、四等皇冠勋章、四等白象勋章、三等皇冠勋章、一等皇冠大绶勋章、最高特级达智益尊腊宗诰大绶勋章等。

在其他地区，广大华商同样也是慈善行为的积极践行者。在巴西，尹相丛每年都会前往里约郊区的孤儿院送温暖，面对来自各方的赞誉，尹相丛十分低调地表示："作为海外侨胞，在个人事业上取得发展后，回报祖国和回馈社区，是理所应当的事情，每人都要力所能及地进行奉献。"在西班牙，何建荣及其所经营的公司连续九年义务为当地慈善机构捐赠，为当地社会的经济、文化发展起到了促进作用。

6.2 华商的慈善捐赠与侨乡社会的发展：以福建为例

长期以来，广大华商商界精英在发展自身事业的同时，积极投身公益慈善事业，出于对祖国的热爱，一大批享誉全国的华商在国内外省的捐赠行为取得了良好的社会反响。广大华商通过打拼取得一定的成就后，往往不忘家乡，通过慈善捐赠的方式履行自己的社会责任和对祖国家乡的热爱。

华侨华人与港澳台胞对祖（籍）国和家乡捐赠款物，造福桑梓，建设家乡的义举有着长久的历史。近百年来，举凡家乡的教育、文化、卫生、医疗、体育、修桥、造路、兴修水利、赈灾、济贫等各种公益福利事业和慈善事业，无不关心和济助，充分表达华商对家乡的热爱。

据广东省侨办统计，仅1978—1988年，经批准接受华侨、港澳同胞捐赠的用于兴办公益事业的款物共10万多宗，折合人民币36亿元，全省新建大中小学7716所（其中大专院校就有6所，即汕头大学、嘉应大学、五邑大学、韶关大学和孙文学院）；新建或扩建医院、卫生院874所，兴建侨联大厦528间，图书馆、影剧院825间，敬老院619间，幼儿园、托儿所685间。大批潮汕乡贤如谢慧如、陈伟南、谢易初家族、陈弼臣家族以及陈世贤、林世铿、吴清亮等华商都为家乡建设捐了巨资。

自改革开放到2009年，据统计，以华商为主体的华侨华人通过各种渠道捐赠国内公益事业的善款高达700多亿人民币。尤其是经过2008年世界金融危机的考验后，华商对家乡的赤子之情更加强烈，仅2013年全年捐赠总额就达到71.72亿元，包括货币、物资和有价证券等，受捐赠方包括学校、医院、博物馆、养老院等，其中教育机构受赠最多，一般用于奖教助学、基础设施建设等。例如，香港华商霍英东先生倾力支持国家的教育事业，20世纪80年代以来，他捐出巨款设立各种基金会支持内地教育，捐资建成大批教学设施。迄今为止，他的基金会对全国各地教育文化事业的捐赠累计达7.6亿港元。

6.2.1 慈善文化与华商的慈善行为：以闽籍华商为例

在中国众多商帮中，闽商的慈善行为源远流长，他们恋祖爱乡，是爱国爱乡、海纳百川、乐善好施的典型代表，由于受闽南文化和慈善传统的影响，在东南亚及世界其他地区，几乎每一个闽籍华商在当地都是一个慈善家。翻阅史料，"敦亲睦族""捐施贫乏"的记录随处可见，涌现了一批诸如陈嘉庚、胡文虎等颇具声望的慈善家。在当代，代表人物如多次登上福布斯富豪榜的许荣茂、许健康，以及虽未登上慈善榜但也是著名慈善家洪祖航、陈明金等。由此可见，华商心怀故土、情系根祖，始终没有忘记自己是中国人！这一所所学校就是华商家国情怀最有力的见证！

按照传统的解释，闽籍华商之所以热衷慈善，是由于福建民间信仰兴盛和强烈的乡土情结。一方面，福建地区民间信仰多有劝人行善的内容，如佛教的悲悯情怀、道教的善恶观念、基督教的爱人思想，均对信徒的价值观产生巨大影响，使他们将施善默化为内在品格，福建地区虔诚、丰富的宗教信仰也是闽籍华商慈善文化中必不可少的一部分(胡润，2012)。另一方面，闽籍华商多眷恋故土，回馈桑梓不仅成了他们实现对人生价值自我肯定的主要方式，也是提升闽籍华商商帮凝聚力的重要途径。华商陈守仁在北京人民大会堂举行的一次捐赠仪式上这样说："我虽然是美籍华人，旅居海外各地，但我对我的出生地中国，总是有一颗爱戴之心，对家乡的人民，有着深厚的桑梓之情，只想尽我的微薄之力，为家乡做些事。"

"人欲是利己，天理是利他"，闽商自古传承妈祖文化和理学中的经商之道。出身妈祖故乡、2011年福布斯慈善榜双榜同上的正荣集团董事局主席欧宗荣曾说过："人一定要有爱心，有了爱心才会有向上的动力。"这可以作为闽商商业价值观的代表，将回报社会视为企业发展的动力，在这种信念的支撑下，优秀闽籍企业代表在财富积累后，发挥"爱乡爱土"的闽商精神，在福建省内乃至全国享誉盛名，闽商群体不仅积极兴学、扶贫、改善医疗环境，并为当地文化事业等相关领域砸下巨资。劲霸集团董事长洪肇明说，"生有涯，慈善无涯"，这句话也集中体现了闽商的慈善情怀。[①]

正如印度尼西亚著名闽籍华商林文镜所说："一个成功的企业家，是不

---

① 傅春荣.闽商公益集群效应凸显[N].中华工商时报，2011-05-03.

能置家乡贫穷落后于不顾，否则就是失职，就是人生的失败。"也正因为如此，1987 年他回到家乡时，决定要做的第一件事就是帮助家乡脱贫致富。"无论我们在哪里创业，都不会忘记自己是福建人，无论经历多少艰辛挫折，家乡的亲人都是我们的港湾……看到家乡日新月异的变化，我们感到无比的欣喜和兴奋"，"和其他省份相比，福建的优势是生态，这是我们闽商的骄傲"。

在慈善文化的熏陶下，一向以低调著称的闽商，对慈善事业的投入并不"低调"。在国内，福建省晋江市于 2002 年成立全国第一个县级慈善总会，自 2004 年起发布的中国慈善榜中闽籍华商身影频频，在胡润慈善排行榜中，2006 年前十位中闽籍华商占了六位，2007 年闽籍华商慈人均捐赠额为 1.1 亿元，远高于苏商人均 5300 万元和浙商人均 4800 万元的人均捐赠额。2012 年在 1000 人的百富榜榜单中闽籍华商占 6％，但在慈善榜中的比例达到近 20％。由中国国际投资贸易洽谈会组委会、新浪网与厦门大学共同发布的《2012 闽籍华商慈善榜》显示，2012 年闽籍华商累计捐赠额高达 54.0 亿元，人均捐赠额高达 1.12 亿元。2013 年胡润慈善榜的 100 位慈善家中，闽籍华商人数排名全国第二，前 10 名中有三位来自福建，人数排名第一，成为全国商帮中最为慷慨的群体。

2014 胡润慈善榜中 100 名中国最慷慨的慈善家榜上，福清的薛行远家族取代了去年的欧宗荣成福建新首善。《福布斯》2014 年中国慈善排行榜中上榜前十名中福建籍富豪占四席，他们分别是：（1）世茂集团许荣茂以 17424 万元捐赠总额位居第 5 位，最大一笔为向石狮市捐赠 16000 万元资助办学，发展石狮教育事业；（2）世纪金源集团黄如论以 17052 万元捐赠紧随其后，最大一笔是捐资 15000 万元帮助兴建清华大学艺术博物馆；（3）福建达利集团许世辉以 12100 万元排名第 9 位，这笔善款全部捐给福建省惠安慈善总会；（4）祥兴（福建）集团薛行远以 11500 万元紧随其后，最大一笔善款是向北京师范大学捐赠 10000 万元。2016 年胡润全球华人慈善榜单中，累计共有 7 位闽籍慈善家上榜，捐赠总额为 13900 万元。

在海外，从陈嘉庚和胡文虎开始，涌现出了一大批积极投身慈善的企业家，体现了中华民族与生俱来的仁爱精神。例如，新加坡著名闽籍华商李光前于 1952 年设立李氏基金以来，向医疗、教育、科技、文化等事业提供了不计其数的巨额款项，不仅让新加坡人受惠，还让其他国家和地区的人受惠，先后捐资新加坡、马来西亚和包括中国在内的世界各国公益事业达 4 亿多元新币。在国内,自 1980 年起,李氏基金就和香港李氏基金合作,先后捐资给华侨大学、南安梅山光前学村、泉州华侨历史博物馆、厦门大学、集美大学及其他中国内地公益事业达 2 亿多元。因为乐善好施,又积极践行儒家传统美德,李光前之子李成义被人们尊称为"儒商"。由于在慈善领域的卓越贡献,1992 年,李成义获得新加坡总统授予的"公共服务星章";1993 年,又获得新加坡国家福利理事会授予第一个福利团体的最高荣誉奖"余炳亮"奖。2008 年 5 月的国际儒商大会,他被评为"国际十大儒商"。

1998 年春,华商李昭进捐资人民币 100 万元,创建"李昭进公益教育基金会",存本取息,每年支出 4 座文化、教育、体育楼房的电费、水费和购买花卉、盆景、风景林栽培及管理人员工资等达六万多元。石圳华侨学校第二校舍教学(科教)大楼,2000 年春动工兴建,建筑面积 1 610 平方米,耗资人民币 175 万元,增设语音电教室,新办英语班,让小学生从小就有英语基础。这幢新建的教学大楼,于 2000 年 12 月 16 日(农历庚辰年十一月廿一日),在该校隆重举行落成剪彩典礼,李昭进在讲话中说:"我为响应祖国科教兴国的号召,发展文化教育事业,培养新世纪人才,前年捐资人民币 100 万元,今天再捐资美元 100 万,创建'文化教育公益基金会'。这笔基金,存入香港集友银行,支票当场交给董事会董事长许琼琳律师。按现利率每年可取息兑换人民币五十多万元,用于国内和家乡文化教育公益事业和突发性灾害资助,聊表我的另一份心愿。"全场掌声不息,人人交口赞扬。各级领导一致对李先生的德才智慧和事业建树表示赞赏钦敬,并对他十多年来的爱国爱乡、无私奉献表示衷心感谢。李先生不但造福桑梓,而且敦亲睦族,仗义疏财。他发动并带头捐资修建石圳李氏宗祠。香港石圳同乡会成立,他捐资支持购买办公楼房。1998 年,金井南江村李氏兴建宗祠,他慨捐人民币 25 万元,参与兴建。南江李氏宗祠建委会编撰《昭进宗贤史略碑志》,勒石以志,高度概括"李先生拓展事业,信义可嘉;关心公益,当仁不让;情系祖国,载誉华夏"的事迹。十多年来,李昭进为兴办家乡各类公益事业,不仅是不惜金钱,慨捐巨资,更可贵的是,他不顾身体,不辞劳累,到处奔波。单为公益一事,就由菲律宾、美国往返故乡三百多次,每一幢楼房的建筑,从测地、勘探、设计、奠基到施工、进度、质量都亲自过问、参与、督检。哪怕是一个梯阶、一扇门窗、一盏灯光、一处洗盆的细节项目,以至一棵树木的种植、一盆花卉的放置都与行家详细探讨研究,使每幢建筑物既保留中国建筑特色,又吸收外国建筑风采。因此,福建省人民政府授予李昭进先生"乐育英才"奖

匾、金质奖章和荣誉证书，2002年，福建省人民政府、泉州市人民政府在石
圳村为他立碑表彰。

在外部环境的制约下，近代闽籍华商大多是迫于生计的被动式崛起，其
慈善事业也往往随着自身企业的沉浮而起伏不定，带有很强的不确定性与
不可持续性。而在今天，闽籍华商则完全摆脱了20世纪动荡不安的世界局
势，无论是自身发展，还是为社会行慈善，相对地体现了稳定性与可持续性。
随着国内改革开放政策的兴起，在闽商慈善文化的熏陶下，无数海外闽籍华
商以更大的热情投入家乡乃至全国的投资潮流中，而福建本土也迅速涌现
出一批批闽籍华商，他们共同谱写着闽籍华商慈善事业的现代新篇章，为我
国的慈善事业贡献着自己的力量。其中，比较典型的有：

（1）林腾蛟——阳光控股集团

林腾蛟先生忠实履行企业社会责任，多年来累计投入社会公益事业达
10多亿元，赢得业界和社会的广泛赞誉。

①2013年甘肃定西地震，向甘肃省委省政府捐赠1000万元抗震救灾。

②2012年向甘肃省政府捐资1000万元，用于飞天教育助学项目，向西
北师范大学捐资100万元 。

③2011年号召全体员工为西部献爱心，募捐活动共筹集善款375209
元。

④2009年捐赠1000万元支持北京大学光华管理学院启动西部人才发
展工程（陕西项目），捐资助医50万元。

⑤2008年通过中国教育发展基金会向汶川地震灾区捐助人民币1000
万元，用以扶助灾区孩子继续学业；在他的感召下，阳光爱心涌动，接连数
日，集团各级领导和广大员工、学生纷纷慷慨解囊，短短几天为灾区捐款65
万元；捐赠30万元支持我省心理援助青年志愿者入川为灾区民众服务；捐
赠青少年基金（北京）81.8万元。

⑥2007年向西藏林芝地区捐赠600万元，启动闽藏青年育才工程，9月
第一批西藏贫困农牧民子弟入学阳光国际学校；向"北京大学光华管理学院
校友基金"捐赠3000万元，主要用于助教以及西部地区的人才培养；捐赠
"海峡青年论坛"72万元。

⑦2006年资助海峡青年论坛100万元，捐赠北京大学奥运乒乓球馆10
万元。

⑧2005年向龙岩老区教育捐赠100万元，创立阳光学院毕业生创业基

金 400 万元,捐赠"为了灾区孩子"50 万元,为印度洋海啸受灾地区捐赠 30 万元。

⑨2002 年向闽侯计生困难捐资助学 27 万元,捐助希望工程 20 万元。

⑩1997 年从该年起,接收数十名特困的小学一年级学生进入阳光国际学校,全免接受九年教育,资助总额达 40 余万元。

(2)林文镜——融侨集团

著名闽籍华商林文镜近几年在国内外的捐赠行为如下:

①2012 年,拨款 200 万设立专项教育基金用于资助贫困大学生;为罗源县中房镇中心小学捐赠希望图书室;发起"融侨 2012 绿色行动"公益植树系列活动。

②2011 年,在全国发起"阳光助学"活动,帮助贫困山区孩子;斥资近百万,建设"融侨林";捐赠 1500 万美金用于建设海外华文学校;出资 1 亿元,对福州市南江滨进行了全面优化改造。

③2010 年,向"绿化长江,重庆行动"捐款 3000 万元,在闽西北抗洪救灾中向受灾同胞捐赠 1000 万元,向中国妇女发展基金会捐赠 500 万元,向淮安市清河区人民政府美食文化节捐赠 400 万元。

④2009 年,向中国青年创业就业基金会捐款 1000 万元,向中国华文教育基金会捐款 5000 万元,向北川中学捐款 1000 万元,为兴建重庆香弥山幼儿园投资 700 万元,为漳州市平和中学捐赠 100 万元。

⑤2008 年,向汶川大地震受灾同胞捐赠 600 万元,向安徽抗雪救灾捐赠 100 万元。

⑥2007 年,向武汉兴山捐资 100 万元。

⑦2006 年,向江苏省海外交流协会教育基金捐赠 100 万元。

⑧2005 年,向重庆亚太第五届市长峰会捐款 200 万元。

⑨2004 年,为兴建重庆南开中学分校斥资 1.3 亿元,为兴建重庆人民小学斥资逾 1.8 亿元,向重庆川东北气矿"12·23"井喷事故灾民捐款 100 万元。

⑩2001 年,为支持重庆市规划设计捐款 100 万元。

6.2.2 华商的慈善捐赠与福建社会事业的发展

新中国成立后,尤其是 1979 年中国实行对外开放以来,海外闽商建设家乡、兴办公益事业的各种捐赠活动,得到空前的发展。其捐赠款物数量之大、人数之多、地区之广、范围之杂、影响之深，是历史上任何时期所不能比拟的。

据福建省侨委 1959 年的统计，全省的华侨捐资新建、扩建的医院就有 20 多所，医疗所 13 处，分布在晋江、南安、永春、惠安、安溪、同安、龙溪、华安、漳浦、莆田、闽侯、福清、龙岩、永定等县市。其中较具规模的有：晋江安海医院，永春县医院门诊、外科、妇产科楼，南安梅山国专医院、诗山南侨医院、码头医院、金淘大众医院、丰州医院、英都医院、官桥医院、水头医院、石井医院，安溪依仁华侨医院、龙涓医院、蓬莱华侨医院，惠安王埕华侨医院、惠东华侨医院、山腰华侨医院、上坂华侨医院，龙溪县医院、石码医院，龙岩县医院，永定下洋医院，福清龙田医院、高山医院，莆田平民医院，福州亭江医院等。

1979 年改革开放以来，海外乡亲捐资医疗卫生事业的热情进一步高涨，其捐资数量、规模及捐资项目远远超过以往任何历史时期，海外乡亲捐资兴办公益事业的项目、金额逐年增多。据福建省不完全统计，仅 1979—1990 年海外乡亲用于医疗卫生事业的捐款就达人民币 1 亿元，其中南安县就有 3 161 万元、福清县有 1995 万元。其间，兴建、助建的学校 1730 多所，校舍面积增加 100 多万平方米；捐建、助建大小医院 40 多家。在侨乡兴建、修建许多影剧院、图书馆、文化活动中心、养老院、幼儿园、侨联大厦、寺庙，兴建水电站、林果场、自来水厂以及铺桥修路等。海外乡亲捐资办医院规模较大的有：泉州第一医院病房大楼，泉州中医院友玉科教楼，儿童医院门诊大楼，福建医科大学附属第二医院住院大楼，惠安东岭医院门诊大楼和住院大楼，南安县医院住院部大楼、门诊楼、印华楼，南安洪梅世道医院，晋江英林医院，晋江金井医院门诊大楼，罗山医院，惠安县医院门诊大楼，泉州浮桥明新医院以及福州仓山医院等。

进入新世纪，据不完全统计，改革开放至 2015 年年底，海外侨胞、港澳同胞为福建省公益事业累计捐赠人民币超过 258 亿元，为经济社会发展和公益事业做出了非凡贡献。近几年，福建省侨胞每年公益商业都在 7 亿～10 亿元之间。其中 2004 年 6 月至 2007 年 5 月，累计捐赠千万元人民币以上的闽籍华商共 43 人①，包括世纪金源集团董事局主席黄如论、马来西亚

①　聚焦闽籍华商：海外闽籍华商回馈桑梓积极参与海西建设［N/OL］.http://www.ce.cn/district/qujj/zsj/200705/17/t20070517_11386185.shtml.

凯业集团董事长李深静、印度尼西亚雅加达福清公会理事会会长郑年锦、菲律宾华商联总会名誉理事长黄呈辉、美国福建猴屿华侨联谊会主席唐荣团等都捐资千万以上，他们在第四届世界闽籍华商大会上荣获福建省政府颁发的"海侨胞们从 70 年代初恢复对家乡公共事业和慈善事业的捐赠。中外华侨捐赠公益事业突出贡献奖"。2010 年捐赠金额达到 12.93 亿元,2013 年将近 10 亿元[1],仅在 2015 年,福建省接受海外侨胞、港澳同胞捐赠人民币 8.66 亿元,其中泉州接受侨捐 4.66 亿元,数额居全省之首[2]。其中,曹德旺、黄如论、丁和木三人自 2010 年 6 月以来捐赠福建省公益事业人民币超一亿元[3],部分典型代表人物如表 6-3 所示。

表 6-3 部分闽籍华商商界精英在福建省的捐赠行为

姓名	投资及捐赠情况
郭鹤年	2005 年 1 月,郭鹤年通过其嘉里粮油(中国)公司,向主持"希望工程"的中国青少年基金会捐赠 5000 万元。从 2005 起,连续五年为经济困难的农民工子女每人每学年提供 600 元至 900 元的助学金,帮助他们完成学业。2013 年 10 月 5 日,郭鹤年宣布向厦大马来西亚分校捐赠 1 亿马币(约合人民币 2 亿元),建设厦大马来西亚分校的图书馆大楼,该楼为校区主要大楼之一
陈永栽	从 2001 年起至今,陈永栽连续 16 年,总计资助逾 12000 名菲律宾华裔学生到中国各地学习汉语、书法、国画、舞蹈、武术、中文歌曲等,提高了菲律宾华裔青少年的中文水平,让他们了解了中华历史及优秀传统文化。2015 年 3 月陈永栽捐款 5000 万元人民币建设的华侨大学陈延奎大楼在厦门校区奠基,大楼将作为华文教育培训中心,总建筑面积达 3.6 万平方米,可同时容纳 500 名华裔青少年学生共同学习和生活
林绍良	从 1979 年起,在改革开放的 30 多年中,印度尼西亚华商林绍良捐助家乡修桥铺路、兴修水利、扶危济困、兴办教育等,捐款高达 4.3397 亿元人民币。其中,捐献教育事业 7255.5 万元,修桥铺路 5528 万元,寺院景区 7161 万元,兴修水利 7146 万元,教育基金、老人会 1725.5 万元,医疗设施 875 万元,华侨博物馆 1000 万元,侨联系统 662 万元,文化娱乐 438 万元,其他 4343.5 万元,占全市捐款总额的五分之一,捐资项目超过百项

---

① 福建省侨办主任杨辉在 2014 年 5 月 27 日的讲话[N/OL].(2014-05-28).中国新闻网.

② 非洲闽籍商会再添新成员[N].泉州商报,2016-05-04.

③ 胡光华.1800 名全球闽商聚首,对接项目近 8 000 亿.[N].企业家日报,2013-06-21.

续表

姓名	投资及捐赠情况
蔡云辉	慷慨解囊在家乡捐建音西礼堂、溪前小学、福清华侨罐头厂等,对于修建石竹山风景区,福清侨中和福清医院内、外、中医大楼等,亦有较多捐赠
何瑶煌	捐资创办的泉州贤銮福利基金会,坚持奖学和助学并重,设立小学、中考、高考优秀奖,高中毕业保送生奖,国际奥林匹克竞赛和国家级五科竞赛获奖者嘉奖,国家和省青少年科技创新大赛获奖者嘉奖,优秀贫困生奖等系列奖项,从 1988 年至 2006 年贤銮奖共发放奖助学金达 847.9 万元,受奖人数达 5034 人次
吕振万	先后在福建省创办数十家"南"字号的现代化企业工厂。1991 年,回家乡斥巨资开发建设蟠龙工业综合开发区。多年来,他先后捐资 1.5 亿多港币用于发展教育和其他公益事业,先后建起各类学校达 147 所,仅在南安,吕先生捐资兴建教学楼 110 多座,1400 多间教室,捐助的覆盖面达 16 个乡镇,100 多个村落
陈大江	从 1983 年开始,积极捐赠家乡公益事业,尤其是教育事业,先后在漳平新民小学、漳平一中、宝娘幼儿园、龙岩学院等捐资兴建教学楼、设立奖教奖学基金;他还先后为漳平菁城群众文化活动中心、菁城福满村、漳平市医院、漳平市博物馆等基础设施建设捐献资金。到 2013 年年底,他累计在龙岩市范围内捐资兴办教育、文化、医疗、农村等公益事业超过千万元。仅在龙岩学院,截至 2015 年,已累计捐赠 141.14 万元
魏成辉	1991 年,新加坡第一食品公司的魏成辉在福建福清捐款 400 多万元兴建了一座占地面积 5000 平方米、可容纳数百名学生就读的学校。而且低调行事,捐了钱却并不留名,直接将学校命名为"福清鳌头小学"
赖庆辉	1971 年前往香港开创事业,80 年代起在家乡投资兴业,斥资改造旧城、建造建筑,为建设福州长乐机场慷慨捐款,在华侨中学兴建宿舍、体育馆、设立奖学金,为促进福州市改革开放、经济发展做出了重要贡献
陈聪聪	作为主要投资方在家乡投入 100 多万元,兴建一座拥有现代化设备的幼儿园;2002 年 12 月,她捐赠 10 万元创办了宁化华侨农场敬老院;2004 年 5 月,她个人出资十余万元捐建了晋江榕霞小学。多年来,陈聪聪捐献用于建设幼儿园、学校、敬老院、架桥、铺路等慈善事业的款项达 200 多万元。2016 年 5 月 7 日,在故乡福建省晋江市金井镇,向福州大学捐赠 100 万,用于福州大学晋江校区的建设
陈守仁	"塞班王"陈守仁博士在家乡泉州投资捐建数目众多的小学、中学、科技楼及教育基金,被授予北京大学、华侨大学、黎明大学、泉州师范学院陈守仁工商信息学院等高等学府校董、理事等头衔
张宗真	2016 年 6 月,在福建捐赠 1 亿元设立扶贫基金
张仕国	1991 年,张仕国捐款 12 万元筹建了白中镇白汀村幼儿园,随后,他又捐献巨资给家乡筹建黄乃裳纪念馆、建侨联会、华侨大厦和张氏公会等

资料来源:作者根据相关资料整理。

　　具体项目方面,在心系家乡发展的闽籍华商中,祖籍漳平的陈大江就是典型的例子。1930 年,他移居印度尼西亚,事业有成之后,他也立志要发扬祖父的精神,并且以祖父的精神,激励海外侨胞和国人为中华民族的伟大复兴奋发进取。他先是继承先辈遗愿,积极参与支持家乡的发展,只要是家乡的捐资助学、修路铺桥、扶贫济困,都会有他捐资出力的身影。因为深知教育和人才培养的重要性,在参与家乡公益慈善事业时,陈大江特意将重心放在支持教育事业上。

　　印度尼西亚爱国华商李文涛一向热心家乡公益事业。早在 1957 年,他就慷慨捐建仙游华侨中学和当时的仙游县协和医院。几十年间,李文涛捐建的对象涉及仙游县医院、仙游县中医院、莆田县医院、涵江医院和仙游一中、仙游第一道德中学、第二道德中学、仙游县第二华侨中学、仙游县实验小学和仙游糖厂等众多单位,累计捐资约 500 万美元。为此,1994 年,他作为 29 位为福建教育事业做出突出贡献的海外人士之一,受到了福建省人民政府的表彰。

　　作为一个美国闽籍华侨,在李华的言谈举止中总能看出他对家乡的深情。"当我们身在美国或者其他国家的时候,我们并没归属感,我们只觉得自己是客寄在那里,我们的家还在中国",他坚定地表示"每一个华侨都想回到家乡来建设,为家乡做贡献"。因为担任美国福建公所主席的缘故,李华对在美乡亲对家乡的贡献都很了解,他以美国猴屿江家联谊会为例,虽然这只是一个小小的村庄联谊会,但在美乡亲们为了能够给村里修建自来水管道、建设公园,改善家乡的生活环境,总共捐资 1 亿多元人民币。

　　2016 年 4 月 6 日下午,全国政协委员、中国工商联副主席、澳门著名爱国实业家、宝龙集团董事局主席许健康为其家乡福建省晋江市安海镇溪边村捐资 1 亿元人民币,用于"美丽乡村"建设及实施可持续发展项目。2016 年 6 月 16 日晚,福建承群慈善基金成立暨福建省光彩促进会精准扶贫签约仪式在福州举行,澳门著名实业家、永同昌集团董事局主席张宗真捐资 1 亿元人民币,并确定每年将从基金会的收益中安排 500 万元,通过福建省光彩促进会用于福建省"百企帮百村"精准扶贫项目。

　　在教育方面,闽籍华商为福建高校的发展做出了较大贡献。例如,华侨大学图书馆总馆即"侨总图书馆",是由印度尼西亚中华侨团总会和学校董事会副董事长、香港知名人士许东亮先生集资捐建的。2000 年 11 月由学校校董、香港知名人士陈捷中(仲升)先生捐建的作为图书馆"数字分馆"的"捷中资讯大楼"也顺利竣工投入使用。"大众图书楼"由许东亮先生与香港大众机械公司苏秀荣先生捐资一百万元重修，厦门校区图书馆一期工程由学校第五届董事会副董事长郑年锦先生捐资兴建，并命名为"郑年锦图书馆"。2010 年 4 月，黄如论捐资人民币 6 亿元用于建设福建省科技馆新馆，是他捐赠公益事业以来最大的一笔捐款。

华商陈本显"少小离家老大回"，乡音不改，乡情依旧。1983 年，在商业领域功成名就的陈先生携妻儿老小回到阔别 46 年之久的故国热土。在参观集美大学时，华侨陈嘉庚先生的至理名言"财自我辛苦得来，亦当我慷慨捐去"深深震撼了陈本显，他为嘉庚老先生捐资教育的明智所折服。站在陈嘉庚塑像前久久不愿离去的陈先生随即立下了追随先贤的宏愿，他深情地对陪同的父亲说："我们也应像嘉庚先生那样，为家乡的教育事业做贡献。"陈本显深明教育强则民族兴的道理，分别在家乡福建晋江金井镇独资捐建中、小学教学楼各一座。而后，因出生地的村庄没有设立学校，为开蒙顽童，他创办了一所幼儿园，并每年赞助幼儿园的一切经费。陈本显还与其他 10 位华侨为泉州华侨大学捐建了一座现代化的综合性多功能教学大楼，大大改善了该校的教学设施。这一座座教学楼无不凝聚着海外赤子兴学育才的满腔热忱。[1]

海外闽商对家乡的慈善捐赠得到了广泛的认同和赞许。较之现在企业家的慈善行为，海外闽籍华商的慈善行为正在促使更加公正的捐赠制度与捐赠文化的产生，正在推动从制度层面建设现代的中国慈善事业，标志着中国企业家公益慈善精神的觉醒，广大闽籍华商对家乡的贡献受到了家乡人民的广泛尊敬和认可。例如，福建省人民政府先后于 1985 年、1990 年和 2000 年三次为何瑶煌先生颁发金质奖章、奖匾和荣誉证书，并于 2004 年 5 月及 10 月，福建省人民政府、泉州市人民政府分别为何瑶煌先生立碑表彰，以颂扬其慷慨捐资、兴学育才的突出贡献。再如，由于吕振万先生继承、发扬了陈嘉庚先生爱国重教的传统，为我国特别是福建的教育事业做出了杰出贡献，2000 年 12 月 19 日，《福建日报》将陈宝琛、陈嘉庚、梁披云、吕振万评为八闽四大杰出教育家。为弘扬陈大江先生热心公益的崇高善举，福建省人民政府侨务办公室于 2014 年 4 月发文决定，以福建省人民

---

[1] 教育是我心永远的牵挂，访著名菲籍华商陈本显[N].光明日报，2005-10-24.

政府名义对其立碑表彰，并授予其"福建省捐赠公益事业特别贡献奖"奖匾和荣誉证书。

6.3 华商的慈善捐赠与我国教育事业的发展

教育是推动民族兴旺、社会发展的根本。1919 年之前，在特定的历史环境下，有心办学的华侨华人只能借助外国传教士建立起来的教育平台，通过教会学校帮助家乡兴办教育。1919 年以后，政府鼓励华侨回国捐资办学，侨办教育迅速得以发展，教会教育的成分大大减少，华侨华人独立兴办教育蔚然成风。广大华侨华人以各种各样的方式表达游子对故土的眷恋与挚爱，他们或修路造桥，或招商引资，或捐资兴学，其中被认为最造福桑梓的就是捐资兴学。

6.3.1 华商对改善教育设施的贡献

历史上，广大华商对国内教育的改善尤为关注。正如陈嘉庚所言："见十余岁儿童成群游戏，多有裸体者，几将恢复上古野蛮状态，触目心惊，弗能自已！"正因为如此，陈嘉庚倾力助学，在福建厦门地区资助中小学教育，并创办资助厦门大学。华商林联兴也说："经济发展需要建设基础设施，国家进步需要提高教育水平，因此我十分重视基础设施和教育设施的建设。"为弥补国内教育的不足，帮助贫困学子完成学业，众多华商伸出援助之手。在《集美小学记》中，陈嘉庚亲笔写下了他创校的初衷是"概故乡之陵夷，悯故乡之哄斗，以为改造国家社会，舍教育莫为功"，自此他便走在了振兴教育以救国的道路上。

老一辈将教育视为千秋大业，不遗余力地投资兴学，福泽后人。以印度尼西亚华商为例，林绍良、李尚大、谢建隆等在当地兴建了第一家商学院——莫利亚商学院，李文正建了希望之光大学。郑年锦先生给清华大学捐建了郑年锦楼，其实他本人并没有到过清华，连揭幕仪式也没有出席。他说，他就是觉得自己没有受过学校教育，希望后代有更好的教育条件。林绍良先生也说："我很小就意识到受教育是一种大恩泽，就像是为一个人的未来投资。我坚信就是我在乡村所受到的教育成就了我的今天。这是为什么当我有了自己的孩子，我努力确保他们受到最好的教育，并送他们留学。"用经济学的语言就是说，重视教育就是对人力资本的投资，是最可预期的未来收益。

在广东，从清光绪年间起，梅州华商开始投入教育，重点侨乡县80%以上的中、小学校均是华商捐资创办的。1893年梅县籍的印度尼西亚华商丘燮亭，投资兴建私塾学堂"时习轩"，接着又捐银圆3万余元。1901年，梅县籍华商梁建勋在程江独资兴办"建勋学校"。1902年，梅县南口潘姓华商集资创办了安仁小学。1905年，丘燮亭捐大洋1.3万元兴建丙村三堡学堂（现在丙村中学的前身）。同时他还创建永捷高等小学。1913年，丘燮亭又与叶子彬等合资在梅州城创办私立东山中学。1924年创立的嘉应大学，以及20世纪40年代创办的南华学院，都是在华商熊幼霖、丘元荣、杨溢舜、李其硅、龚子宏、林师万、陈南康、潘敬亭、罗运延、李秀英等乡贤赞助下兴办起来的。据1936年统计，由于华商的帮助，梅州小学增至2621所，中学增至34所。

在潮汕地区，自宋末高僧释大峰传入潮汕以来，慈善文化逐步兴盛，以其对社会人类的功德价值而成为人们崇尚的美好道德标志之一，且在近代以来逐渐成为一种信仰，促进了华商爱国爱乡的善举。旅居海外的华商以弘扬潮汕慈善文化为己任，通过兴学重教等方式支持家乡建设。早在1901年，就有丘逢甲（原台湾义军统领）用从华商处募捐来的款项，在汕头创办了岭东同文学堂，1904年澄海旅居印度尼西亚华商李武平在家乡南徽开办有德小学堂，1905年华商陈雨亭等合资创办汕头华英小学，1907年澄海旅泰华商陈慈黉在隆都前美创办了成德学校。此后，潮汕华商捐办的学校越来越多。例如，有潮阳的萃英学校、中民小学、启蒙义务小学、启智女子学校，澄海的圣彰学校、南畔洲学校、秀水中山学校，汕头市的时中学校、私立海滨中学等等。

中华人民共和国建立以后，虽然经历了许多风风雨雨，但华商不改初衷，继续兴学重教、捐资办学。1950年春，泰国华侨观光团莅汕参观访问，于同年4月将用侨资兴建的私立海滨中学改为广东汕头华侨中学，成为全国第一所公办的华侨中学。接着，在1958年，蚁美厚、许存孝等14位华侨捐资9.3万人民币，创办了澄海华侨中学，至1959年汕头地区已有华侨中学30所，占全区中学总数15.2%。改革开放后，海外华侨踊跃回乡捐资办学。据1978年至1999年统计，华侨、港澳同胞在汕头市捐资兴建及扩建的学校730所，幼儿园125所，同时1991年2月由海外华侨林百欣、陈鸿源等倡立潮汕星河奖基金会,推动了潮汕教育事业的向前发展。

在华侨、港澳台同胞捐资办学义举中,家乡人民永生难忘、广为传颂的是香港知名人士、长江实业集团董事局主席李嘉诚先生,他捐资建成了闻名遐迩的汕头大学,圆了好几代潮汕人的大学梦,被赞誉为"前有陈嘉庚,后有李嘉诚"。汕头大学不仅成为培育人才的摇篮,而且成为联结香港与内地感情的纽带,成为潮汕人民心目中的一座丰碑。

进入新时期,华商在国内的高校捐建了大量基础设施(部分名单如表6-4所示),为当地教育事业的发展起到了积极的推动作用。我国教育场馆的建设过程中,受到了一大批热心华商的资助。例如,2001年至今,陈守仁先生家族以及联泰集团已向北京大学捐资数千万元,支持北京大学国际研究中心、陈守仁教育基金、联泰供应链研究中心的建设等。1996年,华商许健康向母校侨声中学捐款100万元设立"许书藏家族教育基金",华商许健康捐资280万元兴建"书藏图书楼",2006年为泉州师范学院捐资150万元兴建宝龙实验楼。2017年,华商汪琼南女士及儿子汪宏超先生代表家族向华侨大学慷慨捐资500万元人民币。2018年1月,香港南旋集团主席兼行政总裁王庭聪先生慷慨捐资500万元人民币,支持华侨大学建设与发展。在浙江,巴西尹霄敏于2009年向丽水松阳县裕溪乡中心小学捐助25万元人民币,建造了裕溪海联希望小学,改善了当地的办学条件,使山区孩子们也拥有了多媒体教室、图书室和实验室,因此在第十六届浙江旅外乡贤聚会开幕式上,巴西侨胞尹霄敏被评为浙江省"参与新农村建设贡献奖"。

表6-4 华商商界精英捐建的教育场馆及设施(部分)

华商姓名	教育场馆及设施名称	捐赠金额或建筑面积	所在省份
李文正	清华大学"李文正图书馆"	建筑面积15000平方米	北京
林文镜	2011年建设海外华文学校	1500万美金	北京
施子清	南京大学兴建子清楼	—	江苏
陈守仁	修缮扩建陈守仁国际研究中心	650万元	北京
郑年锦	清华大学第五教学楼	100万美金	北京
陈江和	淮阴25所农村小学 江苏省侨务进修学校 苏州大学陈金荣生命科学基础实验室	450万元	江苏

续表

华商姓名	教育场馆及设施名称	捐赠金额或建筑面积	所在省份
林联兴	上海交通大学"联兴楼"	300 万元	上海
邱德拔	北京大学体育馆	1.733 亿元	北京
黄鸿年	杭州建筑职业高中 山东烟台经贸大学 北京汇文中学	1450 万元	浙江、山东、北京
邓龙	"侨心小学"	为中国侨联侨心工程捐建6 所"侨心小学"	北京
郭孔丰	张家界益海学校	110 万元	湖南
李成智	中国棋院"李成智图书馆"		北京

资料来源：作者根据相资料整理。

　　例如，邵逸夫并非香港最有钱的人，但却是香港富豪中屈指可数的大慈善家，他在香港的影响力源自于他的影视王国，而他在内地的口碑则主要是因为他对教育机构的慈善捐赠。据统计，邵逸夫历年捐助社会公益、慈善事务超过 100 亿港币，兴建了 6000 多个教育和医疗项目。尤其是对教育事业和科技事业，邵逸夫捐赠的教育资金遍布神州大地，全中国多家高等院校均有邵逸夫命名的"逸夫楼"。自 1985 年以来，邵逸夫通过邵逸夫基金与教育部合作，连年向内地教育捐赠巨款建设教育教学设施，1990 年，中国政府将中国发现的 2899 号行星命名为"邵逸夫星"。截至 2012 年，邵逸夫赠款金额近 47.5 亿港元，建设各类教育项目 6013 个。

　　再比如，汕头大学是教育部、广东省、李嘉诚基金会三方共建的公立大学，学校得到著名爱国人士及国际知名华商李嘉诚的鼎力资助。于 1980 年创立的李嘉诚基金会主要专注于支持教育和医疗项目，至今捐款已逾 200 亿港元，项目遍及全球 27 个国家及地区，其中超过 80% 用于大中华地区项目，其中汕头大学是基金会长期支持的核心项目，李嘉诚基金会对汕大的支持款项超过 100 亿港元。早在 2009 年 11 月，李嘉诚基金会决定 2010 年至 2017 年 8 年内，投入 20 亿港元建设汕头大学。在未来，在上一轮投入的基础上李嘉诚基金会和广东省政府达成新合作：2018 年开始，未来 8 年李嘉诚基金会捐资 20 亿港元，省政府除正常拨款外配套 8 亿元（每年 1 亿），支持汕头大学加快发展。

　　浙江宁波大学是由被誉为"世界船王"的香港环球航运集团主席包玉刚

先生捐资创办的。1984 年他积极响应创建宁波大学的号召,答应捐献人民币 5000 万元作为创建宁波大学的经费,其中 3500 万元用于基本建设,1500万元用于购置教学仪器设备以及图书资料费用。他早在 1981 年,即开始分期捐资 1000 万美元建造上海交通大学图书馆——包兆龙图书馆,共 18 层,建筑面积 2.6 万平方米,1985 年已建成使用,实际造价,包括土建、计算机管理系统、声像设备及全部图书设备费达 750 万美元,150 万美元建造交通大学图书馆另一分馆,剩下 100 万美元作为图书馆发展基金,每年用其利息购置急需设备。这是中国高等学府中规模较大、现代化程度较高的一座图书馆。

在北京,进入中国棋院,便能看到坐落在棋院里的"李成智图书馆",捐建者李成智先生是新加坡著名实业家,这为国家集训队提供了良好的训练条件。1992 年图书馆竣工时,他亲自到北京参加落成典礼,并正式成立"李成智国际象棋基金管理委员会"。由该基金会组织的"李成智杯全国少年儿童国际象棋冠军赛",至 2016 年已举办了 24 届,在国内影响颇大,引起了社会各界的广泛关注,对中国国际象棋的普及和提高起到了推动作用。

2000 年 4 月 8 日,总投资为 1300 万元人民币的"联兴楼"在上海交通大学徐汇校区落成,73 岁校友、印度尼西亚华侨林联兴捐赠 300 万人民币建造留学生公寓,该楼共 7 层,总建筑面积 8837 平方米,共有 322 间单人宿舍。大楼的建筑风格活泼、典雅,既继承了百年老校的历史脉络,又体现了现代建筑的风采。

靠勤俭苦干起家的陈芳明先生,深深意识到家乡贫穷落后的根源在于教育落后。回到家乡,他与乡邻谈心叙旧时,总是不厌其烦地劝导乡亲要送子女上学:"字是随身宝,为着子孙后代的幸福,我恳求乡亲们都要送子女进学校读书,最少也要让他们念完初中……"为改变家乡落后面貌,十几年来,非豪商巨贾的他不遗余力,倾囊资助家乡办学,先后投资近 300 万元,在东溪中学建起了教学楼、宿舍楼、科技楼,并以其父之名设立陈寅炎奖学基金会,帮助贫困失学儿童。福建省人民政府已 14 次授予他"乐育英才"牌匾和奖章。

6.3.2 华商在我国高校设立的奖学金项目

为帮助贫困学子完成学业,激励优秀学子学业有成,一些华商商界精英纷纷在高校和中小学设立奖助学金（部分名单如表 6-5 所示）。

表 6-5　华商商界精英设立的奖助学金（部分）

姓名	奖、助学金名称及用途	捐赠金额	所在地区
黄廷方	"黄廷方奖学金"，资助这些地区贫困家庭中的优秀大学生、中学生	1 亿元	宁夏、四川、重庆、广东及香港
吕振万	在中国人民大学、武汉大学、北京师范大学附属实验中学等设立奖教奖学金	1.65 亿元	北京、湖北
韩国龙	1995 年，为了发展中国土木建筑高等教育事业，向上海同济大学捐款设立"韩国龙土木建筑奖学金"	100 万元	上海
翁俊民	2010 年年初，向北京大学捐资 300 万元人民币设立"国信奖助学金"，用于支持中低收入优秀人才	300 万元	北京
邓龙	在清华大学捐款设立"清华之友——邓龙侨心工程助学金"，帮助西部的基础教育	—	北京
陈守仁	北大教育基金会	1500 万元	北京
施子清	1999 年捐资成立"北京大学教育基金会"和北京大学教育基金会，并又以"施子清教育基金会"名义捐赠 200 万元给北京大学，作为发表于《北京大学学报》上的师生优秀论文的现金奖励和支持《北京大学学报》（社科版）的发展	200 万元	北京
林建欣	国际职业教育基金	2000 万元	北京
薛行远	北师大启功教师奖励基金	1910 万元	北京
陈江和	苏州大学陈金荣生命科学青年英才奖励基金 南通海外教育基金会	930 万元	江苏
陈江和	华文教育基金会	1 亿元	北京
黄荣年	黄奕聪伉俪奖助学金	12 万美金/每年	北京
郭鹤年	中国青少年基金会	5000 万元	北京

资料来源：作者根据相资料整理。

　　张晓卿提出："再穷不能穷教育。"在马来西亚当地，为捐助贫困失学儿童，他领导的星洲媒体集团设立了一个"星洲日报基金"，为马来西亚的华校及弱势群体筹款资助。对于祖国贫困地区的教育事业他也十分关心，他在安徽、河南、山东、四川、云南、贵州等地领养资助了许多贫困学生，还分别于

2002年和2004年捐建大同市常青中学。他多次向中国儿童慈善基金捐资，捐助希望工程，因此被授予"儿童慈善家"称号。张晓卿还荣获福建省政府颁发的"福建省捐赠公益事业突出贡献奖"金质奖章。此外，常青集团在山西大同与当地政府共同投资兴建了一所以"常青中学"命名的高级中学；在广西壮族自治区武鸣县等地捐资兴建多所小学。

华商黄日昌对家乡的教育事业也不遗余力。他不但带头捐款，还发动社会各界献爱心，把家乡的石庭小学修葺一新。20世纪80—90年代，他又为石庭华侨职业中专学校捐资捐物，建设科学楼、行政楼，设立奖教奖学基金，激励教师和学生。他还为莆田学院的专升本奔波呼吁，寻求各方资助支持。自2010年起，他以母亲的名义在莆田学院设立"北楼基金"，用于每年邀请国内外知名教授专家来莆田学院讲学。在莆田学院，他还出资设立教育基金，奖助那些优秀的年轻教师和品学兼优的学子。2013年5月，他再次出资在莆田学院设立"北楼博士基金项目"，资助相关学科专业的博士生，以提高莆田学院师资队伍的整体素质和水平。力保集团创始人李文正，从2002年起5年内聘请16位海内资深教授来莆田学院执教，承担他们的全部工资，还捐巨资支持莆田学院教学设施的建设，资助计算机和会计学科建设及英语强化训练计划。

在追梦的道路上，丘鸿彬一直不忘投身教育等公益事业。丘鸿彬说："我是一个农民的孩子，国家把我培养出来，我有责任和义务为社会、商会、慈善公益事业等做点事情。"2015年8月，丘鸿彬在福建省发起了侨乡侨商"侨心助力"活动，动员侨商捐款资助福建省23个贫困县的100个重点大学大学生完成大学学业。丘鸿彬带头捐款共50万元，平分给每位大学生每年5000元的生活费。2016年，他又谋划成立一个慈善救济组织，专门帮助大学生和孤寡老人。

在2016年的博鳌亚洲论坛上，陈江和的基金会还与国务院侨务办公室下属中国华文教育基金会签署捐赠协议，将捐赠1亿元人民币，在未来10年支持中国和"一带一路"沿线国家开展双边人才培训项目。宝龙集团的许健康，于2001年在厦门市教育基金会设立"宝龙教育基金"，每年捐款30万元，帮助数百名贫困学子圆了大学梦；2004年，又向闽江学院捐款10万元，赞助100名贫困大学生。1996—2003年的8年时间里，陈明金先生捐资在内地九个省市建起了20所希望小学、7座教学楼，在两所大学设立3项助学金和奖学金，捐助金额超过5000万元人民币。2008年8月22日，身为珠海市金湾区红十字会荣誉会长的黄荣年，还向金湾区红十字会捐资 30 万元人民币，设立助学专项基金。

闽籍华商杨孙西特别注重捐资助教，除华侨大学外，他担任了暨南大学、南京大学、复旦大学、清华大学等多所大学的校董。2014 年，他带了一个香港民主建港协进联盟（香港最大的政治组织）20 多人的班到清华大学进修。从 2013 年开始他就赞助清华大学人文学院，学院的很多位老师是他在 20 世纪 90 年代就认识的。"接下来的五年，我们集团每年赞助 100 万人民币，70 万交给清华，30 万在香港，他们到香港考察交流的时候可以用。我在其他大学每年也会有一定的赞助，特别是在学校周年庆的时候提供比较大的赞助。"虽逾古稀之年，杨孙西却与香港和北京的大学生时常交流。"两地的大学生相处很好，内地学生在香港高校读书，很用功、水准也很高，让香港学生很佩服。"杨孙西到北京时，就召集在京读书的香港学生，听取他们的意见和需要；在香港，他也通过商会帮助内地学生推荐工作。杨孙西说，"这个时代是年轻人的，我们要为青年人勇敢追求自己的梦想多创造一些机会。"

2013 年 10 月 12 日，信和集团重庆公司"友心人"一行，远赴重庆偏远山村綦江区藻渡学校，探访 170 名学生，为学童们送上关怀及鼓励。地处偏远山区的綦江区藻渡学校课外书籍匮乏，很希望得到社会善长的捐助，补充一批新书籍。信和集团了解到这一信息，随即向学校伸出援手表示支持，由重庆公司精挑细选了适合 1～6 年级学生阅读的 300 本图书赠予该校。该批图书包括：中外童话故事、科幻读物、科普读物、中国古典名著、字典等，图文并茂、内容丰富、涉及面广，充实了该校图书室的内容。探访期间更向 60 名品学兼优的学生送上书包及学习用品，以表奖励。

在 2010 中国经济高层论坛暨杰出财智人物先进事迹报告会上，为表彰印度尼西亚企业家林联兴博士多年来关心、促进中国和印度尼西亚经济发展，尤其在公益慈善、海内外经贸文化交流等方面做出的突出贡献，大会组委会向林联兴博士颁发了"最值得人民记忆的慈善家"荣誉奖杯和证书、"共和国经济建设功勋人物"荣誉奖牌和证书、"2010 最具创新型企业家"荣誉证书。许荣茂于 2005 年被中华慈善总会授予"爱心中国——首届中华慈善人物"荣誉称号，更于 2008 年获民政部授予中国慈善最高奖项"中华慈善奖特别贡献奖"，并于 2011 年 7 月荣膺中国慈善最高奖项"中华慈善奖——最具爱心个人奖"。

蔡道行是世界福清同乡联谊会常务副主席、新加坡福清会馆永久名誉会长、印度尼西亚盐仓集团董事总经理及印度尼西亚哈利银行总裁,与其父蔡云辉先生并称为"世界丁香烟大王"。蔡云辉老先生毕生关爱家乡,兴教育、办实业、修路桥、举公益,是慷慨豪迈、急公好义、披肝沥胆支持家乡建设的老一代乡贤。让我们感动的是蔡道行先生秉承父辈重托,对父母之故乡始终铭记在心,同样慷慨尚义、乐善好施、扶贫济困,不忘报效桑梓,备受家乡人民称赞,充分展示出了一代实业家高度的社会责任感和良好的经营素质。特别是20世纪80年代至90年代,蔡氏父子慷慨解囊,为福清侨中的发展捐资近500万元,兴建了教学大楼两座,图书馆、体育馆各一座,教工住宅两座,学生宿舍三座,总面积18651平方米,同时还兴建了学校新大门及附属设施(1993年)、添置了一大批先进的教学设备,成就了侨中现有教学建筑设施的半壁江山。这一切从根本上改变了福清侨中的面貌,为学校升级达标奠定了坚实的物质基础,为学校实现跨越式发展插上了腾飞的翅膀。学校不久即被批准为省重点中学,此后蒸蒸日上。正可谓:"侨贤集巨资兴学流芳百代,园丁育桃李成材造福桑梓。"另外,蔡道行先生还是福清音西康辉中学的捐助人。

林荣(1906—1984),出生于福建省福清市涵江区三江口镇后郭井头村,曾任关丹中华商会会长、关丹华侨学校董事长、关丹中华中学、美以美女校董事、关丹积善堂名誉主席、关丹福建会馆会长、关丹兴安会馆名誉主席、马来西亚兴安会馆总会名誉会长等20多项职务。自1953年荣膺彭亨苏丹封赐"太平局绅"后,屡受封赐。1980年,马来西亚最高元首颁赐予"丹斯里"勋衔。1958年以后,除向交通业大举进军外,他还兼营木业、矿业及地产业,成为工业、交通业的巨擘。林荣热衷居住国的公益事业。早年他倡建关丹积善堂,后自设"大学奖学金",不论国籍地奖励上进青年,为各族清贫青年无偿提供助学资金,只要考上大学,无钱入学者都可以申请,少则培养2~3年,多则5~6年,受益者不计其数。他不分种族、不论贵贱,均急公好施,济困扶危,深受称赞,人称"慈善老人丹斯里林荣"。在家乡,他对教育等公益事业倾注了大量的心血,包括:捐资修建后郭小学校舍,资助全村学童免费入学,补助教师生活费;奖励本村升入大专院校贫穷学生的部分费用;创办涵江华侨中学;设置莆田六中林荣奖学基金,捐建该校教师宿舍楼一座。他还捐资支持福清江兜华侨中学教学大楼的修建等大量公益事业。

另外,华商还积极促进人才方面的教育合作和资助我国高校"走出去"办学。2015年,"塞班王"陈守仁先生捐资支持的"北京大学陈守仁本科生海外交流基金"正式启动。2017 年 6 月，在西班牙爱国华商、华侨大学董事会董事徐松华的支持下，华侨大学与西班牙马德里远程教育大学签署谅解合作备忘录，双方将在教师互访、学生交换、教学科研等领域展开合作。①澳大利亚华商周泽荣捐资 500 万澳元设立澳中高等教育奖学金，为两国优秀学生到对方国家的学习交流提供机会和支持。马来西亚华商郭鹤年捐 1亿马币（折合 2 亿人民币），IOI 集团掌门人、祖籍福建永春的丹斯里拿督李深静捐赠人民币 3000 万元，用于厦门大学马来西亚校区主楼的建设。

6.4　华商在我国救灾领域的慈善捐赠

由于我国地域辽阔，自然灾害时有发生。每当发生重大自然灾害时，情系桑梓的广大华商都会伸出援助之手，充分显示了对祖国的牵挂。

在历史上，成立于 19 世纪后半叶的香港东华医院是华商领导下的慈善机构，它始终定位于服务整个华人社会，救济地区和项目都不局限于香港，其对内地的慈善事业主要集中于赈灾救济领域。1877 年，山西遭遇旱灾，东华积极投入筹款行动，募得 50 万两白银，清政府对此大加赞赏，光绪帝亲赐御笔牌匾嘉奖。1907 年，广东遭遇灾荒，而广西禁止大米出境，长江流域粮食紧缺，芜湖稻米歉收，广东省城九大善堂联合总商会、七十二行商及香港东华医院开办"省港善堂商会行商平粜总共所"，共筹得善款近 40 万，钱款汇往香港，由公源行负责前往越南购米运回，共接济灾民 359000 多人。②

民国时期，海外华侨和港澳同胞对祖国家乡的赈灾义举有进一步发展。慷慨解囊，更为常见。例如，1918 年，广东潮州发生地震，危及韩江堤岸，为修复韩堤，泰国华侨郑智勇捐白银 38 万两，新加坡华侨也捐助叻币 40 多万元以修建韩江南堤。1920 年，华北的直隶、山东、河南、山西和陕西五省爆发旱灾，受灾人口 3000 万～3500 万。身为东华主席的华商李荣光收到内地机构劝捐赈济的请求后，立即于总理会议上提出，"各总理以救宜从速"，

① 华侨大学与西班牙高校签署合作书，促进华教发展［N/OL］.(2017-06-19).中国侨网.
② 孙智雯等.香港华商慈善组织的形成及其功能与空间扩展(1840—1940)［J］.安徽师范大学学报(人文社会科学版),2017(1).

决定把赈灾余款 2 亿多港元汇往赈灾。1922 年 8 月 2 日,潮汕地区发生特大风灾,全境遭受严重损失,潮籍华侨和港澳同胞合力赈济,仅暹罗(泰国)就先后募捐 25 万铢,新加坡潮籍同乡募款三四十万元,运来赈米、药材等一大批。1925 年,天津发生水灾,新加坡各埠华侨联合成立"救济游览会",开展筹募赈款活动,陈嘉庚被选为主席,计募得 20 余万元。1934 年夏,闽南一带发生特大水灾,灾情严重,菲律宾华侨募集 35 万元救济沿海灾民。新加坡福建会馆在陈嘉庚的主持下,成立"闽南水灾筹赈会",募集赈款 800 万元,办理施赈工作。1935 年,国内 11 省发生严重水灾,陈嘉庚出任"华侨筹赈祖国水灾会"会长,发动华侨捐款救济灾民。民国期间,华商捐款救济灾民的善举,还有许多许多。

林义顺就十分关心祖国人民的疾苦,他曾多次发动募捐,赈济受灾的同胞。1918 年的天津水灾、1927 年的华北七省大旱、1931 年百年罕见的长江大水……他都曾募款给予救济。1922 年,他得知家乡潮汕八二大风灾的惨讯,更是带头解囊相助,亲任新加坡筹赈潮汕风灾会总理,推动筹款施赈,努力使家乡人民稍纾艰困。

新中国成立以后,华侨华人与港澳台胞对祖国家乡的救灾赈济(如风灾、水灾、旱灾以及地震灾害)工作更加踊跃,捐款人数、涉及地区、捐赠数额等都是空前。例如,1991 年 5 月中旬至 7 月中旬,长江、淮河流域的安徽、江苏、浙江、湖北、上海等 17 个省市地区发生百年罕见的洪水,仅在安徽一省,就有 4 万多个村镇、7000 多万亩良田变成汪洋,4400 万人受灾,892 万人被水围困,156 万多间房屋倒塌,2120 家县以上的工厂和 17000 多家乡镇企业停产半停产,造成直接损失近 1100 亿元。在危机时刻,包括华商在内的海外侨胞、港澳同胞和外籍华人迅速行动起来,掀起抗洪赈灾的热潮。当香港华商得知祖国同胞的生命、财产、家园处在危急之中后,立即行动起来捐款救灾。1991 年 7 月 12 日晨,李嘉诚电告属下 4 个公司,筹集 5000 万港元捐给内地赈灾。知名华商邵逸夫代表香港电视广播公司将"华东水灾筹款之夜"筹得 5000 万港元送交新华社香港分社。1991 年 7 月 27 日,香港举办"演艺界总动员忘我大汇演",将全港筹赈活动推向高潮。演出盛况空前,汪明荃、刘德华、林青霞等歌星、影星登台献演,共筹善款 1.22 亿多港元。据不完全统计,到 1991 年 7 月底止,全香港通过各种渠道向内地华东 17 个省市灾区捐款共计达 6 亿多港元,澳门同胞也捐款 4000 多万港元。据《中国国际减灾十年委员会》统计,到 1991 年 12 月 31 日止,共接收境内外救灾捐赠 25 亿多元，这些捐款有效解决了安徽、江苏、浙江、湖南、湖北、四川、贵州等省灾区人民的生活困难。

在新时期，每当中国内地遭受重大灾害时，以许荣茂为代表的华商企业集团都会不遗余力、出资相助。无论是 2008 年的南方特大冰雪灾害，还是 2010 年的青海玉树地震、福建水灾，或是甘肃舟曲特大泥石流、海南文昌暴雨，他们都在第一时间向灾区捐赠款项和物资，并积极发动周边侨商侨资企业一同为灾区奉献爱心。

1999 年华东地区百年罕见的水灾带来的伤害尚未平复，为了支援灾区人民，著名华商洪祖杭亲自率领独具特色的香港明星体育协会，前往北京、台湾举行慈善演出活动，在全国引起很大的反响。2003 年，在对抗"非典"的过程中，美国华商邓龙向中国红十字会捐款 10 万美元，支持祖国抗击"非典"工作；陈江和向江苏省捐赠人民币 500 万元，向广东省捐赠人民币 500 万元。2006 年 8 月 23 日，陈江和又向广州梅州捐赠人民币 80 万元用于台风后的灾区重建工作。2008 年 1 月，中国遭受百年一遇的雪灾，许健康向灾民捐赠 100 万港元，施恭旗第一时间通过国务院侨务办公室向灾区捐赠 100 万元，为响应中国侨商企业协会"抗雪救灾，温暖行动"，陈江和向湖南、广东、江西、江苏四省各捐赠人民币 250 万元。他们的慷慨义举受到了各方的广泛赞誉。

2008 年 5 月 12 日四川汶川大地震发生后，华商纷纷捐资支持灾区建设。蔡道行向四川地震捐了 300 万美金，施恭旗先生捐资 1200 万元，郭鹤年的嘉里集团和益海嘉里集团共捐 1.5 亿人民币，王永庆的台塑集团捐 1 亿人民币，台湾长荣集团捐 1000 万美元，郭台铭的富士康集团 6000 万人民币。陈大江也带头与印度尼西亚中华总商会郑年锦永久荣誉主席、林文光副总主席一起向中国国务院侨办捐款 100 万元人民币，并第一时间与亲家廖惠章、陈哇德到中国驻印度尼西亚大使馆热心支持救灾工作。世茂集团董事局主席许荣茂先生第二天就向灾区紧急捐助 1000 万元用于救灾；为帮助灾区人民重拾信心、重建家园，世茂集团再次捐赠 1 亿元人民币向地震中受灾严重的地区及其他偏远落后地区捐建百家"世茂爱心医院"。美国福建商会会长林慈飞先生带领商会成员主动支援四川地震的灾后重建，与爱萨科环保公司联手投资 44 万元用于植树，改善当地生态环境。身为中国侨商投资企业协会常务副会长的张晓卿，发动马来西亚华社和读者为四川抗震救灾捐款，捐赠总额超过 8000 万人民币。尤其感人的是，2008 年 8 月 27

日，中国侨联、四川省人民政府召开"援建北川中学新闻发布会"，宣布由中国侨联具体组织归侨侨眷、海外侨胞和港澳台同胞援建北川中学项目启动。一场爱心接力赛首先在广大侨商中展开，全球各地的华侨华人纷纷通过各种渠道，向中国侨联表示捐助重建北川中学的心愿。姚志胜得知消息后二话没说，捐出了1500万元人民币，这是援建北川中学项目最大的一笔个人捐款。2010年8月17日，北川中学的竣工典礼上，北川中学女生刘敏上台致辞："北川中学重建，凝聚着广大爱国华侨华人和社会各界的无私爱心。请允许我代表北川中学全体学生感谢你们……谢谢你们为我们创造了这么好的学习环境，谢谢，谢谢……"这个花季少女哭着说的20多个"谢谢"，让现场数百人的眼泪似溃堤之水。

　　除了汶川地震外，2013年4月27日，雅安抗震主题慈善晚会在北京国家游泳中心（水立方）隆重举行。晚会现场发布了第十届（2013）中国慈善榜，世茂集团董事局主席许荣茂太平绅士荣膺"2013年度慈善特别贡献奖"。施恭旗信奉"良心教"，心怀善念，先后向上海慈善基金会、上海长宁区社会福利院、上海红十字会、中国外交部定点扶贫地区、云南贫困地区、新疆地震灾区等地捐款数百万元人民币。在2003年突如其来的"非典"灾难面前，他分别向上海市民政局、上海市黄浦区防治"非典"办公室捐献巨额善款。2007年，他捐款1000万元人民币资助在上海举行的世界特殊奥林匹克运动会。2008年，四川汶川大地震，施先生捐资超过千万元。中华慈善总会为了表彰施恭旗先生为中国慈善事业做出的杰出贡献，特授予其"中华慈善奖"。

　　2016年，河北发生洪涝灾害，家乡水灾一样牵动着华商的心，他们纷纷通过各种渠道慷慨捐款捐物，支援灾区重建。河北省国际华商会创会会长、香港北方船务控股有限公司董事会主席高彦明捐款30万元；河北省国际华商会会长、香港胜记仓集团董事局主席郭泰诚捐款30万元；省国际华商会常务副会长、秦皇岛圣蓝皇家旅游发展有限公司董事长李辉捐款50万元；省侨联副主席、盈誉（香港）有限公司总经理屈恩捐款10万元；省侨联港澳委员、香港圣大控股有限公司董事局主席萧圣立捐款10万元；邢台市侨联组织当地侨企多次深入重灾区捐赠物资约8.3万余元，石家庄市侨商会部分代表捐款8.8万元及近万元的救灾物资，石家庄市侨联组织爱心企业河北优教科技有限公司向平山县捐赠价值25万元教学仪器等。坦桑尼亚中华总商会会长黄再胜表示，作为身在海外的中国人，对国内同胞的灾难感同身受,能为灾区人民尽一份心、出一份力是义不容辞的责任。

6.5　华商对体育场馆及其他领域的捐赠

　　除了在教育、慈善和救灾等方面外,在国家举办大型活动时,广大闽籍华商也会对大型体育场馆的建设慷慨解囊。香港信义玻璃的李贤义热心社会公益事业,20多年来频频捐款、无私奉献,尤其在教育、治安、见义勇为等方面贡献突出。他分别捐款资助福建和深圳等地设立见义勇为基金会,并为中华见义勇为基金会捐赠 350 万元。据不完全统计,1982 年至今,他为闽、粤、港澳地区和内地的文化、卫生、交通、教育、治安等公益事业共捐款 8111 万元,受到各级领导的高度称赞,被誉为杰出的爱国港商。

　　改革开放以来,华人及港澳台同胞对中国经济建设进行捐赠,香港首富李嘉诚表示将个人财产的 1/3 捐献给公益慈善事业。目前他领导的长江实业集团及李嘉诚基金会共捐资 110 亿港元,其中 61% 的资金投放在内地项目上。香港恒基兆业主席李兆基 2006 年年底向"温暖工程"捐资 3.3 亿元人民币。李嘉诚和李兆基还分别为奥运会建设工程捐赠了 1 亿元人民币。美国熊氏集团主席、美国中华工商团体联合会会长熊德龙先生,多次向中国捐赠累计数亿元巨资用于中国教育公益福利事业。法国华侨华人总会向四川灾区捐款 900 多万元人民币。

　　泰国著名华商、泰国中华总商会主席郑明如先生,创立了 30 多个企业。他多次率领泰国经贸代表团访华与中国政府商务官员、企业家等进行交流与合作,为中泰两国经贸的不断发展做出了重要贡献! 还有霍英东、包玉刚等著名华商领袖、代表捐赠公益慈善事业,涉及希望工程、希望小学、灾区人民和建设、农村卫生所医疗站等领域。这些都体现了华商对祖国的热爱和无私的奉献。

　　泰国华商谢慧如先生热心家乡公益事业,对中国的第一笔善款是 1986 年向北京中国美术馆捐赠 300 万元人民币用于修建馆址。为此,中国美术馆为谢慧如立了铜像,与陈嘉庚像放在一起。1989—1995 年,谢慧如先后捐资约 6000 多万元人民币,除建慧如公园、泰佛殿、图书馆、潮州日报社外,在家乡官塘、潮安、潮州、汕头等捐资兴建水改工程、学校、艺乐宫,捐赠潮剧艺术基金、教育基金、社会治安基金、潮剧活动中心、韩学会基金、优秀市民基金,资助韩江大桥、潮州体育馆建设等。此外,还在汕头、天津、北京、四川等为社会公益事业、文化福利事业捐助巨资。仅仅在潮州,他对社会福利事业的捐款已达 5000 多万元。1995 年 6 月 30 日,谢慧如先生在北京受到时任中华人民共和国主席江泽民等国家领导人的亲切接见。

2008 年北京奥运会举办前,"水立方"作为海外侨胞捐款的项目,有来自 101 个国家和地区的 35 万多海外侨胞及港澳台同胞参与建设,杨孙西就是其中一位重要的捐资者。2004 年 7 月 13 日,陈大江作为第一位世界华人华侨的代表从中共中央政治局委员、北京市委书记、北京奥组委主席刘淇手中接过了第 99 号奥运捐款证书。"百年奥运,中华圆梦",作为海外华侨,黄世伟倾力参与"水立方"的捐建,最终耗资 9.3 亿元人民币修建的"水立方"场馆中,纪念展厅里有黄世伟的名字。2008 年 8 月 8 日,在北京鸟巢体育场,黄世伟参加了北京奥运会的开幕式。

祖籍福建莆田的李王十二妹(1902—1996 年),十几岁时就与兄弟姐妹跟随父辈一道闯荡南洋,她从货郎担起家,而后开百货店,成为小有名气的生意人。虽然后来生意发达昌盛,生活富裕无忧,但对于小时候因家里贫穷而读不起书的事情一直耿耿于怀。有一次,她央求写信先生代写家书,由于目不识丁,落款名字只好由写信先生根据她在家排行十二,取名"李王十二妹"。1979 年,李王十二妹回到老家,目睹家乡孩童求学的困境后,决定拿出自己平生所有的积蓄,还动员她的儿孙们一起想办法,共集资 2000 多万元用于建设莆田华侨中学。在母亲李王十二妹的教导下,李文光对资助家乡的教育事业也不遗余力。李文光追加数百万为华侨中学兴建了现代化的综合教学楼,添置了语音及计算机设备等,投资重建了莆田华侨中学附属新墩小学。他还特地设立了高考奖学奖教金,每年提供 6 万元用于奖励优秀师生。1992 年,李文光设立"李王十二妹留学奖学金基金会",专门资助莆田华侨中学毕业、品学兼优而无力出国深造的家乡学子。2002 年,李文光还以印度尼西亚总统大学为基地,设立了印度尼西亚总统大学留学生奖学金,每年资助 50 名品学兼优的中国留学生完成四年的学业。为颂扬李王十二妹和李文光弘扬文教、造福桑梓的功德,2004 年,福建省人民政府特地立碑以旌其功。2006 年,莆田市委、市政府特别授予李王十二妹和李文光金质奖章。

除此之外,在其他领域的捐款还有:

(1)黄鸿年曾捐款 100 万元人民币用于建设辽宁锦州辽沈战役纪念馆。

(2)2010年9月17日，时值以"关爱环境，和谐共处"为主题的中国—印度尼西亚商务论坛在上海成功举办，金光集团旗下的华丰食品向中国红十字基金会捐款100万元人民币，用于创设"魔法士红十字书库"。该"书库"是华丰食品牵手中国红基会发起的大型公益活动"点亮中国心"的分支项目。首批为近百所学校建立的"书库"，受惠范围包括四川、青海地震灾区以及河南、山西等贫困地区，旨在解决当地图书匮乏的现状。

(3)2005年11月18日，为支持江苏省慈善事业，陈江和向江苏慈善总会创始基金捐建人民币500万元。2007年1月，为弘扬佛教文化，促进海内外文化交流，陈江和捐赠500万元支持连云港海清寺大雄宝殿的重建工作。

(4)永同昌集团董事局主席张宗真工学博士全程参加了中国光彩事业黄冈老区行活动，并为公益项目捐款50万元人民币。

(5)陈大江在中国政府和相关领导的支持关心下，在祖父逝世的地方——云南省昆明市昙华寺公园内建立了"爱国华侨陈性初纪念亭"，全国人大常委会原副委员长王光英得知消息后，还亲自为纪念亭题字。

(6)据不完全统计，菲律宾龙威集团公司主席陈祖昌先后捐建的比较大的项目有：晋江南侨中学大礼堂、教学大楼、实验楼、科技综合楼、学生宿舍，金溜公路；宁德、龙岩等地的十多所侨心学校和大田公路；北京中国华侨历史博物馆、国家游泳中心（水立方）。他还在多个院校设立奖助学金，截至目前，已有近2000名学生受惠。

(7)到北京发展之后，韩国龙继续其热爱公益事业的传统。听闻北京"宏志班"的事迹，韩国龙十分感动，捐款50万元设立"韩国龙宏志基金"。之后，又向房山区云居寺捐款50万元，用于1999年9月9日石经回填的佛事活动。

(8)洪祖杭是香港商人及体育界名人，人称"福建杭"。他亦是热心公益的慈善家，个人用于各项公益事业的捐款高达1亿多元人民币。1994年，洪祖杭向国家体委捐资5000万港元，发起组织一个振兴体育事业的全国性组织——中华全国体育基金会，并当选为副会长。1996年，身为香港南华体育总会会长的洪祖杭又以个人名义向国家体委捐赠1000万元，用于建立"祖杭体育保险基金"。

(9)2009年3月，郭鹤年在广西防城港市、福建泉州市和江苏连云港市三地同时开展"白内障复明工程"，分别捐资32万元、50万元和20万元帮助白内障患者重见光明。

第 7 章

纽带与桥梁：推动对外交流
和海外华文教育

为了使我国和"一带一路"沿线国家的民众互相认同所在国家的社会制度和价值观，广大华商一方面通过牵线搭桥，在"一带一路"沿线国家直接组织与策划了大量的民间和官方交流活动；另一方面大力支持华文教育和推广中华文化，是中国与海外各国交流合作可信任的桥梁，在促进对外交流和华文教育方面做出了突出贡献。

7.1 华商的民间外交与我国的对外交流

历史上，华商熟悉居住国经济、文化、社会、法律，是联系中国与居住国、增进了解、化解矛盾的桥梁。目前，中国经济发展奇迹已进入提质增效的"第二季"，尤其是当下我国在积极推进"一带一路"和加快"自贸区"建设的背景下，习近平主席提出了"政策沟通、道路联通、贸易畅通、货币流通、民心相通"（简称"五通"）的建设路径。其中，民心相通是指通过社会精英（如各级官员、媒体人士、专家学者、企业家等）和普通民众的共同努力，使"一带一路"沿线国家有共同的目标、相近的理念、深厚的情感和包容的文明，最终对"一带一路"的建设形成共识，而广大华商在通过对外交流实现民心相通方面仍然扮演着非常重要的角色。

7.1.1 东南亚华商与我国的对外交流

东南亚华商在当地具有很大的影响力，他们个人和所领导的社团为促进我国与本地区的交流打下了坚实的基础。在中国驻外使领馆举办的活动和赴外文化交流活动中，不时见到众多华商积极参与相关活动，甚至出钱出力出场地协办各种文化活动，在促进我国的对外交流方面做出了突出贡献。

关于东南亚华商促进家乡对外交流的动因，作为 2017 年福建"两会"特邀海外委员的泰国福建商会会长陈德启的说法比较有代表性："身为华侨，我认为我们应该承担起福建对外宣传的责任，对外释放福建已经准备好与国际对接的信号。近年来，福建的开放一直走在前列，也一直注重侨商的发展，为福建的发展增加了对外筹码。侨商其实是福建对外最好的'宣传大使'，因为我们闽商有着爱拼会赢的精神，所以许多外商对前来福建投资就添加了几分信心，这无疑助力了新福建的建设。对闽籍华侨来说，选择回家乡投资兴业，支持家乡的发展建设，是第一选择，也是大家的共同心愿，身为闽籍华侨，应起到福建与国际接轨的'桥梁'作用，要加大对福建的宣传，将更多商机引入福建，多为家乡招才引智，推动福建建设。"

东南亚华商在当地具有广泛的人脉关系。广大华商在经济方面取得巨大成就后，往往与所在国政府不同层次的本地从政者保持密切的关系，甚至包括国家首脑。例如，汪大均先生为印度尼西亚著名爱国华商，抗战时曾协助胡愈之创办《南侨日报》，积极投入抗日救亡工作。1955 年万隆亚非会议期间，他与华人社团许多人为中国代表团提供了各种周到细致的保卫和服务工作，为会议的成功举办做出了贡献。20 世纪 60 年代初，汪老先生被推举为雅加达中华侨团总会秘书长。

在由来自马来西亚、菲律宾、泰国、新加坡等 21 个国家和地区 59 个侨团的 130 余位华商参加的"2015 年山东海外华侨华人友好社团大会"上，山东省人民政府副省长夏耕说："长期以来，广大海外华侨华人为推动山东同各国各地区的友好往来发挥重要而独特的作用，随着山东新一轮高水平对外开放和全面融入'一带一路'倡议进程，山东与海外华侨华人的互动交流将更加活跃，合作关系将更加紧密，合作契合点将不断扩大。"

在泰国，以经商为主的仅福建人就约有 30 万人，许多人已成为泰国社会的中坚力量，如以陈弼臣、郑午楼为代表的四大金融家族，无不聘请军政要人担任董事乃至董事长。在马来西亚,郭鹤年、林梧桐与四任总理、内阁政要都是世交。2013 年 10 月 4 日,习近平总书记在吉隆坡出席马来西亚各界华侨华人的致辞中还特别提及,21 年前他首次访问马来西亚就是应郭鹤年的邀请。

　　在印度尼西亚,2002 年和 2006 年,印度尼西亚总统梅加瓦蒂和苏西洛分别在总统府接见了杨克林、叶联礼、熊德龙等率领的客属联谊总会代表团。著名华商林绍良与印度尼西亚前总统苏哈托的关系紧密。巴里多太平洋集团董事长、享誉世界的华人实业家彭云鹏在多年的前线工作中和一些印度尼西亚政府大小官员、军队要员建立了良好的关系。翁俊民曾出任印度尼西亚华商总会总主席、印度尼西亚工商会馆中国委员会总主席多年,与印度尼西亚军政关系密切,曾被视为能够竞选并当选印度尼西亚副总统的华族第一人。黄世伟 1976 年代表印度尼西亚到欧盟国家推进双方经济往来。1987 年和 1991 年,黄世伟先后两次荣获印度尼西亚总统颁发的 UPA KARTI 奖杯,1992 年荣获 UPAPRADANA 奖杯(奉献、保存、领导、关怀和现代中小型企业合作的合作先锋之奖杯),并连续四年获得印度尼西亚政府颁发的最高荣誉奖状。

　　同样在印度尼西亚,由著名华商杨克林任首任执行主席,陈大江任总主席的印度尼西亚中华总商会,在印中政治、经济、文化、教育等交流中成了桥梁和纽带,对促进印中两国交流的突出贡献得到了印度尼西亚政府的肯定,并给予表彰及鼓励。比较典型的活动有:

　　(1)2003 年 12 月,在印度尼西亚华侨华人和闽籍社团华商的大力支持下,举办了“福建之夜”大型经贸活动,梅加瓦蒂总统亲自出席了开幕式,取得了良好效果。中国与印度尼西亚邦交正常化,胡建章致力于弘扬华族文化、增进旅印开平乡亲的团结、促进中印经济文化交流和合作,贡献良多,誉满两地。

　　(2)2009 年,在华商胡建章的积极联系和精密配合下,促进了江门市和泗水市两市的政府间往来,江门市市长王南健访问泗水市并和泗水市班邦市长签订了《两市友好合作交流纪要》。时隔一个月,胡建章全程陪同班邦市长回访江门市,开展两市的“蜜月之旅”,并展开了对广州、中山、珠海的政府访问。2010 年 5 月胡建章受邀参加了由中国国务院侨办、中国海外交流协会共同举办的“第五届世界华侨华人社团联谊大会暨回家看世博”系列活动。广州亚运会期间,作为广州市友好城市的泗水市受到邀请,泗水市特地委托华社精英胡建章代表泗水市出席广州亚运会开幕式。这是泗水市对胡建章长期致力于印中文化交流和友好往来工作的肯定和殊荣。2010 年 7 月,胡建章又协助促成了江门市政府代表团率艺术团赴泗水市参加文化艺术旅游节,努力推动两市的友城建设。在中华人民共和国成立 60 周年的庆典上,胡建章作为约 1800 万印度尼西亚华人中被邀请观礼的其中一员。他说:"我们加强交流,就是为了让我们的子子孙孙不要忘记自己的'根'。我虽然在印度尼西亚出生,印度尼西亚是我的祖国,但中国是我的祖籍国,我的祖辈都出生在开平。在这几年里,我大概一个月就到访祖籍国一次,每次到访都会积极推动印中在文化、经济和教育方面的友好交流。把两个国家的政府、人民拉在一起,这是每一名海外华人的责任。我希望能起一个桥梁的作用,促进印中友好,让两国人民和平相处,把祖国和祖籍国建设得更好。"为此,泗水市市长班邦为胡建章颁发"印中文化艺术交流贡献奖"。

在社团方面,据有关计资料,马来西亚正式注册的华人社团,1993 年就有 5762 个,到 2001 年 6 月更达 7276 个。泰国华人社团也有 2000 多个,菲律宾则有 1000 多个。[①] 就全球而言,海外华人"五缘性"社团 1951 年有 4872 个,1952 年为 4900 个,1953 年为 3732 个,1954 年为 4596 个,1988 年则为 8900 个。[②] 在商会和社团中,广大华商起到了核心的组织与领导作用。在华商陈大江的努力下,印度尼西亚中华总商会于 2001 年 11 月创立。华人社团在保护华侨权益和平息排华风潮、组织华侨教育和创办华文报刊方面扮演了重要角色,在当地有较强的影响力。

例如,在菲律宾,成立于 1904 年的菲律宾中华总商会是菲律宾华侨社会最有影响力的权力机构,担负起了华侨与当地政府有关执行政令的各项措施。"糖王"蔡文华在 1954 年积极组建"菲律宾华商联合总会",并任职长达 24 年,邀请菲政府有关部门首长,同联合总会组成联络小组,以定期举行会议的方式联络感情和增进了解。

几十年来,华商李昭进在推动菲中两国经济发展和外交友好往来及关心菲华社区的公益事业发展方面,做出了优异成绩,获得广泛认可。他曾任旅菲石圳同乡会理事长、菲律宾大岷区北黎刹总商会理事长、北黎刹育仁中学董事长、菲律宾木商公会理事长、菲华商联总会常务理事、菲律宾驻厦门

---

　　①　廖小健.世界华商网络的发展与潜力[J].世界历史,2004(3).

　　②　林其锬.巨大的"财力库"与"智力库"——华商与"五缘文化"[J].国际市场,1994(12).

领事馆名誉总领事、菲律宾外交部中国华南部事务顾问等要职。1975 年中菲建交以后，菲政府要在上海建立总领事馆，李昭进先生闻悉，就向菲律宾众议院议长黎敏尼舍说："福建闽南人在菲律宾众多，总领事馆应建在厦门。"菲外交部采纳昭进先生的意见，并委托他为菲驻厦门总领事馆名誉总领事。李先生还把他在厦门莲花新村的房屋无偿赠送给领事馆使用。他这一"牵线搭桥"，不但为中菲两国民间往来、经济发展起着方便、促进作用，而且为中菲两国官员互访、派驻做出独特贡献。

在新加坡，中华总商会是新加坡华社的最高总机构，是政府咨询的对象。陈六使在 20 世纪 50 年代初曾经是马新华人社会的最高领袖，担任新加坡福建会馆主席、中华总商会会长，1957 年 5 月亲自以顾问身份率领新加坡胶商代表团出席在伦敦举行的英马胶商联席会议。

在泰国，陈德启所领导的泰国福建商会成立于 2007 年，商会常设机构在泰国曼谷，主要成员是旅泰闽籍或者祖籍闽籍的企业和企业家，以旅泰福建商界精英为主。每逢佳节，泰国福建商就会组织聚会，将所有在泰国经商的闽籍华侨汇聚到一起，共同庆祝佳节，一起讨论家乡的建设。

7.1.2 欧美地区华商与我国的对外交流

在欧洲、美洲等地区，广大华商和他们领导的社团在促进我国对外交流方面成效同样显著。以美国华商周建余，法国华商邱爱华，巴西华商胡友能、贾杭林为代表的一批华商们更表达了希望利用自己的国际资源助力浙江金华"走出去"，牵线外商"引进来"的想法。贾杭林提出，不仅是农副产品，金华的经济特色产业、文化、教育都有非常大的对外交流空间，而他们这些在外打拼多年的金华籍华商，正是金华对外交流的桥梁，他们手头有丰富的海外资源，更有为家乡发展效力的愿望。"只要金华发展有需要我们的，都是我们的荣幸！"

广东清远市外事侨务局指出，侨胞是友城结好的中坚力量，只有密切联系侨胞、服务侨胞，才能汇聚侨力，促进社会经济和侨胞的共同发展。作为清远的第一位"国际友人"，美国布里奇波特市早于 1994 年与清远缔结为友城，是一位美国华侨推动了两市结好。由于著名华商黄伟文先生的"牵线搭桥"，巴拿马以引种蛋的方式引进清远鸡，清远鸡最终得以横跨太平洋，在大洋彼岸成功孵化。

在荷兰,华商胡志光以华商身份率先和荷兰政府沟通,带领总会负责人拜访阿姆斯特丹市市长和荷兰内政部少数民族事务司司长等政府官员,邀请阿姆斯特丹市市长参加 1981 年侨界春节晚会等,得到市长和司长的好评和肯定,他们说:"这是华人第一次拜访我们,你们打开了华人和我们政府沟通的大门。"

在德国,华商李先秋和冯定献是推进两国交流的杰出代表。李先秋不仅是德国湖南同乡会会长,还是中国驻法兰克福总领馆领事保护联络员、湖南省驻德国的招商代表和湖南省国际友好交流特别代表,"这些头衔与其说是荣誉,不如说是使命"。以李先秋为会长的德国湖南同乡会 2014 年年初在法兰克福成立,该会的宗旨就是竭诚为在德湖南籍侨胞服务,助推中德友好发展。"作为华商,就应该通过自身努力为家乡的发展献力。"他表示,将发挥同乡会的"桥梁"作用,进一步推进湖南与德国的经贸往来。而另一位身为华商的冯定献,他正越来越频繁地往返于中国和德国,担当起穿针引线人的角色:2017 年 7 月,他在德国积极推介"浙江旅游""德欧中心"项目;8月,他作为浙商总会副会长出席了第三届世界浙商(广东·2017)高峰论坛,为温州如何融入"一带一路",如何成为"世界的温州"的课题做出解答。因此,冯定献现在做三件事:一是推动"德欧中心"建设,加强德国与浙江的合作;二是整合"卖世界"的温州人营销网络,如何有效地进行整合,使之上升为国家贸易竞争力,是冯定献的重要实践;三是有效运用好"献华助学金",培养更多的"科技加匠心"人才。

在巴西,在著名华商、巴西华人文化交流协会主席尹相丛的率领下,该协会连续多年协助中国国务院侨办和中国侨联,在巴西里约热内卢举办"文化中国·四海同春"和"亲情中华"等慰问演出。巴西中国经济贸易促进会会长王奠兴为福建明溪加强与巴西的经贸和文化交流搭建平台,积极支持明溪赴巴西进行经贸文化交流和考察。

在加拿大,福建同乡联谊会会长林纪永在"两会"期间作为特邀海外委员,回到家乡,为建设新福建建言献策:"我所在的加拿大福建同乡联谊会是福建省侨办首批'招才引智点',所以我们致力为福建招揽各类人才。"联谊会通过与科研机构或是高校合作,如加拿大英属哥伦比亚大学等,让学校推荐一些青年才俊或是有成就的教授,将他们引入福建。除了加拿大的人才外,林纪永更不忘号召在加拿大就读的华侨回福建发展,同时也把更多福建优质项目引入加拿大。

在美国，祖籍江西南昌的华商刘红是美国美中亚裔健康协会行政主任，她说："江西发展速度快，又有丰富的自然资源和人文资源，但对外宣传不够，我愿意做江西乃至中国在美国的'宣传大使'。"在刘红的组织下，她与自美国、墨西哥、西班牙、智利、韩国、马来西亚等23个国家和地区的43名华商一起到江西进行考察，他们参访了"中国革命摇篮"井冈山，观看了大型实景演出《井冈山》，考察了南昌红谷滩新区"侨梦苑"以及其他侨资项目。美国"一带一路"总商会会长、华人向善基金会会长张传荣侨居美国后，发起成立了华人向善基金会，为把"一带一路"建设与华商经济相结合，加强中美两国各界的交流与合作，又联合知名媒体人高娓娓发起美国一带一路总商会，并担任会长职务。该商会现有企业会员200多家，汇聚美国亚裔企业精英，涉及传媒、地产、金融、教育、IT、医疗、养老等行业，其中包括美国中侨集团、大鹏旅游集团(环球)投资有限公司、美国万国鼎鑫集团等美国知名企业，作为"一带一路"精神的美国实践者，一直致力于中美两国间的交流合作。

美国梁氏文化交流基金会主席、美国俄克拉荷马东南州立大学文化交流主管、世界"五十五位杰出华人代表"之一的华商梁成运自2003年担任连云港海外交流协会名誉会长以来，每年都率世界著名钢琴教育家、钢琴演奏家到该市进行文化艺术交流。例如，他和钢琴家阿隆·温斯切、大提琴家朱丽叶·布鲁斯金一行于2011年8月2日至3日到连云港进行艺术交流，为推动中美文化交流和两国人民之间的友谊架起了桥梁。另外，他还成功促成美国俄克拉荷马东南州立大学与江苏省新海高级中学结为友好学校。

7.1.3 其他地区华商与我国的对外交流

其他地区的华商在促进我国的对外交流方面同样尽心尽力。例如，香港著名华商霍英东积极投身祖国改革开放和现代化建设事业，长期致力于香港繁荣稳定发展，受到党和国家的充分肯定，并与中央几代领导人结下了深厚友谊。他长期担任全国政协副主席，热心人民政协工作，积极参与国家大政方针和重要事务的协商，为祖国改革开放和现代化建设事业积极建言献策。而且，他还广交朋友，利用自己的特殊身份和影响，广泛宣传中国改革开放和现代化建设的伟大成就，积极介绍香港"一国两制"、"港人治港"、高度自治的成功实践。他始终关注香港和内地关系的发展变化，积极推动香港和内地的经济文化交流，大力倡导粤港经济合作，鼓励港人到内地投资兴业,强调香港应在内地现代化进程中发挥重要作用。他不仅向港人介绍内地改革开放的成就和到内地投资的经验,还经常协助解决港人在内地投资遇到的问题,被港人誉为"与内地沟通的桥梁"。

在澳大利亚,周泽荣凭借在澳洲的身份和影响力,多次受到澳大利亚政府首脑官员的接见,其中包括总理陆克文、副总理吉拉德以及外交部部长唐纳都等人,并且鼓励他继续为中澳两国的友好交流献计献策。祖籍江西新余的阎敏是澳大利亚澳中贸易投资促进会会长,从事金融、投资工作。多年来,他致力于促进澳大利亚与中国在经贸、金融、人才等方面加强交流与合作。他对中国市场极为看好,正与内地多个省份洽谈合作。考察完江西首家侨资创业孵化平台——汉昀孵化器,阎敏大赞江西互联网及金融产业的发展前景。他说:"回澳大利亚后,我不但要向更多华人华侨推介江西发展状况,更想引进当地金融人才到江西,助力家乡金融产业发展。"

在加拿大,华人社团联席会主席潘妙飞和两届加拿大总理都是好友,例如,2011 年 9 月,潘妙飞受到了时任加拿大总理的史蒂芬·哈珀的接见,2016 年 9 月 22 日,在李克强总理访问加拿大期间,应加拿大总理特鲁多的邀请,潘妙飞赴渥太华出席国宴。2016 年 11 月 7 日,加拿大总理贾斯廷·特鲁多到加拿大华人社团联席会荣誉主席潘妙飞先生的家中做客,对潘妙飞以及华人社团领袖为中加友谊做出的贡献给予了肯定,这给当地社会各界带来了一定的震动。

在非洲,2012 年 5 月 18 日下午,塞舌尔中国和平统一促进会会长、清远市海外联谊会副会长和广东省海外交流协会海外理事廖智锋如约前往塞舌尔外交部,拜会外交部部长让·保罗·亚当。廖智锋此次拜会亚当部长,除了介绍在塞华侨华人筹备参与当年塞舌尔政府举办的"庆祝华人抵达塞舌尔 150 周年纪念"活动的有关工作、华人纪念碑选址的意见征集、广东省侨务办公室对该活动的有关支持和援助,以及即将赴塞的 2012 年广州援塞志愿者服务队的有关准备情况外,还就亚当部长在 7 月份将赴北京参加2012 年中非合作论坛第五届部长级会议,建议亚当部长利用这次便利访问广东一事进行了沟通和交流,并表示愿与广东有关部门协调促成此事。亚当部长对塞舌尔统促会多年来为促进塞中合作交流付出的努力和所做的工作表示赞赏,对廖智锋热心为促进塞中交流建言献策和牵线搭桥表示感谢,并对廖智锋在 2011 年年底就塞舌尔中国友好协会应与中国各地尤其是广东地区的对外友好协会加强联络和交流所提交的建议函,表达了塞舌尔政府部门对有关建议的重视。

在日本，为促进中日儿童交流，让他们共同感受绘画艺术的魅力，在日本广西同乡会副会长任健等华商的联络推动下，日本名古屋国际儿童画协会(IKA)举办的"中日国际儿童画交流展"2017年在南宁举行，近300幅由两国儿童创作的画作亮相，这些作品色彩斑斓、饱含地域特色。在韩国，华商姜熙邦在群山市和清远市结为友城中功不可没，第一次到访江西的韩国韩中文化友好协会会长曲欢看好江西的旅游市场，他认为每年韩国有数百万人次访问中国，而如今韩国人对贵州、青海等中国中西部城市越来越感兴趣，地处中部的江西旅游资源丰富，有很大的发展潜力，并将为两地的交流做出自己的贡献。在阿联酋，浙江侨团联合会秘书长林维平积极宣传浙江，在阿联酋的一些大型中餐厅布置了宣传册、宣传画，还设置了宣传广告。

英国华商邓柱廷不仅是伦敦华埠商会主席，还担任全英华人华侨中国统一促进会名誉会长、英国社团联合总会名誉会长、中国和平统一促进会海外理事、中国海外交流协会常务理事等社会职务。英国查尔斯王子代表女王向其颁发英国皇家官佐勋章(OBE)。伦敦华埠商会每年春节都会举办春节活动，从唐人街到特拉法加广场，这个活动对中英文化交流影响很大，每年吸引几十万人来伦敦参观。在邓柱廷主席等华人华商的努力下，伦敦唐人街治安良好，可以说是全球各地最好的唐人街之一，最近，又集资在伦敦唐人街建筑了新牌楼，成为伦敦华埠的新地标，伦敦华人华商是全球华人团结的典范之一。2016年7月28日，邓柱廷在伦敦唐人街中国城大酒楼，会见并宴请了长江国际商会全球执行会长、长江国际控股集团董事长刘萌一行，就长江国际商会落地英国的商业发展和筹备情况进行了会谈交流。在听取刘萌执行会长的介绍后，邓柱廷表示将尽全力支持长江国际商会在英国的落地与发展，调动华人和华商以及英国政商高层资源支持商会，愿意与长江国际商会携手在英国共同发展，特别支持商会创建适合英国国情和经济发展需要的"英国模式"，指出英国的守规则营商环境是企业投资的优势。

7.2 华商与中华文化传播

中华文化源远流长，是中华民族生活习俗和价值观的具体体现，同时也是我国软实力的重要组成部分，具有很强的衬托力和感召力。其中，文化交流是传播中华文化非常有效的方式之一。在新形势下，"一带一路"倡议所涵盖的区域，恰恰是我国与外部世界文化交流相对薄弱的地区，通过人文交流的进一步加强，将给文化交流的发展提供驱动力，从而为我国对外文化交流的转型提供新的机遇。国内一些涉侨部门常以"春节"等重要节庆为契机，派慰问演出团赴意大利慰问演出。如今，我国对外文化交流中的受众群体正在改变，已不再仅仅局限于华人社会，海外的文艺演出和文化交流活动，有越来越多的主流人士和政要已经参与其中。

国务院侨务办公室主任裘援平指出："海外侨胞是对外文化交流的重要载体和依托力量，正是华侨华人的执着与热情，为海外中华文化的传扬和春节文化的繁荣奠定了坚实的基础，提供了依托的力量，营造了浓郁的氛围，扩大了国际的影响。"很多华商都表示，祖辈给了他们良好的中华文化熏陶，祖（籍）国和家乡在他们的心中长成翁郁的大树。"中华文化博大精深，传承中华文化对每一个海外华侨华人来讲都责无旁贷。"美国北加州和平统一促进委员会永久名誉会长方李邦琴表示，他们要以容易接受和传播的项目为切入点，开展中外文化交流、传播中华文化，努力扩大中华文化在海外的影响。

华商是中国与"一带一路"沿线国家经贸文化交流和人员往来的桥梁与纽带，通过组织多种形式的经贸交流和人员往来，以信息沟通促进民心相通，加强了国家间的亲切感、认同感，增进了相互了解和传统友谊。广大华商身体力行，在海外以各种方式宣传和推广中华文化，让"一带一路"沿线国家了解中华文化的内涵、形式与价值观念（部分典型活动如表 7-1 所示）。

表 7-1　部分华商促进我国对外文化经贸和人员交流的主要事迹

姓名	担任职位	所在地	主要事迹
潘妙飞	加拿大华人社团联席会执行主席，加拿大温州同乡总会会长	加拿大	在中国驻外使领馆举办的活动和赴外文化交流活动中，积极参与相关活动，出钱出力出场地协办各种文化活动，促进了中西文化融合
陈大江	印度尼西亚中华总商会主席	印度尼西亚	从 2002 年至 2007 年 5 年间，领导印度尼西亚中华总商会累计接待我国 192 个代表团，代表团人数达 1784 人次。仅 2007 年，就接待了 37 个团组，422 人次
黄世伟	中国外交部海外交流协会理事	印度尼西亚	自 20 世纪 80 年代初，作为印度尼西亚政府特别组织的印中工商委员会理事，大力推进两国的交流与沟通，为印中恢复邦交及印中双方经贸合作起到重要推进作用

续表

姓名	担任职位	所在地	主要事迹
黄一君	印度尼西亚雅加达广肇会馆主席、印度尼西亚中华总商会会副主席	印度尼西亚	通过推广华人舞龙舞狮文化，使其成为国家运动会的正式比赛项目；2016 年 9 月在雅加达牵头举行的第五届世界江门青年大会上，印度尼西亚商业部部长、江门市市长、中国驻印度尼西亚使馆总领事等参加
陈守仁	菲律宾泉州公会创会会长、美属塞班中华总会创会会长	香港/菲律宾	捐资支持的"北京大学陈守仁本科生海外交流基金"
洪瑞泉	文莱—中国友好协会常务副会长	文莱	自 2010 年中国—东盟成立自贸区以来，组织了中国—东盟博览会期间的论坛、泛北部湾论坛、广西南宁中国—东盟商务区推介活动等系列活动，极大促进了自贸区的繁荣
李俊辰	世界青年华商会会长	英国	2015 年 3 月 29 日，领导世界青年华商会等主办"一带一路再续经典"、举办十一届世界精英青年领袖高峰会。高峰会举办期间，特意安排福建三和名茶进行工夫茶道表演，展示"丝路文化"中的传统茶道魅力
贝学贤	英国华夏文化协会会长、中英友好城市联盟主席、英国广西同乡总会主席等	英国	以推广中国文化为己任，努力成为中英两国沟通交流的桥梁与纽带，有五任首相曾经接见他；担任英国皇室特聘的奥运艺术项目华人大使，以此为平台积极传播奥林匹克精神、大力推广奥运理念；率先将《弟子规》等中国传统经典读物翻译成英文，发放到英国各地
周泽荣	澳大利亚政府授予"驻粤荣誉友好大使"，联合国友好理事会荣誉主席	澳大利亚	与澳大利亚有关部门合作，2015 年 9 月在堪培拉战争纪念馆隆重为二次世界大战华裔军人举办大型纪念活动，使许多当地民众由此第一次了解到华人在澳历史功绩。在国家主席胡锦涛同志赴澳大利亚国事访问及参加 APEC 高峰论坛期间，多次受邀参加政府及社会各界对胡锦涛主席访澳的欢迎活动
尹相丛	巴西华人文化交流协会主席	巴西	率领巴西华人文化交流协会的相关人员，在里约热内卢多次协助由我国国务院侨办和侨联主办的"文化中国·四海同春"和"亲情中华"等慰问演出

续表

姓名	担任职位	所在地	主要事迹
胡志光	荷兰中国商会主席	荷兰	先后四次组织欧盟、荷兰国会议员、地方政府官员和企业家到中国访问考察，并在北京举办中欧投资贸易论坛暨洽谈会，每次都有三百多人参加
袁建平	阿根廷华人进出口商会创会会长、中南美洲中国和平统一促进会执行会长	阿根廷	2001 年江泽民主席访问阿根廷，他率领阿中商会欢迎，并受邀参加阿根廷总统欢迎江泽民主席的国宴。2000 年，陪同阿根廷总统德拉鲁阿访华、西班牙，之后又跟随总统内斯托尔·卡洛斯·基什内尔到中国访问。2003 年，被阿政府授予"杰出移民勋章"
丘剑中	中意文化交流中心丘剑中主席	意大利	促进构建中意两国文化交流联动机制，促进中意两国人民的友好往来，多次率团回国交流，推动中意两国在文化、教育、经贸等领域的交流与合作

资料来源：贾益民等编.华侨华人蓝皮书（2017）［M］.社会文献出版社,2017.

　　事实上,华商创办的媒体已经成为宣传我国形象和传播中华文化的重要平台。泰国华商李桂雄作为人民网"行走新丝路"报道中"民心相通"主题的代表之一。他于 2005 年创立的泰国中文电视台致力于中泰文化交流,目前电视信号已经覆盖东南亚,通过播放时事新闻、纪录片、文艺片等节目,向东南亚民众介绍中国发展情况,它提供了一个全新的展示中华宽广的文化、经济、生活的重要交流平台。① 在印度尼西亚,华文报刊《国际日报》、《世界日报》与《印度尼西亚商报》具有较高的知名度和权威性。雅加达的加科哇第一华语广播在华人中具有较大的影响,这些华文媒体是印度尼西亚当地居民人了解我国政治经济动态和学习中国文化的途径。曾玉仙（2010）采用内容分析法对《印度尼西亚日报》（1967—1968）、《印度尼西亚日报》（2006）、《千岛日报》（2009）和《国际日报》（2009）四份报纸关于中国新闻报道的内容进行分析,发现关于中国内容的报道一直是印度尼西亚华文媒体的重点,且涵盖领域涉及政治、经济、军事、外交、社会、文化等各个方面,其中政治、经济、外交和社会方面是报道的重中之重。② 2017 年 7 月 25 日,在印度尼西亚最大华文媒体——国际日报董事长熊德龙、国际环球（印度尼西亚）集团

① 访泰国侨领李桂雄:丝路上的中华文化传播者［N/OL］.（2014-09-14）.人民网.
② 曾玉仙.印度尼西亚华文媒体中的"中国形象"［D］.中国社会科学院,2010.

有限公司创始人许锦祥等华商的沟通协调下，海口市委副书记、市长倪强与印度尼西亚北龙目市长纳吉姆·阿卡雅签订友好城市关系意向书。

在马来西亚，著名华商、完美公司董事长古润金希望中华文化能够成为马中友好的"黏合剂"，让更多的马来西亚人了解、喜爱中华传统文化。[①] 2016年，由他主导主办了"时间的船——2016马中文化交流艺术盛典"，这个以马中文化交流为主旨的跨界、跨国大型文化艺术公益活动，展现了马中两国在文化、艺术、旅游、公益等领域的交流发展。另外，他本人在百忙之中亲自率领马来西亚杰出华教工作者回国交流，助力在马来西亚举办以"文化中国·四海同春"为主题的海外春晚，资助拍摄大型纪录片《寻梦——海外华侨华人与孙中山》。

在印度尼西亚，华商林联兴、陈大江、胡建章等都是积极推动两国文化交流的组织者：(1)林联兴在2011年捐资在印度尼西亚著名的"迷你公园"内建造了一座中国文化馆，它作为一个文化园地，弘扬和保护了印度尼西亚华族的优秀传统文化，展现了华族前辈们披荆斩棘开创格局的光辉历史，鼓励后人继承先辈们所具有的精神和文化；(2)陈大江为了促进中国—印度尼西亚的文化交流，他担任了国际儒学联会第三届理事会理事、中国国际问题研究学术交流基金会名誉顾问和印度尼西亚华儒商联合会的名誉会长。其间，他在印度尼西亚组织各种交流论坛，也曾组织印度尼西亚企业家到清华大学进修。在日常生活中，陈大江也是中华文化的传播人。例如，每次从中国回印度尼西亚，他都要到北京同仁堂买很多中药带回去。他说："中药是中华民族的瑰宝，这些药我带回去不仅能送给华人朋友们治病祛疾，还能把中药文化推广出去。"

为了加深印中两国的友谊，推动中印文化艺术的交流合作，华商胡建章经常往返奔波于印中两国之间。早在2005年，胡建章曾率领印度尼西亚华裔青少年夏令营一行回到开平寻根问祖，在开平市外侨局的协助下成功帮助四名祖籍地为开平市的印度尼西亚华裔青年找到了自己的祖家。2010年，胡建章组织印度尼西亚三马林达市华裔34人参加2010年中国（江门）侨乡华人嘉年华活动和有众多五邑籍明星献艺的联欢晚会，让他们认识祖籍国，增进对祖籍乡的感情，并借此机会前来家乡开平市开展友好交流活

---

① 马来西亚侨商古润金：民心相通"润物细无声"[N/OL].(2017-05-16).中国新闻网.

动,参观了城市广场、立园等景点,对家乡经济社会发展提出了许多宝贵的意见和建议。在印度尼西亚,胡建章协助艺术团前往玛琅、茉莉芬、麻里巴板市、三马林达市、巴厘、泗水市等多个城市进行了多场新春慰问演出,包括广肇总会、广东同乡会馆、华联效忠基金会、达华侨友联谊会等近 70 华人社团以及近 2 万名华人、当地政要、军界代表观看了演出。此次演出对中印文化交流起到了积极的推动作用,加深了印度尼西亚华人对祖籍国的认识,也加深了印度尼西亚友人对中国的认识和了解。2009 年春节期间,在他的牵线搭桥下,珠海市侨联艺术团成功前往印度尼西亚开展"亲情中华"文化交流活动。2011 年春节期间,他又和泗水华人社团一起邀请了海南兴隆华侨农场侨联艺术团赴印度尼西亚开展"探访祖辈足迹,体味印中亲情"的文化艺术之旅。同时,为使中华文化可以在泗水传承下去,胡建章在泗水市为贫苦的华人子弟设立了助学金、奖学金,自己出资每年选送青少年到广州学习中国武术。另外,他还多次率领泗水华侨音乐社赴江门、珠海、中山、香港等多个城市进行过艺术文化交流表演。

在菲律宾,陈永栽、姚忠丛、陈祖昌、蔡友铁、卢祖荫等华商,纷纷通过赞助国际旅费等方式支持福建省的办营工作。陈永栽先生自 2001 年以来,连续 12 年资助 8543 名菲律宾华裔青少年参加每期 50 天的"学习中华文化夏令营",成为国务院侨办表彰的典范。在海内外社会各界力量的共同参与下,福建省办营期数和参加人数居全国前列,接受和传播中华文化的队伍不断壮大。据统计,2007 年至 2012 年 9 月,福建省侨办系统举办海外华裔青少年夏(冬)令营 379 期,参加人数 45209 人,营员来自 36 个国家和地区。

在欧洲,在广大华商的努力下,欧华联会自 1992 年成立以来,已发展成 26 个国家 300 多家侨团 7 万多成员的大家庭,它致力于代表欧洲 200 多万华侨华人的文化形象与社会权益,在努力推进华侨华人融入主流社会、积极参政议政、增进中欧友谊、维护世界和平和祖国统一、加强华侨华人之间团结、促进中欧经济文化发展方面做出了自己的贡献。例如,荷兰华商胡志光积极推动成立荷兰中国文化发展基金会,由基金会专门负责组织春节活动,并向海牙市政府每年申请 3.5 万欧元的经费资助,使每年的春节活动搞得有声有色,而且每年春节活动都有多名荷兰部长参加,这些活动在弘扬中华文化的同时也加深了中荷交流和友谊。

在巴西,在叶碎永等华商的带领下,巴西华侨华人在巴西"深耕"中华文化,特别在"弘扬中华文化,加强中巴文化交流"上做出了贡献,所采用的方式包括赞助华文学校的创办，舞起中国龙、中华狮，引领中医走进巴西社区，欢庆春节、元宵节和中秋节等传统节日，并积极做好庙会、游行、联欢晚会。2013年，以"共促和平发展、同圆中华梦想"为主题的全球华侨华人促进中国和平统一大会在巴西里约热内卢举行，华商尹楚平在会上表示，会利用奥运会的机遇和平台，大力弘扬中华文化、传播中国对和平统一的理念和决心。1964年，何德光看到当地华人业余生活十分单调、中巴之间文化交流很少，就在圣保罗办起了南美唯一的中文书店——文昌书局。这家书店名气越来越大，逐渐成了巴西华人华侨聚集的场所。1974年，中国与巴西联邦共和国建交。中巴正式建交时，何德光利用自身在巴西的影响力和广泛人脉，为中国驻巴西大使馆、领事馆的建设出力，在馆舍选址、事务协调方面提供了许多力所能及的帮助。作为功臣，中国驻圣保罗总领事馆开馆典礼上，第一面五星红旗就是由何德光升起的。中巴建交后，何德光还把在巴西的华人华侨团结起来，牵头组建了巴西华人协会。如今，巴西华人协会已是当地具有重要影响的民间组织。

在文莱，著名华商洪瑞泉担任文莱—中国友好协会常务副会长，他尽心尽力为两国商人创造合作机会，架起文莱—中国两国经贸文化交流的桥梁。具体来讲，他积极参与各相关会议和论坛，以便能多了解中国与东盟各国交流的现状、问题与前景。另外，他以中国—东盟的多边合作为契机，结合自身资源和优势，立足于广西开启双边合作，积极参与促进中国与东盟发展的各项活动。自2010年中国—东盟自贸区成立以来，洪瑞泉积极参与中国—东盟博览会、泛北部湾论坛、广西南宁中国—东盟商务区推介活动等促进自贸区繁荣的活动。

在荷兰，荷兰中国商会主席胡志光不辞辛劳为加强中荷两国经贸、科技、文化交流牵线搭桥，在荷兰乃至欧洲华人社会享有崇高的威望[1]，1981年胡志光率领旅荷华侨总会考察团访问英国，这是当时欧洲侨界第一次组团出国访问。他于1994年成立荷中农业设备技术有限公司，国家领导人胡锦涛、李鹏、李瑞环、钱其琛、陈慕华等来荷兰访问时都由他陪同参观温室农业项目。2005年，他担任荷兰中国商会主席后，先后四次组织欧盟议员、荷兰国会议员、地方政府官员和企业家到中国访问考察，并在北京举办中欧投资贸易论坛暨洽谈会，加深了欧洲官方及企业家对中国的全面了解和深入

---

① 中国华商的榜样——胡志光[N/OL].(2011-02-25).中国文成网.

认识，推进了中欧的友谊和经贸合作。

在其他地区，在意大利，由著名华商丘剑中任主席的意大利中意文化交流中心不遗余力地为中意两国的文化交流事业做出贡献，多次率团回国考察北京、上海、广州等地。在英国，著名华商贝学贤积极利用在中英两地的人脉资源，推进中国各市与英国地方建立国际友城，让双方合作更深入、更常态化，经他牵手成功的城市已有四五对，为此赢得了"友好城市大使"的美名。在澳大利亚，周泽荣致力于推动两国政治、文化、教育等领域的友好交流，他为促进中澳两国高层间互访、协助两国人员沟通交流等做出了较大贡献，澳大利亚外长毕晓普称他是"推动澳中友谊标志性的人物"。以华商"周泽荣"命名的悉尼大学新博物馆将于 2018 年年底落成、2019 年年初对外开放，博物馆中将特别设置中国藏品专区，展出各种反映中国不同历史沿革和政治、经济、文化发展历程的珍贵藏品，谈及捐建博物馆的初衷，周泽荣坦言，就是想让更多人见识到中华文化精粹。[①]

7.3　华商与华文教育的推广

7.3.1 华文教育是华商眼中的"根"

国务院侨务办公室主任裘援平说，依托海外华侨华人社团建立起来的华文学校，是传播中华文化的重要方式，侨社的根基在于华文教育。"目前全球共有一万多所华文学校，都是由我们侨胞自己投资，甚至有许多都是侨胞自己当志愿者、当教师创办起来的。而且很多是属于'野火烧不尽，春风吹又生'的，不管历史怎么变迁，华文学校已经几百年了，依然在那里扎根。"

华文教育是中国面向数千万海外侨胞开展的民族语言学习和中华文化传承的重要事业。热心侨社事务的爱国华商，依托他们的经济实力和整合资源的能力，投身华文教育，这对他们来说，既是一种情怀、一种寄托、一种群体责任，也是其人生价值的一种体现。

海外华侨华人把祖籍地当作自己的根，祖籍地的语言就是"根"的象征，

---

①　周泽荣：推动澳中交流合作的实干家［N/OL］.(2017-05-16).中国新闻网.

他们对于华文教育的传播提供了巨大的支持,整个华人社会的捐赠都是比较积极的,比如说南洋大学,捐赠人既有陈六使这样的富商,也有三轮车夫捐出血汗钱。在马来西亚,虽然现在很多华商的乡音已不再纯正,甚至不再记得宗祠,族谱也因各种原因被毁掉,但他们依然坚持让马来西亚的各种华人会馆挺立,富有的华商在支持着华文独立小学、中学。他们说:"因为这里是马来西亚,所以更要把根留住。"正因为如此,华商洪肇璋先生让女儿接受了良好的汉语教育,女儿从菲律宾毕业后,洪先生把她送到了中国的台湾和天津学习汉语。

尽管华商可能自身教育水平不高,但是他们学习的欲望和学习的能力非常强,这是企业家精神非常重要的一个特质。华商对教育也非常重视,他们崇尚教育,不求名利,认为教育是对未来的投资,对中华文化的情结、对华文教育的捐赠也非常让人感动。如果说华文教育的发展有赖于华侨华人社会的支持,那么华商更是支持华文教育的主要力量,是华校的主要经费提供者、华校的组织者和管理者。例如,华商张弼士是海外华文教育的奠基人之一,张弼士于1904年创办了马来西亚第一家华文学校槟榔屿中华学校、陆佑在吉隆坡创办了第二家的尊孔华文学校、吴雪花女士1908年在吉隆坡创办了第三家华文坤成女校。

作为推进"一带一路"建设不可或缺的重要元素,是促进人文交流、实现民心相通的重要工具,是服务互联互通建设的重要支撑,是蕴含安全价值的战略资源,更是彰显国家实力的重要标志。① 在新时期,华商继承老一辈华商的优良传统,继续对华文教育在"一带一路"沿线国家的发展做出贡献(部分事迹如表 7-2 所示)。

表 7-2　新时期华商资助华文教育事迹举例(部分)

华商姓名	所在地	主要事迹
陈永栽	菲律宾	建立菲律宾东方大学,支持成立华文教育研究中心,开办菲律宾最大的华文图书馆,资助华裔学生回福建参加中华文化夏令营等,捐资五千万元人民币支持华侨大学建设华文教育培训中心
陈江和	新加坡	陈江和基金会将捐赠 1 亿元人民币,在未来 10 年支持中国和"一带一路"沿线国家开展双边人才培训项目

① 语言能力建设是"一带一路"的基础性工作[N/OL].(2017-05-08).光明网.

续表

华商姓名	所在地	主要事迹
周泽荣	澳大利亚	捐资 500 万澳元设立澳中高等教育奖学金,鼓励并资助两国优秀学生到对方国家学习交流
黄磊	澳大利亚	她热心参与和推动澳大利亚华文教育,先后四次应中国国务院邀请,参加世界华文教育研讨会,曾任维州侨友社中文学校校长十余年,获得澳大利亚"多元文化优秀奖"
胡志光	荷兰	领导旅荷华侨总会创办了第一所总会中文学校,总会属下中文学校发展到 17 所,促进了荷兰中文母语教育
胡瑞连	马来西亚	捐资 1000 万元人民币,设立"华侨大学华文教育专项基金"
叶新田	马来西亚	为马来西亚有完整的华文教育系统奔走。他推行独立中学,呼吁华人华侨社团支持华教
古润金	马来西亚	多年来为推动海外华文教育事业的发展不遗余力。截至 2016 年 10 月,完美公司向中国华文教育基金会共捐资 7500 万元人民币
陈卓林	香港	建立"雅居乐中华文化传承基金"专项用于海外华文教育人才培养,在印度尼西亚、泰国、英国和德国开设近 30 个海外函授点,执行 30 多个华文教育项目,培养了 700 多名华教专业人才
洪瑞泉	文莱	文莱中华中学是文莱最大的华语学校,作为董事长,洪瑞泉为文莱的华语教学做出巨大的贡献
林文镜	印度尼西亚	2009 年 11 月 16 日,向中国华文教育基金会捐款 5000 万元,支持华文教育
黄世伟	印度尼西亚	1990 年,赞助泗水 PETRA 小学。2007 年作为赞助人之一,参加创建印度尼西亚玛中大学,促进全面推广华教、弘扬中华文化
杨克林	印度尼西亚	始终站在教育的前沿,客属联谊会创办崇德学校,他走在了前面,积极捐赠。如今的崇德学校已经拥有 1800 名学生
黄志源	印度尼西亚	金光集团联合黄奕聪慈善基金会资助中国华文教育基金会一亿元捐款,将用于推动海外华文教育事业的发展
孙小敏	西班牙	温州华文教育基金成立,西班牙华侨华人副主席孙小敏向该基金累计捐赠 120 万元,以支持温籍侨胞热心奉献的华文教育事业
杨启秋	柬埔寨	尽心尽力为发展柬埔寨华文教育一直为华文教育的发展出钱出力,推动柬埔寨各地发展华文教育

资料来源:作者根据相关资料整理。

7.3.2 华商与马来西亚、新加坡的华文教育

重视华文教育是马来西亚华人的共同点,华文已成为马新闻媒体的主

要语言之一。目前马全国中文报纸杂志几十家，马国家新闻社提供中文资讯服务，国家电视台开设了华文新闻，播放华语影片，Astro 卫星电视设有多个华语频道，吉隆坡国际机场使用中文投影通告，开始用华语广播航班抵离信息。

据马来西亚《星洲日报》报道，马来西亚是中国以外，华文教育系统保持得最完善的国家之一。据马来西亚教育部提供的最新资料，截至 2016 年10 月，马来西亚共拥有 1297 所华文小学、60 所华文独立中学，分别拥有 60万和 8 万在校学生①，这些海外华文学校大多由华商捐资或资助开设。除此之外，马来亚大学、博特拉大学、国民大学等国立大学也设有中文系。全国就读华文人数超过 20 万人，其中华文独中有在校学生 6 万多人。

马来西亚的华文教育能有今天的发展，凝聚了马华各政党和一批经济实力雄厚、热心华文教育的华商的满腔心血。为维护华人学习母语的权力，继承和弘扬中华文化，长期以来，主要由华商领导的马华社通过华人政党向政府提出诉求，"董教总"（马华文学校董事联合会总会和马华文学校教师会总会的简称）作为维护和发展马华文教育的主要民间机构，为华教进行了不懈的抗争；华社、华商出钱出力，支持华小和独中的生存与发展。在马来西亚，各州各市有华社组织，各个行业有华社组织，不同祖籍地的华人有华社组织，不同性别的华人也有华社组织。庞大的华社组织支撑着庞大的马来西亚华文教育体系。因此，大马华商、完美集团董事长丹斯里古润金认为，这项成果不是与生俱来的，是因为大家都有一颗爱护华教的心，让大马华教源远流长，发展得更好。马来西亚中华大会堂总会长林玉唐先生说："现在全球兴起汉语热，在马来西亚，我们华人社团一直在为华语教育努力。"

南洋大学的创办是早期华商支持华文教育的典范，它是东南亚华人教育的一面旗帜，在特定的历史条件下，为了解决华文中学师资来源与中学毕业生的升学等问题树立了海外华文教育发展的里程碑。继陈嘉庚先生创办厦门大学后，1953 年年初，新加坡福建会馆主席陈六使先生率先倡议创设一所华文大学，立即便得到新加坡、马来西亚及东南亚各地华人的热烈响应，上自富商巨贾，下至平民百姓，无不出钱出力，支持创办南洋大学，1955

---

① 大马华商："一带一路"沿线国家华教发展不可或缺[N/OL].中国侨网，2016-10-20.

年南洋大学正式成立。南洋大学对华文教育事业的贡献很大，在南洋大学的影响下，东南亚不少高校都加强了华语的教学，纷纷设立了中文系，对兴办高等教育特别是华文教育起了先导作用。后来在 1961 年成立的新加坡义安学院也有中文系。1962 年分家后的新加坡大学和马来亚大学（吉隆坡）亦有中文系。1992 年，泰国华侨崇圣大学的成立，以及马来西亚开办的南方学院、新纪元学院和韩江学院，这些都可以说是受到创办南洋大学的影响。近年来，华商不断为华文教育提供资金支持。在李深静等著名华商的支持下，深静华小已成为培养马来西亚人才的摇篮和传承中华文化的重要平台。

新加坡金鹰集团主席陈江和先生作为华商中的杰出人士，多年来为推动华文教育事业的发展不遗余力。早在 2005 年，他就通过陈江和基金会向中国华文教育基金会捐赠 300 万元，支持海外华文教育培训及派遣华文教师志愿者项目。除此之外，陈江和基金会还曾支持过多个弘扬民族文化项目，将中华民族的宝贵文明传播到其所到之地。2016 年 3 月 25 日，新加坡华商陈江和的基金会捐赠 1 亿元人民币，用于资助中国和"一带一路"沿线国家在未来 10 年开展双边人才培训项目。另外，陈江和先生还采购了中国义务教育教科书、语文知识手册和思想品德教育等中文教材，带到旗下企业所在国家和地区，探索以更有效的教学方式来推动华文教育。因此，在第二届世界华文教育大会上，陈江和先生以其对华文教育发展的卓越贡献而荣获"热心海外华文教育杰出人士"荣誉称号。

杨忠礼先生不仅个人事业成就非凡，还是华社杰出领袖，而且对马来西亚华文教育发展做出了卓越贡献，其精神值得敬佩。2009 年 11 月 16 日，五家华商所领导的企业（融侨集团、弘阳集团、振乾坤投资集团、中惠熙元房地产集团、坤祥投资集团）资助中国华文教育基金会联合捐赠仪式在钓鱼台国宾馆隆重举行。著名华商、"塞班王"陈守仁在东南亚等地捐建多所大学、中学和小学的华文学校及会馆，以支持菲律宾、关岛、塞班及马来西亚等国家和地区开展华文教育。

著名华商、完美公司董事长古润金深切体会到推广华文教育的重要性，多次向中国华文教育基金会捐资，截止到 2017 年 5 月，古润金所领导的完美公司共捐款 7500 万元人民币支持华文教育。如今，完美公司资助的华文教育项目已经走向东南亚、欧美等多个国家。其中，在美国、英国、德国、加拿大、泰国等国组织的"华文名师巡讲团"有力解决了当地华文师资短缺等问题，"完美"华文教育奖学金也给乌克兰、巴西、美国、波兰等多个国家的学生学习中华文化带去了资金支持和精神鼓励，完美"中国文化行"为海外华侨子弟学习中华传统文化搭建了重要平台。

7.3.3 华商与菲律宾的华文教育

在菲律宾，随着菲律宾华侨经济地位的巩固，他们进而寻求获得菲律宾社会对他们基本权益的尊重和保障，也带动了华侨以中华文化为根的意识，爱祖国和民族的心理更加强烈。尽管身处异乡，但华侨的宗亲观念和落叶归根思想始终存在。他们尤其担心自己的后代"数典忘祖"，因而，在华侨社会中形成了传承中华文化的高度共识。所以，华侨社会兴办教育、创办华侨学校蔚然成风。随着华侨经济的不断发展壮大，菲律宾华文教育也出现了较为鲜明的商业化倾向，有许多经济实力的商人把办学作为一项重要的事业，他们十分重视办学条件的改善与充实。

由于菲律宾的华校几乎都是私立学校，因此它的生存与发展主要依靠自身的力量。目前，马尼拉几家规模较大、生源较多的华校，经济来源主要依靠学费收入，而一些规模较小又不善经营以及外省的华校，一般都要靠董事会和当地华人商会的捐助支持，热心教育的社会人士的捐赠也是华校一项重要的经济来源。菲律宾红奚礼示市菲华商会于 2014 年 3 月宣布向华教事业捐款菲币 5 万元。目前，菲律宾拥有大大小小 175 所华校。

在菲律宾汉语教育处于危难之际，陈本显将自己那份悠悠的乡愁、浓浓的乡恋以及深刻的社会理想和愿望化为拯救汉语教育的勃勃激情。他认为，菲华人在菲律宾的经济领域发挥着举足轻重的作用，为了使华人和菲律宾人和睦相处，就应该让更多的菲律宾人了解接受中华文化，因此，推广华文教育和文化势在必行。1991 年，陈本显积极联络菲华社会教育界的热心人士，倡议组建"菲律宾华文教育研究中心"（现名为"菲律宾华教中心"），担纲发展当地汉语教学，研究菲律宾华人文化，沟通联络祖籍国相关文化机构的重任，捐巨资作为"华教中心"的初步活动经费，他的义举感动并带动了更多的华人华侨为传承中华文化、复兴当地的汉语教育伸出援助之手。该中心成立至今，经常举办教育座谈会、教学讲习会、出版《华文教育》月刊，与中国合作培训汉语教师等活动，在推动和发展菲律宾汉语教育方面功不可没。

著名华商陈永栽指出，菲律宾华人企业家不仅对菲律宾的经济发展做出了重大的贡献，对菲律宾华文教育的发展也起到了举足轻重的作用。他们不仅在华校的创办过程中发挥了巨大的作用，对学校的发展也倾注了大量的心血。祖籍福建晋江的洪肇璋先生是万拉威菲华商会的董事长，他说："在菲律宾，华商是当地华文教育的经济支柱，他们非常关心菲律宾的华文教育，捐了很多钱办华文学校。"

著名华商陈永栽资助建立菲律宾东方大学，支持成立华文教育研究中心，开办菲律宾最大的华文图书馆——陈延奎纪念图书馆。2015 年 3 月，他捐款 5000 万元人民币建设华侨大学陈延奎大楼用于华文教育培训。另外，他还多次出资开展"挽救行动"和"留根工程"，资助菲律宾华裔青少年到中国学习汉语和中国文化，支持华侨大学在菲律宾举办"中华文化大乐园"夏令营。而且，他还拨专款用于华文教师培训，通过"菲律宾华文教育中心"每年资助华校华语教师来中国短期进修。据不完全统计，2001 年至 2012 年，陈永栽连续 11 年共资助近 7700 名菲律宾华裔学生到福建参加"菲律宾华裔青少年学中文夏令营活动"。因此，2011 年 11 月，在第二届世界华文教育大会开幕式上，陈永栽获得了国务院侨办与中国海外交流协会授予的"热心华文教育杰出人士"荣誉称号。

7.3.4 华商与其他地区的华文教育

在其他地区，华商为华文教育的推广也做出了突出的贡献。

在泰国，华商蚁光炎先生在艰苦创业、勤俭致富之后，大力资助侨居地的多所华文学校，还专门为刚到泰国的华侨举办泰文补习班。

在澳洲，2010 年 12 月，中澳企业家联合会携同大龙华同乡会在中澳企业家联合会深圳分会向中国华文基金会捐赠 900 万元人民币，用于支持该基金会开展华文教育。

在柬埔寨，在福建总商会会长邱国兴等人的组织下，于 2017 年成立中柬华文师资培训中心，专门为本地华文老师提供免费进修的机会，帮助提升当地华文教育师资的专业水平。

在意大利，应米兰第一商城（GIRASOLE）广大华商之邀，为满足商城内商户孩子学习中文的需求，解决他们的后顾之忧，在米兰第一商城管委会的大力支持及协助下，龙甲教育决定在米兰第一商城内开设龙甲中文学校GIRASOLE 分校——米兰太阳花中文学校。至此，龙甲教育面向华裔子弟除在米兰中国城开办中文学校外,在米兰及周边地区创办的中文学校已增至三家。

在荷兰,华商胡志光被称为荷兰乃至欧洲华人教育的积极推动者。1981年,胡志光领导的旅荷华侨总会在乌特勒支创办了第一所总会中文学校,使总会中文学校从无到有并逐步扩大,目前总会属下中文学校发展到17所。1991年,胡志光带领联合会成员向荷兰教育部争取到经费,统一编写符合荷兰实际的中文教材。在他的推动下,1996年在荷兰召开了"欧洲首届华人教育研讨会",2005年在荷兰召开了中国侨联欧洲中文教育研讨会。在胡志光提议下,国务院侨办于2001年委派两位专家来荷兰为华裔青年举办华文和经贸知识培训班,促进了欧洲华文教育的发展。

在文莱,华商张永平、黄志银、郑其成及林廷安秉持支持华校,回馈社会的责任,2016年赞助共逾100份电子报及4台手提电脑(每校各两台)予马来奕中华中学及诗里亚中正中学。

在南非,2015年,华侨凤凰集团南非格兰西亚房地产开发公司向南非华文教育基金会捐赠现金五万兰特,以推动南非华文教育事业的发展,弘扬中国文化。

在缅甸,仰光东方语言与商业中心由当地8个华人社团携手创建,目前设有幼儿园、小学与中学课程,主要使用中文教学,兼授缅语与英语。该校董事长曾圆香说,华文教育在缅甸已有几百年历史,而20世纪60年代开始被禁数十年,造成侨胞文化"断层"。如今,华文教育再次迎来春天,"我校2002年开班时仅有20多个学生,今年已增加到900多人"。

在印度尼西亚,用"野火烧不尽,春风吹又生"这一著名诗句来比喻印度尼西亚的华文教育,是最恰当不过的。1966年"930"事件后,印度尼西亚政府禁止使用华文,封闭华校并没收校舍,禁止华文书刊,使华文教育惨遭封杀。随着印度尼西亚政治的开放,印度尼西亚华人纷纷成立了自己的社团,他们争取自身合法权益,推动政府取消对华教的禁令。华团的争取在一定程度上影响了政府的华人政策。华人社团还出钱出力,积极参与华文教育的组织和发动工作。此外,宗乡社团对华文教育也很重视,有的社团专门设立了文教组负责华文教育,并利用会所开办华文补习班。一些社团为协助"广东汉语专家团"举办教师培训班,成立了专门机构和基金会。最近,作为印度尼西亚主要华人社团之一的印度尼西亚华裔总会及其地方分会,与几间大学签署了合作兴办汉语系的协议书,将通过该会的穿针引线和提供合作,帮助大学在今明两年成立汉语系。在这个过程中,华商胡建章和 ADI-JASA 基金会的同事们一起连续几年每年资助 20 多位印度尼西亚青年赴重庆师范学校深造,为培养印度尼西亚华文师资积极努力。在胡建章的牵线搭桥和积极会商下,2009 年促成了江门幼儿师范学校和泗水小太阳三语国民学校签订为"友好姐妹学校",开创了两市学校合作交流的新篇章。也促成了江门幼师连续两年的暑假派遣教学骨干(2009 年 9 位,2010 年 3 位)赴泗水为东印度尼西亚的幼儿园华文教师进行短期培训,取得了很大的教学成果,引起较大的轰动效应,为印度尼西亚的华文教育做出了积极的贡献。

　　在西班牙,新起点中文学校是蒋铜官在西班牙创办的华文学校,目的是让所有华侨子女能接受更加系统的华文教育,因为中华民族语言和中华传统文化是华侨永远不能忘记的东西。"即使身在海外,也不能忘记家乡与国家。特别是海外华侨的子女们,更应该加强华文教育,将乡土情结种到心中。"西班牙福建同乡会会长蒋铜官说:"传承发扬中华传统文化,是海外华侨绝不能忘记的。"

参考文献

[1]夏德元.家国情怀[M].复旦大学出版社,2016.

[2]李永全."一带一路"建设发展报告(2016)[M].社会科学文化出版社,2016.

[3]金立群,林毅夫等."一带一路"引领中国——国家顶层设计与行动布局[M].中国文史出版社,2015.

[4]孙锐.华商管理智慧(案例集)[M].中山大学出版社,2016.

[5]马占杰.海外华商的管理智慧与企业经营[M].厦门大学出版社,2017.

[6]贾益民.华侨华人研究报告(2014)[M].社会文献出版社,2014.

[7]贾益民.华侨华人研究报告(2017)[M].社会文献出版社,2017.

[8]国家信息中"一带一路"大数据中心."一带一路"大数据报告[M].商务印书馆,2016.

[9]唐礼智.东南亚华人企业集团对外直接投资研究[M].厦门大学出版社,2004.

[10]何国忠.马来西亚华人历史与人物(文化篇)[M].马来西亚华社研究中心,2003.

[11]钟兆云,易向农.父子侨领——庄西泉 庄炎林百年传奇[M].山西人民出版社,2013.

[12]陈志明.迁徙、家乡与认同——文化比较视野下的海外华人研究[M].商务印书馆,2012.

[13]定民.华商崛起——影响世界的中国力量[M].华中科技大学出版社,2012.

[14]陈民,任贵祥.华侨史话[M].社会科学出版社,2011.

[15]麦子.美国华人群英录[M].中山大学出版社,2009.

[16]龙登高,张洵君.海外华商在中国——2014年中国侨资企业发展

报告[M].中华工商联合出版社,2014.

[17]林勇.海外华商与国际侨汇研究报告(2016)[M].世界图书出版公司,2016.

[18]马占杰.慈善投入、媒体呈现与企业家声誉——基于闽商的探索性实证研究[J].华东经济管理,2017(3).

[19]张应龙.海外华侨与辛亥革命[M].暨南大学出版社,2011.

[20]严嵩涛.新加坡发展的经验与教训[M].汤姆森学习出版集团(新加坡),2007.

[21]庄国土.东亚华商网络的发展趋势—以海外华资在中国大陆的投资为例[J].当代亚太,2006(1).

[22]廖钺,王绵长.华侨出国原因初探[J].《学术研究》,1980(3).

[23]严晓鹏.孔子学院与华文学校比较研究[M].浙江大学出版社,2014.

[24]苏东水.东方管理学[M].复旦大学出版社,2005.

[25]刘文正.CAFTA 框架下中国与东盟相互投资的特征分析[J].《东南亚纵横》,2009(10).

[26]黄兴华.1997 年东南亚金融危机以来新加坡华人企业集团变化发展分析[J].东南亚纵横,2011(7).

[27]陈彤.闽侨以及福建——东盟的农业经贸交流[J].亚太经济,2007(1).

[28]李鸿阶,林心淦.海外闽侨资本研究及其政策建议[J].亚太经济,2005(3).

[29]吴绵国.帮助海外闽侨在金融危机中求生存[J].海峡通讯,2009(8).

[30]张学惠.海外华商作用在 CAFTA 建设中形成机理研究[J].亚太经济,2005(5).

[31]陆芸."海上丝绸之路"与福建建设海洋经济大省的研究[J].福建论坛(经济社会版),1997(12).

[32]郑达.改革开放以来马来西亚华商对华直接投资[J].当代中国史研究,2009(3).

[33]林联华.美国华商现况探析[J].亚太经济,2010(5).

[34]黄青海.闽帮侨批业网络发展初探[J].华侨大学学报,2012(4).

[35]陈友义.侨批:潮人优秀传统家风的历史见证[J].南方职业教育学刊,2014(9).

[36]陈丽园.从侨批看跨国华人的教育与社会传承(1911—1949)[J].东南亚研究,2011(4).

[37]肖文评.粤东客家山村的水客、侨批与侨乡社会——以民国时期大埔县百侯村为个案[J].汕头大学学报,2008(4):89-93.

[38]蒙启宙.侨批业:一条由亲情串起来的海上金融丝绸之路[J].广州城市职业学院学报,2015(4).

[39]洪林.泰国侨批史略[J].汕头大学学报(人文社会科学版),2007(4).

[40]王付兵.清代侨汇之数额估计及社会影响[J].世界民族,2008(3).

[41]张应龙.海外华侨与辛亥革命[M].暨南大学出版社,2011.

[42]潘淑贞.当代菲律宾华商在华教育投资与管理的特点——以闽南地区为考察点[J].华侨大学学报,2014(4).

[43]许梅.二次世界大战前东南亚华侨与祖籍地的密切联系及其原因分析[J].东南亚研究,2006(1).

[44]孙智雯等.香港华商慈善组织的形成及其功能与空间扩展(1840—1940)[J].安徽师范大学学报(人文社会科学版),2017(1).

[45]吴越."国家"概念内涵的层次区分[J].江汉论坛,2001(12).

[46]冯邦彦.香港华商与"全球华人网络"的崛兴[J].新经济,1998(10).

[47]胡邦胜."一带一路"建设中媒体面临的挑战与应对[J].对外传播,2016(10).

[48]康荣平等.海外华人跨国公司成长新阶段[M].经济管理出版社,2009.

[49]李国梁.东南亚华侨华人经济简史[M].经济科学出版社,1998.

[50]李明欢.东欧社会转型与新华商群体的形成[J].世界民族,2003(2).

[51]刘天骄.澳大利亚多元文化政策与华人华侨文化适应的互动研究[D].中央民族大学硕士学位论文,2011.

[52]龙登高.海外华商经营模式的社会学剖析[J].社会学研究,1998(2).

[53]丘进.华侨华人蓝皮书(2011)[M].社会文献出版社,2011.

[54]沙翎.东南亚华人同化的过去、现在和未来——从世界民族的融合角度看东南亚华人同化问题[J].八桂侨史,1992(4).

[55]王辉耀,康荣平.世界华商发展报告(2017)[M].中国华侨出版社,2017.

[56]闫婧.海外华侨在文化冲突下文化适应策略的运用[D].内蒙古师范大学硕士学位论文,2014.

[57]严嵩涛.新加坡发展的经验与教训[M].汤姆森学习出版集团,2007.

[58]岩崎育夫.新加坡华人企业集团[M].厦门大学出版社,2001.

[59]原晶晶.当代非洲华商的发展战略探析[J].东北师大学报(哲学社会科学版),2011(2).

[60]曾玉仙.印度尼西亚华文媒体中的"中国形象"[D].硕士学位论文,中国社会科学院,2010。

[61]詹丽峰,秦国柱.论潮汕文化背景下的民间慈善心理——以2013年潮汕"8·17洪灾"民间救助为例[J].汕头大学学报,2014(2).

[62]张光忠.中华民族商帮文化的全球意义——基于中国企业的国际化经营战略研究[J].中南财经政法大学学报,2008(1).

[63]张禹东.海外华商网络的构成与特征[J].社会科学,2006(3).

[64]庄国土,刘文正.东亚华人社会形成和发展——华商网络、移民与一体化趋势[M].厦门大学出版社,2009.